中国乡村生活

社会学研究视角

illage Life in China
ur Henderson Smith
ty in Sociology

阿瑟·亨德森·史密斯（明恩溥） 著
赵朝永 译

西方视角里的中国形象

上海社会科学院出版社

图书在版编目（CIP）数据

中国乡村生活/（美）阿瑟·亨德森·史密斯著；赵朝永译.--上海：上海社会科学院出版社，2018
 ISBN 978-7-5520-2550-7

Ⅰ.①中… Ⅱ.①阿… ②赵… Ⅲ.①乡村-社会生活-中国-近代 Ⅳ.①D422.7

中国版本图书馆CIP数据核字（2018）第280981号

中国乡村生活

著　者：	[美]阿瑟·亨德森·史密斯
译　者：	赵朝永
责任编辑：	路　晓
封面设计：	夏艺堂艺术设计
出版发行：	上海社会科学院出版社
	上海顺昌路622号　邮编200025
	电话总机 021-63315947　销售热线 021-53063735
	http://www.sassp.org.cn　E-mail: sassp@sassp.cn
排　版：	南京展望文化发展有限公司
印　刷：	常熟市新骅印刷有限公司
开　本：	710×1010毫米　1/16开
印　张：	15.25
字　数：	237千字
版　次：	2019年11月第1版　2019年11月第1次印刷

ISBN 978-7-5520-2550-7/D·523　　　　　　　　　定价：49.80元

版权所有　翻印必究

前　言

　　笔者曾在中国长期居住，深入体验过中国生活，不仅对中国人所表现出的种种优良品质深感尊重，且对他们中的许多人怀有崇高敬意。伟大的中华民族身后曾有过一段无可匹敌的历史，展望未来，她还将迎来一段辉煌的未来。然而，要实现这一梦想，就必须移除前进道路上的重重障碍。我们越是了解中国，就越是能感受到这种必要性。贸易、外交、政治关系的扩展，及其与西方文明与日俱增的接触，所有这些因素的作用叠加起来早已证实：中国的改革之路依然任重而道远。

　　乡村是整个中国的缩影。经过一番调查研究后，我们将更有资格针对需要改进的地方提出一己之见。必须强调的是，中国是一个统一性中的多样性社会，因此，各种论断可能都会带有一定的局限性，即尽管并非处处适用，这些论断总会在某处有其适用性；反之，中国又是一个多样性中的统一性社会，鉴于此，某个极其典型的中国特色事件，不管发生概率有多小，也具备其应有的研究价值。

　　中国从未像今天这样受到全世界的瞩目，在踏入20世纪门槛之际，中国受关注的程度也未必会有减弱的可能性。凡是能够有助于了解中华民族的作品，无疑都将有助于人们认清中国存在的问题。笔者仅撰此书，以期为读者更好了解中国尽绵薄之力。

致　谢

　　Harlan P. Beach 牧师为本书提出宝贵的批评意见，并为本书的校对和出版鼎力相助，作者在此向其致以诚挚谢意！

　　书中所用插图皆为一手资料，在本书中属首次出版，作者和出版商谨此向这些图片的贡献者 Robert E. Speer 先生、William Henry Grant 先生、Albert Peck 博士、W. C. Longden 牧师以及 J. G. Evans 小姐深表感谢！

中国乡村家庭生活景象

目 录

第一部分　乡村，乡村的机构、功能和公众人物……………………… 001

 第一节　中国乡村 ……………………………………………………… 003

 第二节　乡村建筑 ……………………………………………………… 008

 第三节　乡村名称 ……………………………………………………… 016

 第四节　乡村道路 ……………………………………………………… 020

 第五节　乡村摆渡 ……………………………………………………… 023

 第六节　乡村水井 ……………………………………………………… 028

 第七节　乡村店铺 ……………………………………………………… 031

 第八节　乡村戏曲 ……………………………………………………… 035

 第九节　乡村学堂与游方书生 ………………………………………… 045

 第十节　中国高等教育，乡村高等学堂，科举考试，教育革新 …… 072

 第十一节　乡村寺庙和宗教团体 ……………………………………… 088

 第十二节　宗教仪式协作机制 ………………………………………… 092

 第十三节　集市协作机制 ……………………………………………… 095

 第十四节　互助储金会 ………………………………………………… 100

 第十五节　庄稼看护会 ………………………………………………… 107

 第十六节　乡村和城市祈雨活动 ……………………………………… 114

 第十七节　乡村狩猎 …………………………………………………… 117

 第十八节　乡村婚礼与葬礼 …………………………………………… 121

 第十九节　乡村新年 …………………………………………………… 133

第二十节　乡村恶势力 …………………………………… 143
　　第二十一节　乡村头面人物 ………………………………… 153

第二部分　乡村家庭生活 ………………………………… 159
　　第二十二节　乡村男孩和成年男子 ………………………… 161
　　第二十三节　乡村女孩和已婚妇女 ………………………… 174
　　第二十四节　单调空虚的乡村生活 ………………………… 205
　　第二十五节　家庭生活的不稳定性 ………………………… 209
　　第二十六节　家庭不和导致的变故 ………………………… 213

第三部分　中国乡村的复兴 ……………………………… 223
　　第二十七节　基督教能给中国带来什么 …………………… 225

第一部分
乡村,乡村的机构、功能和公众人物

第一节
中国乡村

全球的村落数量众多，仅在印度一地，就有超过 50 万个。在整个亚洲，这一数字很有可能还要再翻两番。迄今为止，全球绝大多数人口仍集中在乡村。踏上中国领土的旅行者，若从某个海港城市出发，比如天津，向西直行数月方能到达其国土的另一端。在这段旅途中，旅行者若不是亲眼看到，肯定不会相信，在中国众多城市的中心区域之外，还存在着如此令人难以置信的庞大人口群。与当前西方人的观念相反，中国所谓的大城市，相对其全部人口数量而言，并不比西方各国的大出多少。许多所谓的城镇和省府下辖县，其实仅相当于西方的"乡间"，不过是围在高墙里面的大村落，其中设立当地人称之为"衙门"的政府机构。众所周知，印度四分之三的人口是农民。在中国，这个比例无论如何也不会少到哪里去。

正如我们所料，这段旅途中，不熟悉中国国情的人无时无刻不在问自己：这些数以千万计的人们在想什么？他们的生活质量怎么样？他们的生活中都有哪些内容，又涉及哪些领域？

如果不做详细解读，这些问题恐怕很难得出让人信服的答案。中国人的生活条件和环境同我们所熟知的截然不同，因此不便贸然得出任何结论。他们的生活在遵循某种基本统一性的前提下，其多样性往往让人眼花缭乱、大惑不解。不管在中国生活过多久，总有一些事情闻所未闻。尽管如此，单凭直觉也能洞察其中道理。资格再老的居民，也和其他人一样，都不过是个初学者。

中国人的特征既是中国文明历史悠久所带来的必然结果，也是这种古老文明在如此庞大的一个群体中所催生的结果。柯乐洪先生[①]对此有过精辟的论述：

[①] 柯乐洪先生，Colquhoun Archibald Ross 又名葛洪、高奋云，生于 1848 年，卒于 1914 年，英国人。曾任英国《泰晤士报》记者，是英国在亚洲扩张政策的有力鼓吹者。——译者注

"这一产物（中国人个性特点）源于中国历史悠久、人口众多；倘若我们在此基础上添加一个'封闭'因素的话，造成中华文明这样复杂的特性和独一无二的保守形式，也就不足为奇了。"如果这些推断成立，那么中国人这种联系紧密且秩序井然的诸多生活景象，则根本不可能成立。这种生活只有全体居民齐心协力，才能得到完善；也只有经历几代人的不懈努力，才能协调一致。记录这些努力所产生的文献，足以装满牛津大学图书馆。要解开这个重大的谜团，唯有通过我们有限的视野，去审视这些现象背后或多或少的细节。然而，任何两个人都不可能拥有相同的视角，而再广阔的视角也无法涵盖整个世界的所有领域。①

看清一栋建筑的内景，最好的办法是掀开房顶，但前提是不能惊扰里面的居民。如果我们想要了解中国人，则必须掀开他们的房顶，才能看清楚里面的世界。这一点，外国人谁也做不到。然而，我们可以模仿中国人的做法，用浸湿的手指捅破窗纸，待到手指缩回时，便留下一个小孔，锐利的目光透过这个

南方乡村景象

---

① 中国在19世纪末期正在经历的这场大危机不在当前研究的范围内。建议对这一主题感兴趣者，认真阅读柯乐洪先生的大作《转变中的中国》。该书由位于伦敦和纽约两地的罗德里奇出版社于1898年出版，讲述了一位既是成绩斐然的旅行者，又是经验丰富的东方行政长官，在中国非凡的亲身经历所产生的真知灼见。——著者注

乡村水井局部

小孔总能窥探其中一二。构成这本书的各个章节虽长短不一、衔接凌乱，且论述详略不等，但有一点却是相同的，即透过小孔，对窥视到的现实景象加以研究。任何熟知这一话题的人，都有权发表看法，他们无疑也能感受到该研究领域的不足和欠缺。然而，本研究最终显示出的是对人类生活的极大兴趣。

大凡在中国的旅行者，经常出没于数不清的小城镇和小村落间。他们自然迫切地想对生活在他脚下这片土地上的人们有个大致了解。倘若他试图向某个人询问某个城镇或其辖内地区有多少人口，得到的答案不出所料，要么是"没多少"，要么就是"谁知道呢"，只要不是智力障碍者，其实谁都能大概说出这个城镇里有多少个村子。然而村子有大有小，而中国人和其他东方人一样，对统计学概念几乎是毫不关心，他们对我们所说的"平均"这一概念也几乎一无所知，对这些信息他们无一例外都是一头雾水。

中国政府官员们的答复也不可靠，这似乎是可想而知了。尽管如此，官方的答复依然是合理估计的依据，因此尚具有一定的价值。我们意识到，接下来得要努力弄清楚每平方英里[①]以内的确切人口，需要从大的行政单位入手，从省级或者至少从府县一级开始，自上而下，得出一个大致合理的推断。

若干年前，某县城进行了一次较为精确的单位人口计量统计，涉及范围

[①] 平方英里，英制面积单位。1 平方英里 ≈ 2 589 998.11 平方米。——编者注

非常有限。首先圈定了一个统计范围，方圆辐射 20 里[①]，外国侨民居住在这个区域的中心位置。大凡在 1878 年受到过饥荒赈济的村庄，全部列入统计名单之内，因此便不难推测出这一地区的总户数。村庄共有 150 个之多，平均每村有 80 户人家，如果按照每户 5 口人计算，共约 60 000 人。按照 6 英里[②] 等于 20 里算，则每平方英里的人口应该是 531 人，同比利时王国（欧洲人口密度最大的国家）的平均人口分布相当，后者 1890 年每平方英里的平均人口为 534 人。

在这个区域几英里以外，有个叫"十三村"的地带，每村之间居然相距 5 里之遥！这表明，这次估算所选定的地区反而达不到想要的效果，因为这一地区是黄河故道，大片土地遭到破坏，成为人迹罕至的荒芜地带。这里还有一条经大运河通往大海的水道，形成一个大大低于平均地表的凹陷地。由于水患频发，仅有零星几个村落。

鉴于此，似乎有必要选一个更好的地区再次进行统计。于是我们又选了一个地区，该地位于临清县东 90 里，隶属临清县辖制。新选定的地区仅有前者的一半大小，除了估算乡村的平均人口，倘若当地人知道村庄里的户数，则户数也统计在内。负责绘制这片地区地图的人是一个生活在中部村庄的本地人，深谙当地世事。他把每个村庄口口相传的人数都少算一点，以使估算更加准确。尽管他指出，每户人口实际远远不足 5 人，但每个"家庭"的人口还是按照 5 人计算。不少"家庭"生活在一起，所有东西都是共有的，因此算作一家。这样的一个"家庭"，其成员往往达 20 人之多，但仍然按照一个家庭计算。对于这一区域的旅行者而言，此地的村庄更加庞大，分布也更加稠密，统计数字也证明了这一点。在 10 里（约 3 英里）的辐射圈内，共有 64 个村庄，最小的村庄仅有 30 户人家，最大的有 1 000 多户人家，平均每村 188 户人家。总户数是 12 040 户，按照一户 5 口人计算，共有 60 200 人，如果涉及的面积大出一倍，则估算出来的人口也会翻一番。据此，每平方英里的人口约为 2 129 人。

---

① 里，中国市制长度单位，1 市里等于 150 丈，合 500 米。——编者注
② 英里，英美制长度单位，1 英里等于 5 280 英尺，合 1.609 3 公里。——编者注

根据粗略估算，直隶中南部（清末行政单位，今河北保定周边），山东西南部和西部，以及河南北部等地绵延数千平方英里。那里的村庄也像这片地带一样稠密。我们由此也可以大致估算出其人口数量。然而，对于整个中国北部平原而言，在人口稀少的地区，每平方英里大约300人更可靠，而在人口稠密地区为1 000人到1 500人之间。总之，这次调查给我们留下如此深刻的印象：这些土地肥沃、历史悠久的平原上，原来聚集着数量如此庞大的人口；真正意义上的"人口调查"的难度是不言而喻的。

第二节
乡村建筑

距今大约 500 年前，明朝开国皇帝洪武帝的侄子①发动了一场从都城南京到北京的大扫荡，当时的北京还被称作燕。众所周知，这位声名显赫的杀戮者所到之处，生灵尽遭涂炭；长江到北京一带被夷为平地，这场杀戮在民间被称为"燕王扫北"。这位野心勃勃的年轻人，打败了身为正统帝位继承人的侄儿，篡夺了天子的宝座，并改年号为永乐。永乐也从此成为中国历史上浓墨重彩的一笔。为了修复战争所带来的创伤，强制性的移民活动在山西北部到山东东部间开展起来。据相传，大批的老百姓被召集在山西南部的洪洞县，然后分遣到在战争中毁坏殆尽的地区。可以肯定的是，生活在华北平原的人们无一例外地把山西洪洞县视为他们的祖籍。

如此务实的中国人，对方位有一种本能的直觉，就连说起胃部疼痛的位置也会说是"东侧"，然而他们对城镇布局的规划分布却毫不关心，这一现象不得不让人称奇。几乎每座中国城市看起来都是四四方方的，但似乎也不能说，所有的城市都是这样的。相反，出于建筑风水的考虑，人们在建造城墙时总是会故意留下弧度和弯曲。换句话说，这样做可以招来好运、避开厄运，遵循了中国的一种神秘科学——风水学或建筑风水术。鉴于此，城市的大门不能直接相对。如果两门相对而开，则必须在中间设置障碍，以阻止鬼怪的通行。

西方人习惯说"规划"一座城市或镇子。然而，如果把"规划"一词用到

---

① 此处系作者笔误，文中的 raider 是明朝开国皇帝朱元璋即洪武帝的第四子，而非作者所说的侄子。——译者注

中国的村庄上,则一点也不确切。因为如果说规划村庄,会给人一种村庄内处处有规划设计痕迹的印象,而事实正好相反。一座典型的中国村庄,就像一幅构图零乱的自然风光画。至于村庄如何形成,因何形成,根本无人知晓,也无人关心。在过去某个遥远且无法查证的年月,一些家庭从某处迁来,在此安家落户,成为"本地人"(其姓名也带到此处),村庄就这样形成了。每个村子都有一条大街,构成横竖街巷交叉的交通网。但除非是发生巧合,否则任何两条街道都不会平行,街道也没有一条是笔直的。街道的形成有着悠久的生活经验史,它是村庄和外界沟通的必要手段。乡村街道不但会突然莫名其妙地转弯,而且在不同的地点宽窄也不一样。有时一座长约400米的村庄里,连一条贯通前街和后街的横路都没有,交通工具自然无法穿过。究其原因,村庄里的道路是自然生成的,就算人们想去修理,要么无能为力,要么懒得动手。狭窄的小巷垂直分布于街道两侧,小巷边上是一处处庭院,庭院里坐落着一排排房屋。就算比邻大街的房屋,也没有一处可以透视街景的门窗,全都挡在高墙之内。倘若院门正对大街,也要用一处屏风墙隔挡,防止从外部窥测院落内景。因此,一座村庄便是一座城镇的缩影。即使是在人口相对稀少的平原地带,城镇的拥挤局促也在此一览无余。无论土地贵贱,村庄外貌都显得同样拥挤,根本没有考虑到未来发展的需要。

大山为当地的建筑提供了丰富的石料。这些建筑一年四季阴暗、潮湿,有害居民身体健康,遇到大雨时情况更是糟糕。居住条件更差的是在黄土高原黏土坡上开凿的窑洞。窑洞只有顶部透光,四周密不通风。中国的房屋建筑不会为通透性做任何准备。

迄今为止,中国人建筑房屋所用的材料全是就地取材。到处都是大量生产的砖块,而砖块颜色又是无一例外的青灰色,同当地居民的衣服颜色一样。要烧制成这种色调的砖块,需要把砖窑密封得严严实实。烧制结束后,从砖窑凹陷的顶部浇灌几百桶水。水渗透窑顶的土层,源源不断地形成水蒸气。当水蒸气到达砖块时,就会改变其颜色。由于燃料严重匮乏,再加上当地人将烧砖视为浪费柴火,烧出来的砖块几乎全都半生不熟,根本难以当作合格的建筑材料使用。外国的砖块坚硬如石,而且还涂上一层厚厚的釉;相反,中国的砖块大多会在搬运途中破碎。如果仔细观察,这些砖块就像是制作精良的面包块，通身布满气孔。这些密密麻麻的小孔成了砖体上的吸管，把地下的潮气吸上来，严重损坏建筑本身。这些砖块仅仅被用在建筑的基座部分和修砌在墙体的外表上。

绝大部分的乡村建筑使用土坯砌成。土坯先用模具塑形，待到停止收缩变干后方可使用。这种土坯最大的有七八厘米厚，30厘米宽，约50厘米长，即使干透的时候也有约18公斤重。这种土坯只需在模具中干燥即可制成，每块的制作成本为1个铜钱。土坯在模具中成型时，需要用石锤不断敲打，这一道工序的成本则要三四个铜钱。如果雇佣行家制作土坯，花费还要高得多。雇主不仅要专门雇人挑水，还必须为工匠们提供茶水和烟叶。

土坯房和其他房屋一样，建造时都必须用砖块把地基垒到离地面30厘米至60厘米的高度。中间铺设一层芦苇秆或其他东西，以防止湿气进入墙体。土坯墙遇到大雨时，会像糖果屋那样垮塌。华北大平原所有土地的土壤中都含有丰富的碱性物质。因而，如不进行特殊的维护，再好的房屋建成若干年后，也会露出腐朽的迹象。

屋顶通常由几根柱子支撑，不管房屋使用何种材料，都以填充物的形式填在柱子与柱子之间。然而，造价低廉的房屋干脆不用柱子，以节省开支。结果，遇到阴雨连绵的年份，成千上万的房屋，由于地基受到大量湿气的侵袭而轰然倒塌，被砸死砸伤的居民不计其数。在有些地区，可以看到类似外国建筑轮廓的屋顶，但普通的屋顶构架一般由立字桁架支撑起来。不管是哪种房屋，都由整根的木材架设在墙体上充当横梁，上面支撑起若干个小檩条，檩条上面铺上薄砖。更多的情况是铺上芦苇秆、草垫或高粱秆。然后再在上面铺一层泥土，泥土占据了房屋顶层的主要部分。木材腐朽变老后，浸满雨水的房顶重量加大，给房屋构成极大的威胁。如果房顶是平的，则兼做储存农作物和燃料的场所。

如果村庄坐落在低凹处，就需要预先取土，在地基上筑造一块土台子。不管是哪个村子，挖走体积如此庞大的土方，都会在村子周围留下若干个巨大的土坑。周围的雨水蓄积到坑里，土坑变成池塘，成了鸭子、鹅和猪争夺的地盘。一到夏天，这些池塘又成了小男孩们赤身裸体戏水的乐园。

池塘边充沛的水源滋养了郁郁葱葱的树林，从远处看，景色十分宜人。然

第一部分 乡村,乡村的机构、功能和公众人物

而,走近细看,才发现那些参天大树无一例外地长在池塘边上,仅仅为池塘提供阴凉,村中房屋无不炙烤在酷暑烈日下。村中也看得到树木,但都不用来遮蔽庭院,难怪家家户户庭院中都光秃秃的没有一棵树。光秃秃的大地色调单一得有点怕人,即使是葡萄藤这种能增添一抹自然绿色的植物,也被完全看作是一种禁忌,至少在个别地区是这样。为什么会这样呢?究其原因,竟然是如下的解释:葡萄藤的枝干向下垂,而其他树木一律向上。因此家里栽种葡萄被视为"不祥"。相反,家园没有舒适树荫的庇护,备受炎炎夏日的炙烤,却完全不被视为"不祥"。

有位祖上富裕的村民,拥有一栋两层楼房,房子在周围邻居中显得鹤立鸡群。他告诉笔者,住在后院的祖母曾常常为前面高大的房屋苦恼,还不断抱怨为四合院遮阴避暑的高大榆树,说是没有太阳光来晾晒衣物!随着时光变迁,这家人由富变穷,两层楼房被拆除,园中树木被砍伐。如今这代人也像普通人家那样,挤在狭小的庭院里,热得喘不过气来,拥有无限的阳光(远远超出了使用范围)来晾晒衣物了。这种被普通人家视为禁忌的奢华享受,都心甘情愿

锯工准备木材

011

乡村流动铁匠

拱手让给了神仙们。神仙不需要晾晒衣服，但就算是再小的庙宇，门前也长有茂密的参天古树。

中国的建筑构造可以简明而又准确无误地描述为：主要由两根立柱、头顶一根横梁组成。中式房顶的形状不管如何变化，都酷似一顶帐篷；然而，威廉·渣甸医生[①]等宣称，没有证据证明中式房顶和帐篷之间有任何联系。由于全国人都不愿意建造高大的房屋，几乎所有中国城市都呈现出惊人的单一性，这一点与其他国家的大城市概念截然不同。

中国城市若是因此而魅力尽失的话，旅行者们也根本别打算在乡村找到可以满足其美学感受的东西了。在中国根本没有"美学"这个词，就算有，村民们也不会对其产生兴趣。主屋通常建在一块留作院落使用的宅基地北部，坐北朝南，如果还要建其他建筑，一般会垂直添加在主屋两侧，要么朝东要么朝

[①] 威廉·渣甸（1784—1843），苏格兰人，早年曾是在中国从事鸦片贸易的船上的外科医生，后来创办怡和洋行，成为实力雄厚的商人，并在发动鸦片战争的过程中起关键作用。——译者注

西。如果宅院足够宽敞，院落的南墙通常会用一栋房子充当，同北面的主屋相像，两侧也有厢房。不管家庭规模多大，也不管家里多富有，这种都是典型的中国民居布局。在城镇里，这种布局会因为适应地契所规定的面积大小而有大的改动，但在乡村却是始终如一。

中国房屋的计量方法跟一个表示分隔的字"间"有关，它表示的不是一个房间，而是一处民居中一根木料的长度所能覆盖的范围。由于这些木材既不够大也不够长，所以一间房子的长度一般不会超出3米或3.5米，而且房间宽度略小于长度。一座普通的房屋通常由三间组成，有时中间没有隔墙，只分成一个双间和一个单间。房屋没有天花板，房顶一般不高，抬起头看，便可一览无余。大部分房门有两扇，上下各有两个销子一样的东西作为合页。门前放置可移动的门阶，旁边开有一个小洞，供小猫小狗进出。这种房门无法彻底关严，一是由于做工不够精细，二是因为木料干燥后的不规则收缩，留下很多目光能够轻易穿过的缝隙。

中国的18个省份中，几乎所有地区在夏季都会酷热难耐。然而，只有个别地区可以看到庭院的后门打开，正对前门。木质的格子板被嵌在墙体内，充当窗户的角色。为防止窃贼入内，这些窗户即使是在炎热的夏季，也用油纸糊得严严实实的。房门不能直接朝着大街打开。即使临街的房屋留有窗户，通常也会很小，离地也很高。

房门内是用土坯砌成的灶台，上面架设一口锅，锅的质地非常薄，以最大限度节省燃料。所有需要采取措施为房屋供暖的地区，皆是通过一系列构造复杂的烟道，把烟火从炉灶里导出。烟道铺设在被称作"炕"的卧榻下，卧榻的功能就是用来睡觉的床，也用土坯简单砌成。房屋若是茅草顶盖成，烟道的出口就必须紧挨地面，以防止火灾发生。

炕头是房间内唯一一处不会受潮的地方，一家人的各色被褥和各种用以撑门面的衣箱、衣柜全都堆放在这里。由于炉火靠近房门，门口风势更猛，加之烟道极有可能失效，又根本没有可以叫得出名字的烟囱，所以冒出的烟不偏不倚正好分散到房屋周围，经年累月便会在墙上形成一层厚厚的木焦油。

灶台上方贴着灶神像，民间盛传灶神原是生活在公元8世纪的一位叫"张公艺"①的名士,其一家九代同堂而居,相处极为和睦。不仅是其家人,张家养的一百多条狗在喂食时,如有一只不到,其余的均不吃食,要等到全都齐了才肯吃。

唐朝皇帝派人向"张公艺"询问家庭和睦的秘密,据说他要来纸笔,挥毫写下百余"忍"字。根据传统,这位名士的画像被挂在家家户户的厨房里,教化人们以他作为榜样。不幸的是,其结果却事与愿违。

事实上,中式民居冬天寒冷,夏天燥热,终年炊烟缭绕。即使是数九寒天,屋中也没有避寒之处。蜷缩在炕上可能稍微好些,这也难怪中国妇女通常把火炕比作自己的"亲娘"。没有火炕的房间根本不能居住。然而,在西方人看来,火炕却是不舒服的一个代名词。炕上的热气是缓慢释放出来的,睡火炕的人在一个漫长的冬夜,首先感受到的是大汗淋漓,最后变成寒冷彻骨。炕上负重不均衡时,很容易坍塌。睡在炕上的人经常发现,火炕是个随时可能塌落的陷阱。除此之外,火炕也是诸多小害虫滋生的温床。对于这些,中国人早已习以为常,懒得抱怨了。土炕久经烟熏火燎,上面附着一层木焦油,可以用作耕地肥料。到了春天,人们打碎土炕施肥时,发现炕壁上寄生的小虫子密密麻麻,多得足以和宇宙中的所有物种匹敌了。

伴随时光流逝,乡村人家如果发现家里的房契、地契毁坏或丢失,也毫不见怪。因为房中根本没有用以存放文书的地方。墙体上突出的几块砖,就算唯一的壁橱了。就算是在读书人的家里,唯一能看到的书架也不过是两个木桩支撑起来的一块木板而已。一条铁链搭在嵌入房门上方的U形铁环上,门锁就锁在上面。不过,中式门锁用铁丝、筷子,甚至一根干草都能轻易捅开,也起不到真正意义上的保护作用。窃贼总是随身携带各种各样的钥匙,或者经常直接把房门从合页上摘下来。要凿穿土坯墙也是件轻而易举的事情。在山西一些富裕的村子里面,人们建起厚度将近2米的墙,以防窃贼轻易凿穿。

普通民房里的地板就是脚下的泥土地。地面未经打磨平整,经过敲打后,变得结结实实、凹凸不平。当问起为什么不打磨平整时,当地人告诉我们,这是最好的处理方式,只有高低不平,洒落在地上的液体才能立刻流走!房屋的

---

① 文中所提Chang Kung经考证应是唐朝时,民间广为流传的名士"张公艺"。——译者注

角落里到处是散乱摆放的物件，立的、躺的、挂的，数也数不清。一坛坛的谷子、一排排的农具、笨拙的织布机、纺线车、大小不一形状各异的篮子、一两条木凳，很可能还有一把椅子等在房中各得其所。被熏得漆黑的房顶上，悬挂着各式各样的家什，那些挂得过高的，要用竿子才能取下来。"家有万物，各得其所"这句西方名言，根本不适合描述中式民居，这里实在没有足够的空间放得下所有家什。

狭小的庭院也和房屋一样混乱不堪，原因也一样。猫猫狗狗、鸡、鸭、小孩全都挤在狭小的空间里。家的范围一直拓展到大街上，大街不过是庭院的延伸罢了。如果家里有牲口，还需在院中给它们腾出地方来。牲口不用时，用一条短绳拴在房前深埋在地下的木桩上。猪养在类似土井的猪圈里。为了防止其挖洞，井四周用砖块砌成墙体。通过一段砖砌的陡峭台阶，猪可以爬到建在猪圈边的一个小窝棚里——这种结构算得上是很多地区唯一能够看到的双层建筑！

每个中国乡村都是一座城市的缩影，这么说不是源于其内在布局如此，因为村庄可能根本没有布局可言，而是源于一个不争的事实：村庄都坐落在围墙中。

几年前，驻扎在山东境内黄河附近的几个军团哗变。他们杀死一位军官，各自往家乡逃窜。消息传遍全省各地，所有人都担心这些已经叛变的官兵会不请自来。不用问，他们所到之处，肯定大肆劫掠，甚至大开杀戒。惊恐万分的村民在麦收季节刚开始之际，放弃成熟的庄稼背井离乡，坐在农车上逃到距离事发地几百里外的县城高墙内避难。县城里被挤得水泄不通，因此造成的损失无法估量。

这样的事件随时都有可能发生。半个世纪前，太平天国运动以及随之而起的社会动乱，使人们清醒地意识到，缺少围墙保护的村庄其危险性不言而喻。尽管这些围墙的高度只有五六米，一旦遇到庄稼歉收或者劫匪横行，城墙的保护作用是显而易见的。但这些围墙若是应对组织有序、指挥得当的进攻，其价值就显得微不足道了。实践经验证明，城墙常常能够把入侵者注意力转移到那些没有围墙、畅行无阻的村落，从而起到应有的防御功能。任何有关起义暴动的风吹草动，都足以激发起向村民们征收土地税，用以修补防御性的土墙的念头。村民们对城墙的依赖远远胜过官府，因为官府在面对组织有序、誓死不屈的入侵力量时，显得胆小怕事、推诿拖沓，根本无法与之抗衡。若是遇到那些已经怨恨满腹的起义军，就更不用提了。

第三节
乡村名称

汉语是一种富有诗意的语言，这种描述十分贴切。无论是帝王的尊号、平民的姓名，还是商铺的名称，无不带有特定的内涵。鉴于此，我们一旦发现，乡村的名称并不如城市那样富有诗意或意味深远时，难免有些失望。挑选村名的速度远远赶不上小村落的诞生速度。几乎所有的中国姓氏都被用来命名乡村，这一点和其他国家一样。一个家族的姓氏与其居住的地方存在密切关联。有时候，两个以上的姓氏连在一起，为一处村落命名，比如"张王庄"，就是张家和王家居住的村子。伴随时间流逝，以一个家族姓氏命名的村庄里，这一姓氏人家早已不复存在也是常事。在这种情况下，村名可能保留，也可能更换，而对于这种往事变迁的记载或许早已失传。

一个村子里最显眼的建筑肯定是寺庙，寺庙所在村落也常常因此得名。如果一座庙宇的围墙被涂上红色灰浆，那么这个村子就会取名红庙[1]。几年后，墙上的灰浆脱落，但是村名却流传了下来。庙宇名称和建庙时村中显赫的家族密切相关，村子也很可能因此得名。比如"王家庙"，就是指王家的祖庙；而"华家祠"，就是指华家的祠堂。如果碰巧出现两座外观相似的庙宇，村子则可能取名"双庙"。总之，村里任何奇异宏伟的庙堂，都无一例外可能成为村名的来由。

以家族姓氏和庙宇名称为村庄取名的习俗，最终造成大量同名村庄的出现，使得村名混淆不清。中国没有邮政体系，也就不可能强令各地邮局为同一

---

[1] 原文为 Red Temple，经考证山东省内有红庙村也有朱庙村，因此中文实际叫法也可能为"朱庙"。——译者注

省份的村庄定制名称,以避免混淆。因此,几个特别普通的村名,常常普通到了失去区分彼此的价值。"张、王、李、赵"是中国人的四大姓氏,前两个的普遍程度远远超过所有其他姓氏。在同一个地区,相同或相似的村庄名字已经多到无法区分。比如,有的地方有8到10个"王家村",其中有"大王村""小王村""前王村""后王村""堤下王村",等等。尽管情况如此复杂,如果一个村名持续沿用,区分起来也不是很困难。而情况却是,只要是含有一个"王"字的村子,都会被简称为"王村"。只有详细询问,才会知道这个"王村"指的究竟是哪一个。

官道沿途也存在同样的村名混淆情况。凡是经营饭庄和为过路人提供住宿的村子都称作"铺"。"铺"的命名往往取决于其所在地同所属行政区城镇的距离,比如五里铺、十里铺、十五里铺、二十里铺、三十里铺以及四十里铺。一个城镇的四面八方都有这类商铺,北边二十里的叫二十里铺,南边二十里的也叫二十里铺。这让过路的人大惑不解,根本不知道身在何处。除此之外,一个城镇的三十里铺还很可能跟临近一个城镇的三十里铺混淆起来。一个不起眼的小村庄,名字里包含四五个汉字极其常见。这些汉字在当地人口中的发音很难辨识。有些名字说出来时会变成一个延长的多音节发音。这样就会产生缩略词,同样一个长长的名字可能包含两三种不同的发音方法。陌生人听了难免一头雾水,外地人的困惑反倒成了本地人的笑料。他们始终无法明白,为什么在他们看来耳熟能详的名字,理解起来却会这样困难。

无缘无故更改村名中一两个字的做法很普遍,这是造成中国乡村名称混乱的另一个主要原因。这种更改与改进或简化发音没有任何关系,也没有其他明显原因。看起来似乎是迫于追求变化而变化,或是厌恶村名简单重复的体现。因此,一个原本因李家古祠堂得名的"李古祠"的村子,通常会改称"李光祠";另外,一个原本寓意仁慈和道德的"仁德庄",不知何故改称"仁王庄"。与这一习俗类似的做法,是用两个毫不相干的名字来命名同一个村子,而且两者没有任何关联,这种双重命名的做法进一步加剧了原有的混乱。于是,一个因为庙宇得名的村子,比如"舜帝庙"(供奉"舜"的庙宇),同时也叫"张庄"(张家居住的村庄)。然而,由于附近有很多张姓人家居住的村庄,为了区别起见,这个村子就被称作是"有舜帝庙的张家庄"。不少人都有过书写村庄名字的经历。由于对汉字知识所知甚少，便很容易写下一个同音异义的错别字，而同音异义的别字很多时候远远不止一个。如此一来，不确定性成为永恒的存在。不管采用什么办法，要搞清楚一个村名正确的写法都不太可能。因为对于所有中国人而言，一个名称并没有好坏之分。不管是村庄命名，还是其他事物都是如此。他们或许根本分辨不出对与错。

中国的村庄不过是中国人个体的放大版。村庄同个体一样，经常会被人们冠以某种绰号。而且，同人类情况相似的是，村庄的绰号常常会取代原名，导致原名在人们的记忆中消失得干干净净。这种现象有助于解释为何许多村庄的名字那么奇特。大道边上有一个集市，由于其井水微咸，就被称作"苦水铺"。这个名字听起来十分刺耳，于是人们就在赋税簿上故意改成了"甜水铺"。若是问起来，为什么同一口井打出的水既是苦的，又是甜的，村民的回答十分简洁："没有为什么，甜水铺本来就是苦水铺！"一个坐落在河边的村子，原本是以村中两个望族命名。遇到河水高涨时，原来的村名就被人们抛在了脑后，新名字"看水"就出现了。这种改变很难满足人们对多样性的需求，村名被记录下来或者说出来时，居然演变成了"看坟"！一个以刘姓家族命名的村子里有一个恶霸，因他有一次被人打得两眼乌青，并由此卷入一场官司而出了名。

乡村补鞋匠

乡村绑扫帚匠

他居住的村庄名字就变成了"黑眼刘村"。还有一例，一个小镇名为"落牙"，仅仅是因为当地官老爷掉落一颗门牙而得名"落牙镇"。伴随时光流逝，人们渐渐忘了这个缘由，镇名便以讹传讹变成"老鸹镇"，寓意"乌鸦集市"，这一名称一直沿用至今。

有一个村子推倒了所有庙宇，全村人集体加入天主教，该村因此得绰号"无神庄"。接下来的几个奇特村名，来自方圆几公里内的同一地区，情况跟任何其他地区毫无二致。如"御马苑"这个村名，传说就是源自宋朝开国皇帝的时代，后来，村名逐渐讹传为"芝麻苑"；"洞头村"是一个坐落在大平原上的村落，根据口头传说，是源于村庄地下有一条秘密通道；"见马"以及"马语村"据说是源于一匹会说话的马；还有"孙家牛村""母狗村""王家大西瓜村""离王村""刘家篮子村""伏虎村""打虎集""周家鸭圈""无蹄马""铁嘴张村""崔家野鸡村""王家狗牙""仁爱老爷村"以及"筐子厂村"，等等。最后一个村名"筐子厂村"，现在已经讹传为"鼻子长村"。

第四节

乡村道路

狭小的居住环境迫使中国人在大街上完成大部分的工作。即使是在城市里，道路也窄得不能再窄了。这些纤细的道路，长年累月挤满各种流动商贩、流动匠人。街道俨然成为他们仅有的经商场所。卖肉的、烙饼的、做蜡烛的，连同其他三百六十行的各类手艺人聚集于此。流动营业是他们永恒的主题，这势必成为城市交通的巨大障碍。道路越宽敞，被占用的部分就越多。于是，穿行在北京城宽阔的大街上，同穿行在广州城狭窄的小胡同里一样艰难。在中国，"官道"并非由皇帝负责维护，而是一种专门供皇帝使用的道路。然而，这种道路与其说是"官道"倒不如说是"关道"。因为从未得到过有效修缮，道路建成后便迅速恶化成无路可走的"关闭"状态。

既然中国主要交通干线已然如此，我们也很难期待，其政治学或经济学的观念能在乡村道路那里有什么良好表现。每条乡村道路所占的面积，都是路边农田主被迫让出自己的部分土地，用作公共交通。用作道路的那部分土地依然要缴纳税款，而田主却再也无法从中获取任何的收益了。因此，所有田主人都会把道路留在农田的边界上，这样田主只需负责提供不超过道路一半的土地即可。然而，一家所属田地的形状一般都不会方方正正，若是碰巧地界弯弯曲曲，那么道路也就自然变得蜿蜒曲折，以便尽量减少田主的损失。这也解释了为什么一段原本不远的距离，走过去却要花费相当大的周折。

一条普通的道路，其宽度仅能供一辆车行驶。两车相遇需要错车的情况时有发生，这时候只能碾压旁边的庄稼地。田主人为了阻止这种情况发生，便在沿路的田地里挖掘类似埋藏煤气管道的深沟。虽然每个田主人都极力保护自己的耕地，但是当他自己驾车出行时，也会碾压别人的庄稼。于是，因碾压庄稼引起的纷争时有发生,根本没有彻底解决的办法。西方人规划道路的方法是:统一划出一条宽窄一致地带用作道路,不收赋税且产权归国有。道路与田地界限分明,这种做法始终难以被中国人理解。在中国,田地是价值极高的私有财产,在上面修缮道路绝无可能。由于缺乏合理维护,年久失修的道路常常磨损到无法修缮的地步。经年的碾压把土壤压得结结实实,道路变得低于两边的田地。持续不断的磨损和碾压会将路面土层碾碎。大风来袭时,吹起厚厚的尘土,在田间漫天飞舞。

遇到雨季,田里的雨水排到道路上,总是将道路完全淹没在水下。路上的水从高处流向低处,先是逐渐形成水流,再慢慢变成溪流,最后蓄势变为奔腾的洪流,不断冲刷两边的"河床"。几十年几百年以来,这种情况不断重复,把道路变成一条比两侧的田地低出一米多的河沟。难怪当地人仿照"多年的媳妇熬成婆"的谚语,用"千年的道路变成河"来形容这种情况。

一旦道路低于两侧农田达到非常严重的程度时,这条路就再也不能走了。说是一条河,其实河上面既不能行船,行人也无法横穿。临近村庄之间的道路与所谓的"官道"平行,一旦阻隔,几个礼拜都无法通行。田地里排出的雨水通常携带大量的肥沃土壤,在出水口留下一个张开的大口。雨水退去之后,田主人便急急忙忙赶到地里查看情况。土壤早已在低凹的道路中变成淤泥。田主人若是找不到同样肥沃的土壤,便很可能就地取材。这种被称作"肥土"或"黄土"的松软土壤,经过雨水冲刷,形成垂直断面,在田地边的出水口留下高高的河岸。为了修补田地,田主人再到路边,就地挖坑取土,更多时候则是直接在路上取土。结果是,一个雨季过后,道路又会加深30厘米左右。既然道路本来就是自己的田地,挖坑取土又有何不可呢?来往的公众对这条路不满,那他们就干脆走别处吧。

如果一条路坏到只能废弃的地步,就必须开辟一条新路出来,或者去改造一条老路以适应形势变化。改造老路几乎成为一个必选项。因为谁又会愿意牺牲自己原本不多的土地,提供给同自己无关的公众使用呢?一旦遇到因暴雨或河堤决口引发的洪灾,据说唯一可行的办法,就是在家里一动不动,坐等洪水退去。若是抬高路基,超出洪水泛滥的地面,道路一年四季就可以使用了。这一想法却更加不可能实现。土地被占用的人们绝对不会甘受损失,再加上谁也不愿意花费举手之劳去做义工,当然那些田地就在路两侧的人家除外。而且不管住的远近,谁都不愿意提供一星半点的修缮材料,以改造出持久可用的道路。

直隶中部地区的一个小村子就曾经发生过这样一件事。村中有位老妇人,家境殷实。家里的部分田地年年遭受附近地区排放雨水造成的灾害,情况一度严重到了收获的庄稼根本无法用车辆搬运回家的程度。收获庄稼时,只能靠苦力蹚水背回家,或是在水足够深的时候,把庄稼放在木筏上艰难地运回去。这位还算开明的妇人想出一个好主意。她命令手下的人在道路两旁取土,垫在路面上,直到洪水淹不到道路为止,终于彻底摆脱了水患困扰。她完全自己出资修路,垫高的道路却使得全村人获益匪浅。不料,那年冬天,流感肆虐,村中也有几个人染病亡故。等到死了五六个人之后,村民便纷纷揣测这场夺命瘟疫的起因。他们最终将目标锁定在新修的道路上。若是再死一个人,他们肯定会聚集起来,拿起铁锹把垫高的道路铲平。因为在他们看来,垫高的道路是引发瘟疫的罪魁祸首。

中华大地上的主要道路,原本可以修好,达到永久通行的水平,而不是现在这种一年到头有几个月不能行走的状况。只要巡抚大人下一道命令,派遣辖区内各地官员前往视察这些一潭死水下无法通行的交通要道,再看看道路两侧为防止碾压庄稼挖掘的一排排壕沟,一切问题都将迎刃而解。然而,对于乡村道路而言,除非是中国的村民们明白了"凡事利人则会利己",以及"明智的开支即是节俭"的道理,否则要想改善道路绝无可能。对于中国人而言,理解前面的两个道理,比理解二项式定理更让他们摸不着头脑。

第五节
乡村摆渡

中国北部的河流尽管没有南方多，但由于畜力车的大量使用，河流依然对交通造成不小的障碍。中式畜力车完全是北方特产，其外观同古代车辆没有多少区别。城里坐人的畜力车通常由一头牲畜拉车，在乡下却是两个。乡村畜力车是一台沉重无比的大型机器，多用于运输农产品，同时也在一切家庭活动中大量使用。我们曾经把这种车的部件放在地磅上称量过，单只车轮的重量就达到 177 磅[1]，车轴重达 57 磅，光是两个轮子和车轴就已经重达 411 磅。车辕需做得十分粗壮，一旦翻车——这是常事——车辕可以将拉车的牲畜牢牢牵制在地上，有效地防止其逃跑。骡、马、牛和驴被同时套在这种农用车上，各自用固定在车轴上的一对长长的绳索拉车。要让这些牲畜同时用力拉车，这件任务对西方人来说实在是难以想象。就算想象得出来，也不可能做得到。沃尔斯莱将军[2]曾在其著作中提及，英军炮队在 1860 年去北京的路上，被当地马车夫扔在河西务[3]附近，弄得叫天天不灵、求地地不应，因为英军中没有一个士兵有本事能叫中国的牲畜往前挪动一步。

在这种状况下出行，中式摆渡是我们遇到的最具中国民族特色的东西。摆渡船数量庞大，需要乘摆渡的畜力车也难以计数。观看摆渡畜力车不仅是件趣事，也是惊喜不断的奇观。

在河流的浅水区，摆渡船停泊在倾斜的浅滩上，畜力车在河岸上留下的

---

[1] 磅：英美制质量或重量单位，符号 lb。1 磅等于 16 盎司，合 0.453 6 千克。——编者注
[2] 沃尔斯莱，中文名为吴士礼，爱尔兰裔英国将军和殖民统治者，1860 年鸦片战争中任英军步兵第 90 队队长。——译者注
[3] 河西务，地名，在北京东南约 130 公里处，今属天津。——译者注

车辙形成一条通道。小道很窄，仅够容纳两辆车同时行走。把车辆从陡峭的河岸斜坡上弄下来需要极高的技巧，意外肯定在所难免。一旦走到渡口，就要把牲畜从车上卸下来，然后再用尽全力将车辆和牲畜分别拉上船。有些牲畜能纵身一跃，毫不费力地跳上船。但是，不管它们落在船上的哪个角落，都有可能给已经上船的乘客构成威胁。这些牲畜站在狭窄、弯曲而且高低不平的跳板上，显然缺乏自信。跳板越弯曲越好，至于原因，乘客们也不知道。要想轻轻松松把车辆和牲畜弄上船根本不可能，不花费九牛二虎之力很难完成这个任务。因此，一帮一贫如洗的庄稼汉总是借此机会谋取微薄收入。遇到不愿上船的牲畜——这种事几乎每趟摆渡都会发生——便用某人的腰带蒙住它的眼睛，再牵着它在原地转圈，一直转到牲畜忘记了上摆渡船的事。最终，把牲畜赶到船边，用鞭子猛力一打，逼迫其跳上船，而结果十有八九的牲畜都不跳。这时，就要盘起牲畜的尾巴——除非是一头骡子——然后在屁股后横放一根撬杠，两头各有六人往前推，还有另外六人在前面使出浑身解

等船

第一部分 乡村,乡村的机构、功能和公众人物

摆渡过河

数拉扯拴在牲畜角上的绳索。经过约半小时的努力和长时间残酷的抽打,可怜的牲畜都一一上船了。不老实的牲畜在同类和乘客间又踢又蹦,整个摆渡过程险象环生。

有时牲畜受惊而逃,猛然跳起后在船边失足落水。由于河边缺乏必要的防护设施,落水的牲畜被河水冲走,甚至丢失的情况也时有发生。笔者亲历过一场事故:一位车夫为了打捞落水的牲畜被卷入浪中溺水身亡,而乘车的那位赶考书生被作为人证扣留在当地衙门,行程被无限期地延误了。

我们只顾忙于讲述牲畜的事情,忽略了车辆也必须动用大量人力才能拖上船。渡船上可能只有一个男人,或是一个男人顶多再加上一个孩子。十多个人一起将装满东西的大车子拖上长长的船板。在拖的过程中,一群人在主事者的带领下激情地喊着号子,这样的情景与中国的送葬队伍何其相似。

每个出手帮忙拉车的人都得付工钱,车周围能挤进多少人就雇用多少人。中国所有的劳力报酬并没有统一支付标准,摆渡也不例外。这里支付工钱的规则是西方铁路经理们采用的方法，即"交通费能承受多少就支付多少"。假如一辆拉客的畜力车过河要交100文钱；那么，这笔钱会被分成三份，渡船得到其中一份，帮忙推拉的那帮志愿者们得到另外两份。有时候，这种闲散的劳力参加一次短暂的苦力劳动收费是4文钱，也有极个别情况下是2文，甚至是1文。

到了河对岸，上文描述的上船过程正好反了过来，只不过花费的时间稍短了，因为所有牲畜都想迫不及待地从渡船上逃下来。船上的人争先恐后要下船，等船的人迫不及待想登船，这就阻碍了卸载车辆和牲畜的进程。摆渡和中国其他事情一样，缺乏一个统筹规划的人，一切听天由命。摆渡途中若是没有人员伤亡就算是奇迹了。

对于擅长为东方人出谋划策的西方人而言，设计一个方案，把杂乱无章的摆渡变得井井有条是一件再也自然不过的事情了。第一，西方人肯定会制定收费标准，并且修建一条宽阔、坡度平缓的道路通往渡口；第二，制作一块宽大平整的跳板步桥，牲畜和车辆便可以在上面畅行无阻；第三，把船上分隔成乘客区和牲畜区，缩短总体登船时间，减少困扰，将整个过程全盘考虑。

现在不妨停下来思考一下，以上几项"改革"如何能够变成现实。河岸的缓坡修好后，在第一次涨水时会被冲垮，谁负责修补呢？肯定不是船主，因为"掰玉米的人不负责为雇主剥玉米"。如果渡船是"公家"的，官老爷唯一要做的是考虑如何榨取利润，而不是尽其修缮交通基础设施的责任。那么又由谁来提供宽敞的跳板步桥供乘客安全通行呢？首先不会是船主，肯定也不会是乘客，因为乘客的唯一目的就是能够安全过河。当然也不是那帮流动劳力，他们根本不关心有没有跳板，对他们来说，连一块跳板也没有才更好。

就算坡道修好了，大发慈悲的君主为渡口提供了跳板。不到一周时间，跳板也会不翼而飞，一切又都恢复到初始的混乱状态。奉命前来的督查、官兵等人，都难以发挥其职责。除非是深入的改革能为这些人带来实际收益，否则一切都是空谈。

假设一位侨居印度的英国官员，深入了解东方民族及其特性，由他来负责管理京杭大运河上一趟单程渡船。他会怎么做呢？就算有一支所向披靡的军队任其调遣，他又能做什么呢？任何只需稍加改进便可以带来持久利益或者实现良好愿望的事情，都不在中国人的考虑范围内。人类的进化过程要花费多长时间才能造成这一结果呢？这一点其实不难猜想。我们稍停片刻，想想那些可能给革新带来阻力的每个人。他们究竟是什么样的人？他们出于何种目的？没有一个中国人能够理解蕴含在这句拉丁语中的观念：一切为了公众利益。他们对此事闻所未闻，见所未见，甚至根本就不想知道。

我们已经浪费了大量时间来探讨如何在中国过河的问题，因为这是个再典型不过的弊病了，而中国人自己居然毫不在乎。要是换了西方人，这种情形早就将他们逼到神精错乱或者崩溃的边缘了。这件事看似简单，却完全无法根治。"必须要改革了"，这件事是警示这个王朝的一则寓言。改革势在必行，而且只能从内部开始，而促成改革的推动力一定是来自外部的力量。

第六节
乡村水井

华北大平原上的水井一般都很浅，大约10到13英尺[①]不等。15英尺深的水井极为罕见，但也偶尔会有更深的。中式水井尽管不像印度的那样用作宗教洗礼，却依然是一个村子里十分重要的特色装备。为了节省运水的劳力，所有牲畜都被牵到井边饮水，造成周围一团泥淖，冬天里尤其脏乱不堪。由于从来不用井盖，加上井口与地面水平，牲畜、小孩和盲人看起来随时都有掉落井里的可能。事实上，这种事虽然确有发生，但并不经常。即使是最年幼的孩子也早就学会敬畏井口，经年累月的打水经历，已经让中国人面对这种威胁显得冷静沉着。

掘井本身就是个技术活。以井水作为灌溉设施的地区，村民们精湛的专业技术远近闻名。哪个村子需要掘一口新井，就要给这些行家们送上一封请帖。随后，一个由大约15到20人的掘井队应邀前往。尽管工作十分艰辛、困难，而且时常伴有危险，掘井却从来不收取费用。雇主只需设宴招待这些劳力即可，奉上的当然是最好的吃食。如果要掘的不是简易取水坑，则需要挖得越深越好，并保证不能有塌陷的危险，挖掘完毕还需从上到下在井壁上砌一道砖墙。基座是一块同井口大小一样的板材结构，宽度足以支撑井壁围墙即可。一段井壁建在这个基座上，而整个井壁则从里到外用绳索和芦苇秆牢牢固定在基座上。井壁内衬像是一个没有盖子的圆筒，一旦做好就非常坚韧，就算经历受力不均的大幅扭曲，也不会断裂散落。

几英尺长的内衬被放入挖好的空心墙内，挖得越深，内衬也就降得越深，

[①] 英尺：英美制长度单位，1英尺等于12英寸，合0.304 8米，0.914 4市尺。——编者注

然后再在上面加盖上部墙体。如果要掘一口不会干涸的泉水,则需要借助一根头上戴有铁钻头的粗竹竿完成。首先尽可能地把竹竿往下钻,泥沙通过中空部分溢出。钻到出水好的深度时,就像上述程序一样用砖块把井口砌好。这种水井相对罕见,其造型相当精致美观。

在那些土地和水源适宜种植蔬菜的地区,用于灌溉的水井自然就繁盛起来。这些水井通常将近2米宽,上面架设两台辘轳或者打水杠杆。走在路上,可能会遇到把绳索、水桶和辘轳用完就带回家的菜农,因为把这些家什留在井边非常不安全。乡村水井大多坐落在几家邻边的土地上。同其他具有东方人特色的事物一样,水井不仅能给各种人类活动提供方便,也会在这个父权制的国家引起深仇大恨。如果某人在村中失去民心,首要的威胁就是切断其水源,只是这种情况并非经常发生。

在个别地区,由于流沙的原因,掘一口能经年使用的水井不太可能。村民们只能彻夜不眠地轮流去抢十分稀有的水源,争斗在所难免。遇到干旱年份,更是每况愈下。在这种恶劣的形势下,一口管状水井似乎可以解围。然而,要想挖到满意水源的深度困难重重。有一个中国苦力,受雇于一个想掘井的外国人,当被问起为何不把井挖深一些时,他简明扼要地描述了问题的根源。他这样回答:"问题是,挖得越深,水量会越少!"如此看来,西方人关于水量方面的知识,可以很大程度上为中国人谋福利了。就算不是很大程度,也能发挥不小的作用。

为了证明这种情况是如何发生的,有必要提起几年前在山东境内一个村子里笔者亲历的一件事。一位传教士喜得贵子,这是家里的第二子了。这对当地的中国人而言,是件大喜事。于是,他们在村中动员每家每户凑份子钱,为新生婴儿购置了一条银项链。这项提议并不具有强制性。后来由为首的人去购买了一条银锁链。事后,一个棘手的问题被提了出来:传教士收到礼物该怎么回礼呢?经过反复征求意见,最后得出一个可以满足大家需求的提议。简而言之就是,此事必须有益于所有人,并让他们对此感恩戴德。有人提议,在传教士居住地附近的水井上安装一台压力泵,因为这里每天取水的人们需要花费太多的劳力。压力泵能让取水的苦差事变得轻而易举。计划成功的希望相当大,另外一个传教士——虽然没有两个儿子的福气——也被动员承诺修建一条灌溉水槽,用中国人的话说,这是"造福千秋万代"。为首的人认真听取这些提议,答应仔细斟酌后再做定夺。召开第二次会议时,传教士负责主持,当地人表示要提几个问题。他们指出,村中有四五口水井。"外国的'牧师们'是要在每口井上都安装这种'吸水机'吗?"不,当然不是;是给离传教士居住地最近的那口井安装。当地人听后回答,全村每家每户都给婴儿的银锁链凑了份子钱。有些人家住在前街,有些住在后街,有些住在东头,而有些则住在西头。"'吸水机'如果只能利好其中的一小部分人,这难道不是违背了基督教公平公正的原则吗?"

一阵长久的沉默后,村民们宣称他们又想起来一个问题。这个村子虽然比临近的村子富有,但有些家庭没有一寸土地可耕。无地的村民必须有一条活命的路,其中之一就是挑着水桶挨家挨户卖水。根据牧师们的解释,新装的"吸水机"会使得取水容易很多,大人小孩几乎人人可做。如此一来,卖水的职业就要消失了。让一群人失去谋生的手段不应该是仁慈的牧师们想看到的吧。牧师们会采取什么措施来为这些无地的村民提供生计,补偿他们丢失的职业呢?提到这一点,比先前更久的沉默再次笼罩了会场。沉默一阵子后,村民继续问问题。他们说,西方人极具发明创造之能事,而中国村民都很"愚钝"。如果西方牧师们能随时随地讲解和指导如何使用这些"吸水机",则会一切顺利;但是他们已经注意到,西方的发明随着时光流逝或者使用不当,将会损坏。假如"吸水机"发生了类似的情况,而现场又没有牧师出手维修或者更换,已经开始依赖这种设备的村民怎么办呢?这种情形让我们想起一件事。几年前,北京城一口水井上安装了几经试用的压力泵。后来阀门被细沙堵塞时,深井上的压力泵竟然又被拔了出来!倍感失望的牧师们最终放弃了干涉东方工业设施的计划;他们回礼的方式是提供一笔让村民满意的善款,供其修缮村子周围的防御土墙。表面虽是如此,可没人知道这些钱究竟落入了谁的口袋。鉴于上述诸多考虑,牧师们这样做一点也不足为奇。

第七节
乡村店铺

中国人向来把人群分为士、农、工、商四个阶层。鉴于其对商业贸易的独特偏见，将商人阶层排在最后一个确实让人不解。

如果有人认为，中国的生意人生活得很轻松，这种认识是不够确切的。只要随便粗略观察一个案例，就足以推翻前面的观点。事实上，没几个中国人的生活是轻松的。就连官员和富人们也不轻松，他们毫无疑问是这个帝国里最受嫉恨和常被误解的群体。

在山东，所有村子不论大小都有自己的杂货铺。杂货铺完全不同于西方的小商店，这里的存货不是随时都能售完。很多货物会储存好多年，但最终都会被卖空。西方人常常认为，中国人靠吃"咖喱和白米饭"生活。山东的人们一生中尝过白米饭的没有几个，但杂货铺里通常会存有少量的大米，以备需要招待客人或家里有病人的顾客购买。店里大量供应用来制作请帖的红纸和办丧事时写讣告用的白纸，一旦有需求必须能立刻供应，以免长途跋涉到遥远的集市去购买。除此之外，店铺里经常备有鞭炮，一旦遇到节日或是婚丧嫁娶就能派上用场；纸钱和其他用来祭拜时所需的物品也都有存货。店里还有其他种类的商品，因为不管顾客想要什么，都要得到满足；然而，店铺的利润往往是在那些最不起眼的物品上赚取到的。

不熟悉中国情况的读者们千万别以为，杂货铺的老板可以坐在椅子上等待顾客，或者在客人稀少的等待间隙舞舞剑，开开小差，下下棋等。这些他都不做。如果是家小店铺，根本没有人看管，只在有生意上门的时候才营业。如果是家大店铺，就需要不止一人经营。伙计们不是在店里看管，而是从事乡间农贸。因为杂货铺的大部分生意不是在店里经营，而是在五天一集的市场上。有

031

中国乡村生活

几串铜钱

准备串钱的绳子

些店铺的老板几乎一个月里的每一天都把店里的商品带到集市出售。他们初一、初六去一个地方，初二、初七去一个地方，初三、初八去一个地方，初五、初十再换一个地方。如此这般，直到月末。

赶集卖东西可不是去度假。天刚亮甚至更早就要起床，选好要带的货物，小心翼翼地装好，列出详单，然后用独轮车推到集市去。赶集有时还会遭遇崎岖的道路和恶劣的天气。到了集市也没有供生意人使用的货摊，每个商贩立地为店。但他们不得不向土地主人交付一定的租金，收租金的人简直形影不离。整整一天时间，他们要跟形形色色的顾客们为价格争执不休，与此同时还要一丝不苟地看护好独轮车。待到天黑人散时，他们又得收起货物，把独轮车推回家。

接下来是清点货物的烦琐工作，这也是店主人最为斤斤计较的地方。在中国，人与人之间互不信任。很显然，人们清醒地认识到，在这样的情形下就连他自己也不相信自己。于是，小店铺的主人或是他的代理商，回家后会认真清点货物，仔细比对早晨出门时列出的清单。这种检查是为了防止售出的货物没有入账。一天能卖出去的货物仅在少数。铜钱不仅仅需要清点，还要一个个用麻绳串起来，凑足一串1 000文（有些地方一串是500文）。数钱和串钱要花费大量的时间，如果数量巨大将是一件非常辛苦的工作——在西方人看来，辛苦这个评价适用于中国所有的职业类型。

杂货铺的伙计闲下来时才能吃饭，一般要等到完成老板交给的所有任务。店里的伙计要想长期留任，工作必须出类拔萃，否则到年末生意不景气，或者老板物色到更适合的人选时就会被辞退。中国各行各业的劳动力供应都严重剩余，找到一件差事着实不易，而能够保住这份差事则难上加难。

笔者认识一个当地农民，而且与其关系密切。这位农民因土地太少，无法养家糊口，便接受了邻居的邀请协助其打理新开的肉铺。他的任务是每天把四辆独轮车的肉推到各个村子的集市上去卖。他每天天亮前就得早早起床，把肉准备好。先将肉从骨头上剔下，剩下的骨头另外单卖。每辆独轮车上的肉和骨头都必须称重入账。晚上回来，再把独轮车上剩下的东西重新称重，并且根据所得钱数核算一番。这一过程，每辆独轮车都要经历一遍。这个伙计一共要记录十四本不同的账目。我们曾经问过他："在独轮车出发以后和回来之前，你肯定有一段相对清闲的时间来做自己想做的事情吧？""我的天呐，没有，"他回答，"这段时间我要把前一天十四个账本的账目核算清楚。"根据对中国账目记录习惯的了解，他完成核算的时间应当相当紧张。中国账目的记录方式不是一栏一栏地记入以方便累加，而是像织布的纹理那样把数字列成一串一串地排列起来。每个项目都必须在算盘上单个累计，也从不核对正误。给我们提供内情的这个伙计，后来实在厌倦了这份差事。他趁着本家有丧事，自己按理必须参加，就辞了差事。他走前匆匆走访了我这位外国朋友，对于其先前遭受的痛苦，我是深表同情的。

一年后，笔者又邂逅此人。我得知，原来他已经放弃了和卖肉相关的烦琐账目这类差事，在一个富人家里做账房先生。雇主家里田亩数量很多，除此之外也做其他营生。当被问起是否有时间读书时——他似乎喜爱读书——他斩钉截铁地否认了这一点。难道早起一点也没有吗？没有，千真万确。他一穿上衣服就要开始干活儿。那么，睡晚一点是否可行呢？当然也不会。他已经睡得不能再晚了，那就是根本没有时间！但是，他在吃饭的时候至少可以享受片刻的清闲吧。"远不是这样，"他回答说，"管事的女主人还要抓住这个间隙过来盘问账目。"

在那些做大生意的商行里，完成一天的工作后，伙计们经常被要求在夜间解开一串串进账的铜钱，仔细查看里面是否混杂了可以卖出高价的稀有币种。大凡进了中国人的渔网，不管什么都是鱼。不管是什么东西，迟早都能被店主们发掘出应有的价值来。假如有一天——如果这一天真的会到来——来自大洋彼岸的西方人和不紧不慢的中国人进行一场针锋相对的竞争，如果其中一方在竞争中落伍的话，可以毫不讳言地预测：落败者肯定不会是中国人！

乡村店铺里，店主买进和卖出使用不同的秤杆，想方设法地花掉已停止流通的货币，一有机会就将呆账、坏账栽到某个顾客头上，经常为蝇头小利跟顾客斤斤计较，而顾客们抓住机会也会以牙还牙。然而，同其他大千世界的众生百态一样，这类事情主要还是取决于店主的个人品行。

第八节
乡村戏曲

大凡在中国居住过的人都知道，中国人极其钟爱戏曲表演。中国舞台艺术的渊源可以追溯到唐明皇（逝于公元 762 年）时期。而唐明皇则被人们顶礼膜拜为戏曲之神。人们一致认为，如果不拜这位保护神，不管什么形式的戏曲表演都要遭遇失败。

我们对于中国舞台艺术的这段历史不感兴趣。根据中国人自己的评价，戏曲的功用已从古时的道德教化，堕落到了仅仅是愉悦大众的工具。值得注意的是，一方面中国作为一个民族，所有成员无不钟爱戏曲。而另一方面，在几个为数不多被剥夺科举考试资格的职业人群中，戏曲从业者便是其中一个。这种反常规的现象据说是因为戏曲舞台已堕落到迎合某种道德败坏和放荡淫乱的嗜好。究竟戏曲表演在多大程度上涉及这类内容，外国人无法说得清楚。事实上，中国大众在舆论上普遍蔑视戏曲和戏曲演员，这是儒家道德教化的结果。儒学对正统戏曲表演的变异持强烈的批判态度。这一观点同其他儒家教条一样，虽然在舆论上得到普遍认可，而在现实中无一例外地全被抛到脑后。

我们无法通过听戏的亲身体验来获取一手资料，以讲清楚中国的戏台文化。通过这种方法获取信息虽并非不可，却困难重重。大部分中国戏剧都是鸿篇巨制，就演出时间而言，一出戏短则几个小时，长则可能持续几天。即使精力最充沛的欧洲人，听完任意一整出戏，也会精疲力竭。戏子们在台上的对话，完全不同于日常话语，听起来根本不知所云。戏曲唱腔采用的假声尖锐刺耳，西方人听了既容易疲劳，又感觉一头雾水。

除了上述的尴尬外，嘈杂的配乐、简陋的环境、拥挤的听众以及每出戏都千篇一律的晦涩难懂，是所有中国戏台上亘古不变的元素。这种表演形式对西方人而言，看完一眼满足好奇心后，就再也没有任何吸引力了。对于我们这种漠视的态度，中国人很难理解。一个外国游人，得知其即将落脚过夜的镇上正在锣鼓喧天唱大戏，却对此毫无快意，甚至坚决拒绝在那里过夜。这是中国人永远都不可能理解的事情。

除了为数不多的几个大城市，中国的戏台并不是我们所说意义上的那种"剧院"，即设有座席的室内空间。中国的戏台四方通透，非常简陋。有些外观同庙宇的样式类似，只是留下前面一堵墙不封而已。然而，迄今为止，乡村戏曲表演大多以临时搭建的脚手架作为戏台。戏台一般在开戏的前一天晚上搭好，最后一场戏一结束即刻拆除。中国的戏曲演员类似于古希腊的流动乐团，哪里有需要就去哪里演出。

戏台上的装备也和戏台本身一样简陋，观众只能通过舞台布景用想象力来弥补道具不足的缺憾。这些道具在西方剧院里早已臻于完善了。每幕戏之间的间隔界限并不明显。凡是演员服饰和形体动作无法清晰表达的地方，都需要他们自报家门，如饰演何人，在做什么，如此等等。每出戏都有乐队伴奏，乐队不但在幕间休息时也会突然吹打起来，还通过铿锵的锣鼓声为诸如战争之类的场景助威鼓劲，有时也为普通的情景烘托气氛。

希腊戏剧和中国戏剧的相似性，引起许多评论员的注意。科瑞比尔先生[1]曾断言："当今的中国戏剧大致上同希腊悲剧类似，是一种抒情的戏剧。与我们通过伴乐抒发感情的情节剧不同，中国戏剧是演员通过高亢的唱腔来表达强烈情感。在我们听来，这种原始唱腔缺乏表达力。这不是我们争论的焦点，只是戏剧情趣上的传统差异而已。"[2]

乡村戏班的存在同富人密切相关，戏班也是富人选择的一种投资手段。由于中国绝大部分地区的土地都不进入交易市场，对手头有余钱的富人而言，选择一种投资手段并不容易。如果选择投资戏班，很难指望会有多么丰厚的回报。然而，戏班能够给大众提供喜闻乐见的娱乐方式，同时又能或多或少为投资人带来收益。

---

[1] 科瑞比尔，H. E. Krehbiel，1854—1923，美国乐评家、作家。——译者注
[2] 刊登于1891年1月出版的《世纪》杂志上的一篇文章。——著者注

第一部分　乡村，乡村的机构、功能和公众人物

戏装是中国戏剧的主要行头，戏装的投资人称为"箱主"。整套行头可能会租给一个戏班，他们支付定额租金使用戏装，但承租人必须保证其完好无损。在一个一流的戏班里，戏装非常昂贵，有"龙袍""蟒袍"等。每套衣服都有双层里衬，质地精良，上面饰有漂亮的刺绣。这类戏装一般都配有两套，另有五套铠甲和数不清的各色服饰，比如裤子、裙子、长筒靴、厚底靴等。还有一个"箱子"里面装有演员使用的各种道具，诸如镀金的木剑、木矛等。

据说一个装备精良的戏班里，各色行头加在一起足足值5 000美元。在相对较差的戏班，其价值约为这个数目的三分之二或一半不等。存放戏班行头的三种"箱子"分别由三个人掌管，由他们负责箱子的安全和日常管理。

戏剧演员分成若干类别，各有其名，每种类别的演员根据其所饰角色在剧中的地位领取报酬。比如说，首先有文职和武职两种角色，饰演如姜太公等这类位高权重的历史人物的演员称为"老生"。另一种饰演如文王或者赵匡胤的，则称为"武生"。第三种是诸如吕布之类的角色，称为"小生"。除此之外，还有一些次要角色，饰演妇人、官眷、小姐，等等。接下来的就是丑角了，也称之为"花脸"。这一类还可细分为头花脸、二花脸和三花脸。花脸饰演反面角色，比如纣王、曹操等，都是下层民众最为厌恶和憎恨的人物。除了这些主角，还有相当多的人来饰演官兵、仆役、信使、船夫、客栈老板，等等。一大帮负责做饭和送水的人构成戏班的后援团，他们的职责是为游走不定的演员们提供后勤保障。①

除了常规戏班外，还经常遇到承接小规模戏剧表演的业余演员，他们被称作"小戏班"。其中的演员通常是青年农民，他们热衷于多姿多彩的舞台生活，在秋收结束和春耕开始之间接受邀请外出表演。戏班里可能只有15到20人不等，报酬却低得可怜。演戏时雇主提供的吃食比自己家里吃的要好很多，演出季节结束时每个人还能分得数量还算可观的一笔钱。

掌管戏班，即戏台行头的承租人被称作"掌班"。他手下的戏子一期签约一般十个月，从早春开始，年底结束。整个戏班的人数50到100个不等。名角根据演技高低，酬劳也不尽相同。最好的演员能拿到相当于100美元的报

---

① 鉴于作者对中国戏曲了解不多，文中戏曲人物分类未必准确。——译者注

酬，差一点儿的拿到几十美元，膳食由戏班全包。不难看出，维持一个戏班的开销很大。这对承租人而言是个不小的挑战，要有源源不断且利润丰厚的聘约才行。然而，实践经验证明，投入和回报的差距总会存在，亏本在所难免。

为了培养戏班的后备人才，掌班通过固定期限的书面契约（一般三年）形式，雇用孩童或者招收学徒。学徒期结束后，由这些学徒自行选择戏班。而在契约有效期内，不管他们挣多少钱，父母已经将他们全权托付给了掌班，所有时间都只能归掌班支配。父母把孩子送到戏班的初衷，是想给孩子找个安身立命之所。有时，孩子们擅自逃离家门，自作主张同掌班签约，他们图的则是戏子们看似自由潇洒的生活方式。

每个孩子在学徒期间仅能拿到少得可怜的报酬。据说一个学徒最多在三个月内就能学会所有应该掌握的本领。学徒的大部分职责是昂首阔步冲到台上，装腔作势地吼上几嗓子。如果是一出角色众多的戏，学起来就要求有相当强的记忆力。然而，中国孩童死记硬背的能力堪称一流，所有要求学会的东西只要在短时间内反复练习就能牢牢记住。

在西方人看来，中国戏子们永不停歇的奔走、枯燥乏味的演出和朝不保夕的流浪生活，根本毫无乐趣可言。所遇之人，没有一个不坦言这种生活的艰辛。据日本一位当红艺人所称："所受的苦难犹如人间地狱一般。戏子的努力无益于社会，他们对社会是没有用处的。这是一种令人畏惧和厌恶的生活。"大众关于日本戏剧的认识——在很多方面和中国类似——跟实际情况相距甚远，有时简直是天壤之别。然而，没有几个中国戏子就其职业于"社会"有益还是有害，有过哪怕是一闪念的思考。

我们时常听说，某个深明大义的官老爷下令在其管辖地盘内禁止唱戏，以此告诫民众省下这份开支，买粮赈灾或开办公共学堂。父母官这种体察民情的政令能否有效实施，唯有他不断亲自督查才能看到。否则，只要在衙门里花上一笔钱通融，就能买到唱戏的豁免权。对于希望"热闹场面"的中国人来说，公共学堂和慈善事业显得过于低调，不合其胃口，唱戏是正中其下怀的事情。

中国是个充满矛盾的社会，戏曲便是其中之一。一方面，戏子在社会上享有极低的声誉；另一方面，对于雇主而言，有实力花钱唱一出戏却又是莫大的荣誉。这样的例证在中国比比皆是。一次，为答谢饥荒时期外国人给予的捐助,中国人为外国人请了一个戏班唱戏。这种情形下的动机往往不止一个,很大程度上是基于发起人满足自己想听戏的欲望。同时,又以公开方式偿还别人一个人情。

遇到这种情况,若是建议与其请戏班演出,倒不如将这些花费用作办公学这种公益事业。一千个中国人中,也不会有一个人认可这种观点。能从公学中收益的不过是几个文人,而请戏班唱戏每个人都能公平享用。更何况,唱戏这种吸引大众广泛注意的宣传效果,对外国人而言是显而易见的。而创办免费学堂就好比"半夜穿新衣",谁也看不到效果。

唱戏的场合有时是为了偿还个人生病时许下的愿望,唱戏表达的是对康复感恩的一种方式。如果是整个村子,唱戏则通常是为了庆祝丰收年或及时雨。若是两个人之间的个人恩怨,通常也有管事的"斡旋人",并裁定其中一个请人唱戏以示惩罚,这样整个村子的人也能跟着沾光。在中国人看来,这种解决争端的方式十分奏效。鉴于他们对戏曲久负盛名的偏好,这么认为不足为奇。

有时唱戏没有更好的借口。唱戏就是因为有了一笔公款,实在找不到其他用途。换成外国人,很容易就能提出50种如何合理使用这笔钱的方案,但是中国人认为这些方案总那么不合时宜,甚至愚蠢透顶。

一旦决定请戏班,首先要做的便是同掌班签订一份书面合同,定好价格。价格一般介于25美元至几百美元不等。25美元是最低价,请的一般是资质较差的戏班,他们往往迫不得已接受这个价格。当然有时还会更低,因为在淡季有生意总比没有好。相反,在戏班需求最旺盛的季节,一个戏班可能会同时接到几个村子的请帖。为了不失去赚取成倍利润的机会,一个戏班会拆分开来,雇用业余演员补缺位。这样,戏班就能在同一个日子应付两个不同的场合。

众所周知,乡下人看戏,实际上就是图个热闹。当然,这只是概而言之。掌班正因为抓住了看戏人这种疏忽大意,才敢以次充好,不按照约定的规格演出。然而,一旦这种戏子数量不足或者唱功不高的欺诈行为被村民识破,他们即刻集体抗议,要求戏班再额外多唱一两天,甚至三天,以示"责罚"。对于这个决定,戏班只能甘愿接受。

负责为村庄聘请戏班的那个人叫"掮客",他能从中获取一定收益。戏子们本应受到的社会歧视，似乎都落到了这位中间人的身上。捐客负责转运戏班从一地转移到另一地演出的各种装备箱子，特别是搭建的脚手架舞台。

在内陆地区，运送数量如此庞大的东西需使用牲畜和大量畜力车，在演出旺季必须行进快捷，以免浪费一整天时间。即使对中国人来说，时间也是宝贵的。毕竟不得不考虑这么多人的吃饭和酬劳问题。畜力车由聘请戏班的村子提供，用抽签的方式决定用哪家的车子。不过，有时按照全村土地数量收取一定的费用，以雇佣畜力车。

开戏的前一天，村子里一片繁忙景象。一时间到处都是草席的影子，村子外围原本是不毛之地的场所，也立刻变成了临时居所。除了搭建戏台之外，还要搭建大量用草席围起来的饭馆、茶水摊、赌场等。在这段时间，即使村子很小，整个场面也像是一个壮观的大集市。

在稍大的城镇，集市会间隔一段固定时间开市。正如前文所述，通常在开市时唱上一出戏，集市的第一天几乎没有什么生意可做，赶集的人全都围到戏台边上看戏去了。这种场合下，根据保守估计，赶集的人应在 10 000 人以上。在大型集市上，通常天天唱戏，从开市一直唱到休市。这种做法从经济学的角度看十分奏效，因为唱戏可以把大批吸引来的戏曲观众变成集市顾客。

从社会学角度而言，中国乡村戏剧表演最有趣的一面是其给所有听众留下的整体心理感受。这种感觉同圣诞节来临时西方小孩们所感觉到的氛围类似，而在美国则像是"7月4日"国庆节的感觉。中国看戏的节日气氛里，任何其他的世俗兴趣都要靠边站。

一个村子一旦确定邀请戏班演出，附近村子的人们也无不兴奋地躁动起来。本村已经出嫁的闺女们都专门为这一盛事早早着手准备起来。她们借此机会回一趟娘家，这对母女双方来说都是难得的机会。唱戏期间，附近所有村子的学堂都期待放假。就算教书先生坚决不放学生走（这种情况绝不会发生，因为先生自己也想看戏），情况也不会有什么区别，最终所有的学生都将弃他而去。

不只是刚成亲的新媳妇将趁此机会走亲访友。总体而言，可以说一旦有村子请了戏班，所有居民都要开门迎客。唱戏期间，男男女女、老老少少只要跟这个村子沾亲带故，都会过来走一趟。每个中国家庭都有远远近近一大帮亲戚,唱戏的确给走亲访友提供了绝佳的时机。不管这些亲朋好友有没有被邀请,都没有区别。就一般的村民而言,就算知道自己不受欢迎,该来的还是要来。

我们时常注意到,尽管中国人一再展示这种热情好客,但这并非中国人的美德。然而,不管一个人内心怎么想,都要将热情好客溢于言表。于是,不管是谁来到家里,主人总是再三挽留其吃饭、过夜,而内心却巴不得早早打发他走。在平时,若不是主人这么热情一再显示挽留的"诚意",客人是不会留下来的。但是唱戏期间,主人是不是热情就没有什么关系了,客人很可能要留下来,因为戏是必须听的。

请了戏班的村子里,经常发生家家户户客满为患的现象。客人多到夜晚没有足够的地方躺下睡觉,他们不得已只能坐着聊天,这无疑会让主人在第二天繁忙的应酬时更加疲惫不堪。一台戏一唱就是三天多,有时能唱四天多,不难想象这个客满为患的村子要背负多么沉重的负担。回娘家或者走亲访友的妇女都要携儿带女,而孩子们总是把能看到的各色食物哄抢一空。这对于家境贫寒的主人来说,是个不小的压力。西方人的生活中几乎没有这种应急待客的情况。

毫无疑问,款待数量如此庞大的一帮客人,花费的确不菲。为了给这些不请自来甚至根本不受欢迎的客人烧水、煮饭,原本可以维持一家人半年使用的柴火,现在一个礼拜就烧光了。对于勤俭持家的中国人来说,的确勉为其难了。根据保守估计,招待客人的费用是请戏班费用的十倍多,真是应了那句俗话:马匹没有马鞍贵!

涌入唱戏村子的这帮人潮中,还夹杂了许多声名狼藉的窃贼。村民们必须时刻提高警惕,防备这些人乘虚而入。鉴于此,同时考虑到还需招待家里大量的来客,本村人自己便很少有时间去看戏。客人和窃贼占据了他们所有的时间!要想保护财产就要时刻保持警惕。在危险解除之前,要想更多地避免财产损失,就要牺牲更多自己享受的时间。经常可以看到这样的情景,一台戏唱完之后,村子里的鸡一只也没有剩下。为了防止偷鸡专业户,村民们早已提前处理掉了所有家禽。

这就是中国乡村戏曲生存的真实写照,奇怪的是,如此不稳定的职业居然还吸引了数量如此庞大的人群以此为生。唱戏这个行当在遇到饥荒、洪涝灾害（时有发生）或者因国丧举国哀悼时，很容易发生败落，戏子们也会因此陷入窘迫。中国人对戏曲独有的钟爱很可能是因为除了戏曲他们几乎再也没有其他娱乐活动了。因此，对于乡下人来说，除了几个节日（一年中仅有两三个），以及有戏曲演出的大集市和单纯的戏曲演出场合以外，实在没有什么其他可供大众娱乐的方式可以期待。

显然，中国人如此青睐的戏剧演出，可能演变为激发其内心情感的一种方式。毫无疑问，情况有时就是如此。中国人注意到很多这样的例子，比如在中国内地一些戏曲就再现了侵略军天津杀戮之类的事件。这些情况无疑是得到了地方官的默许。显而易见，如果这类戏曲的目的是想维系中国人对外国人的尊敬，其在人们心底产生的效果事实上恰恰相反。

中国和世界上其他国家一样，戏剧表演很容易涉及大众普遍关心的事件。例如：有两个县城，因为争夺建筑防洪堤坝的权利而发生冲突，丢了几条人命，引起一场大官司。这个事件的戏剧性特点被改编成一出戏，后来在事发地不远的地区甚是流行。

或许可以说，中国戏曲中涵盖的历史事件成为人们获悉历史真相的巨大障碍。很少有人读历史，然而每个人都听戏。历史会因为枯燥而被遗忘，戏曲却因其趣味性被牢牢记在心上。毋庸置疑，戏曲从来不会以准确性为出发点来加工史实，而是侧重对其戏剧效果的改编。结果是引起了普通民众更大的困惑，至于历史上究竟发生了什么，什么时候发生的，都由于戏曲情节需要服务剧情发展的实际而变得扑朔迷离。

中国大多数的流行戏曲都以人们喜闻乐见的形式反映日常生活。剧情被印刷成质量低劣、价格低廉的小册子，四处热销，起到了宣传剧情的作用。

其中一个剧本的梗概，可以作为我们观察中国戏曲的案例。这是一出尽人皆知的流行戏，人们常常把里面的台词挂在嘴边。剧本据说是山西一个本地人编排的，这出戏通过演绎一位教书先生——理论上最受崇敬的人——如何艰苦挣扎以免被饿死的经历，来讽刺当今中国的社会现状。

山东省流行这样一种说法：想教书的比能识字的人还要多！所以，这出戏以济南府下辖的某个地方为背景再合适不过了，这里是养育中国先贤孔子和孟子的地方。

这出戏里只有两个人物：一个是教书的胡先生，因为无书可教而穷困潦倒。一个是雇主李某，想给家里两个分别是八岁和十一岁的儿子聘请教书先生。教书先生满口"之乎者也"，同中国所有教书先生一样，想给人以满腹经纶的印象。他承诺，经过他的训导，学生能够在三年后考上相当于学士学位的秀才；六年后考上相当于硕士学位的举人；十二年后考上相当于博士学位的进士。

教书先生开场就是一通韵文形式的悲叹，诉说他无馆教书，以致一个有学问的人的情形还不如一个匠人，匠人总归还有饱饭吃。随后，教书先生缓步登台，像沿街小贩那样大声喊叫："教书！教书！"这时，李某人走上前来说，一个要教书的人应该能识字吧。随后又解释说，家里需要一个能看懂契税单据的人，如此等等。后来又说，他确实供不起教孩子读书的先生。

李某说，家里的儿子很笨。先生的饭食很差，特别是教书的费用，将十分寒酸微薄。一天只有两顿饭，为节省开支，夜里不能烧火取暖。铺盖只有一张狗皮，床上只有稻草没有褥子，也没有枕头。教书酬金每年8 000文，而实际上有所折扣，按照800文算作1 000文。上学期间，先生绝不可擅自离开学堂。

学堂设在一座庙里，庙中有尼姑修行。尼姑们将移入偏房，由教书先生负责敲钟、扫地，每月初一、十五还要例行照料庙内其余杂项事务，一干琐事必须谨慎照办。除此之外，先生还需警惕，其德行不能被庙内声名狼藉的尼姑们败坏。酬金从不预支，一旦缺席则按天数扣钱。到了夏天雨季，先生需要负责背孩子去学堂，且不能弄脏其衣物，以免麻烦孩子母亲浆洗。学堂放学后，先生要负责挑水，到麦场打麦子，照看孩子，磨面，凡是要求做的都必须应承下来。这位胡先生欣然接受上述所有条件，并表示愿意一次签下一个为期十年的契约。

中国戏曲最大的启示性或许在于，它是一种引导人们生活理念的工具。其实这种理念已经在大多数中国人心中根深蒂固，只是他们自己并未意识到这一点罢了。有个流行的说法："世界只不过是一出戏；人们又何必把生活当成真实的呢？"中国人严格遵循这种生活理念，他们在心里很难区分生活中的

"现实"和理论上的"现实"。这种理论上的"现实"如果到了极致，就被认为不真实。

这种奇妙的生活理念无时无刻不体现在中国人身上，而且在不经意间得到经久不衰的普遍称颂。大部分中国人铺张浪费的庆祝活动正是基于这种理念，其真正的意义在于：你错怪了我，但我不怕你。我要召唤所有人来见证我对你的蔑视。中国人为人处世十有八九是出于"爱面子"，这种做法正是基于上述理论，即在观众面前展示演员的正面形象，向观众证明演员自己能够演好这个角色，也深刻了解这个角色的内涵。可以断言，其他任何地方都不像中国这样，如此淋漓尽致地演绎着如下的理念："整个世界是一个舞台，男人和女人只不过是台上的戏子而已。"[1]

---

[1] 出自莎士比亚《皆大欢喜》。——译者注

第九节
乡村学堂与游方书生

教育在中国人心目中的突出位置引起了我们对乡村学堂的关注。因为迄今为止，乡村学堂是绝大部分中国知识分子接受初等教育的地方。尽管同一地区各个学堂的教育质量参差不齐，但世界上没有第二个国家像中国这样，在教育准则及其细节上能如此整齐划一。

关于孩子的教育问题，中国的典籍中有不少篇章记载了传承自古人的一些观点。其中一个观点出现在孟子的著作中。一次，有人问孟子，为什么君子不教自己的孩子。孟子回答：父与子的特定关系不允许这样做。老师应当不厌其烦，谆谆教诲正确的道理。而在教书的过程中，一旦学生未能实践其所教内容，作为老师的父亲将会带着怒气教下去。孩子也会抱怨，说自己的父亲言行不一，父子关系将由此疏远起来。孟子说，父子之间不应该有对与错的指责，因为这样会导致关系生疏。他说，古代人易子而教，自己教的往往都是别人的孩子。

《论语》中记载了另一段经典的文字，以下引述的是理雅各博士[①]的译文：

陈亢问孔子的儿子伯鱼："你从你父亲那里接受过什么和我们不一样的教诲吗？"伯鱼回答说："没有。有一次，父亲独自站在院中，我匆匆走过他身边时，他叫住我问道：'你可曾学过《诗》？'我回答说：'还没有。'他接着说：'不学《诗》，就很难同别人交谈。'我退下去，从此开始研读《诗》。又有一次，他还是独自站在院中，我快步走过时，他又叫住我问：'你可曾学过《礼》？'我回答说：'还没有。'他于是接着说：'不学《礼》，就无法建立

[①] 理雅各，James Legge（1815—1897），英国苏格兰汉学家，曾在香港主持英华书院。——译者注

德行。'于是，我又退下开始研读《礼》。这是我从他那里接受的两次教诲。"陈亢高高兴兴地回去说："我只询问了一件事，却知道了三件事。我知道了《诗》，也知道了《礼》，还知道了君子应该同自己的孩子保持一定的距离。"①

孔子是一位教育大师，他自认为掌握了那个时代所需的一切真理。他向所有人因材施教，不分贫富。孔子说："不到他努力想弄明白而还没有弄明白时，我不去开导他；不到他心里明白却不能完善表达的程度，我不去启发他。如果他不能举一反三，就不要再反复给他讲解了。"② 由此判断，孔子的儿子所知所学全部依赖他的父亲。孔子认为，知识分子才学中的大部分有赖熟读《诗》《礼》后形成。这些知识的理解和吸收必须借助一位高明老师的指教。在自己儿子的教育问题上，孔子靠的居然是随口的一个问题以及一星半点的启示。至于孔子提倡的其他重要学识，若不是传承于这位圣人生活中的亲身经历，我们难免要怀疑其可信度。

孔子践行的理论就是陈亢所概括并津津乐道的"保持距离"。即使是在自己儿子面前，君子也显得高人一等，他最轻微的言辞中也包含了深远的指导意义。他期望学生根据启示行事，把启示当作一种正式的自然规律。他就是太阳，学生是围绕在他周围运行的行星。这些行星依据太阳吸引力的大小，按比例分布在各自的轨道上。然而，有一个原则所有学生都不能逾越，即千万不能离太阳太近。

在西方人看来，教育家托马斯·阿诺德博士③等提倡的教育方法充分阐释了教育的理念。他们的深远影响感染了整整一代人。按照孔子的教育理念，我们很难理解他是如何赢得弟子们爱戴的，这个问题或许孔子及其弟子都没有考虑过。但关键的一点是，除了个别异常聪慧的弟子，孔子又是如何对其弟子产生如此恒久的影响呢。我们可以肯定，能像伯鱼那样，经过随口一个问题和一点启示就能退下去，独自研读那些经典著作，并由此提高文采和建立德行的弟子，毕竟为数不多。

---

① 《论语》中的一个典故，出自《论语·季氏》。——译者注
② 本段译自《论语·述而》。原文是："不愤不启，不悱不发，举一隅不以三隅反，则不复也。"——译者注
③ 托马斯·阿诺德，Thomas Arnold（1795—1842），博士，英国教育家。——译者注

第一部分　乡村，乡村的机构、功能和公众人物

詹姆斯·穆勒①的教育方法同孔子针锋相对，具体内容在他儿子约翰·斯图亚特·穆勒②的自传中有详细记载。他是一个父亲，不是一个职业的哲学家。他工作繁忙，在撰写历史和其他著作之余，抽出时间来监督儿子的教育问题，从刚出生的婴儿期一直到长大成人。他教授儿子的除了古代语言知识，还包括历史、哲学、政治经济学、写作乃至演讲术。每个科目都有详尽的学习计划。他还不辞劳苦、不知疲倦地传授初学者应该掌握的基本原理而非空洞理论，同时还辅以一丝不苟的详尽讲解。穆勒通过潜心的刻苦钻研和父亲有条不紊的指导，才学远远超出了同龄人。用他自己的话说，他至少比同龄人超前了25年，成为我们所知的学识最为渊博的人之一。有人或许希望沃尔特·萨维奇·兰多③能在其所著的"文人和政治家的虚拟对话"这一章节中，加上一节关于孔子与詹姆斯·穆勒的对话，主题是"论儿子教育中的保持距离问题"。

事实上，并非每个中国乡村都有自己的学堂。由于对"教育"的无限崇敬无处不在，每个乡村无不渴望拥有一个自己的学堂。没有学堂的原因多半是村子太穷或太小，或是又穷又小。

中国每个有学问的人都是一位潜在的教书先生，而这类人也大多在学堂里谋求生存。有一个寓意深刻的谚语说"砚田无恶岁"，表明了教育行业比农业生产更加具有优越性。理论上可以这么说。而实际情况是，中国的教书先生常常食不果腹。更有甚者，他们有的人在应聘学堂职位、拜会主顾时连件像样的衣服都没有，通常要向别人借衣服穿。先生的才学有可能达到了教书的程度，当然也可能远远不够。但除教书之外，这些人就显得百无一用了。因此，一旦家长们开始准备聘请先生的请帖，即将登上讲台的教书先生就要经历一段焦虑期。所谓：

---

① 詹姆斯·穆勒，James Mill，1773—1836，19世纪英国著名的功利主义经济学家、伦理学家和教育思想家。——译者注
② 约翰·斯图亚特·穆勒，John Stuart Mill（1806—1873），詹姆斯·穆勒之子，没有接受过正规的学校教育，在父亲的教育下完成全部知识学习和训练，最终成长为杰出的经济学家、哲学家和政治学家。穆勒的成长过程，反映了一代思想家对知识和精神进步的执着追求。——译者注
③ 沃尔特·萨维奇·兰多，Walter Savage Landor（1775—1864），英国诗人和散文家，作品有抒情诗、剧本、英雄史诗，主要著作为《假想对话录》（*Imaginary Conversations*），书中假借古代人物两两对谈，泛论各种主题，以古喻今。文中"文人和政治家的虚拟对话"是其中一个章节。——译者注

> 田地空，谷场光，
> 教书先生心里慌。

这是当地的谚语，还有一个时下流行的说法是：家有几斗粮，不做孩子王。

由于教书先生的数量严重供大于求，他们在享有极高社会声望的同时，拿到的却是少得可怜的报酬。只有那些有真才实学或是取得了一定声望的老师，才有资格对酬劳提出一定的要求。但是只能在小范围内竞争职位的乡村老师，收入通常十分微薄。他们挣到的不过是仅够糊口的粮食、用于烧火的农作物秸秆和一点酬金而已。教书先生一年的酬金通常不会超过10块墨西哥银圆[①]。经常会出现这种一个老师只教一两个学生的情况。在这种情况下，他仅能吃饱饭，根本拿不到什么酬金。人们自然要问，为了这么微薄的收入教书值得吗？这个阶层的一位老师回答说，总比在家里挨饿好。民间广为流传的说法是：有钱人从不教书，没钱的人上不起学，但这种情况并不绝对。奇怪的是，我们经常遇到除了"四书"之外没有学过其他知识的老师，不用说他们对"五经"肯定也是一窍不通。这种情况如果和西方比较，就等于是一个教算数的老师只学会了简单的除法运算。

开办学堂的提议主要来自孩子们的父母。一旦凑够了开馆的学生数目，就把他们的名字写在一张叫作"馆单"的红纸上。这些准备工作一般要在农历冬至（公历12月21日前后）做好，有时，也会拖到6个礼拜之后的年末。除此之外，有些地方还习惯在农历八月十五（公历八九月）就准备好馆单。至于老师的选定，则和中国人的其他办事风格一样，完全碰运气。尽管也常有老师在自己村子里教书，而大多数情况下他们不教自己村里的学堂。大概是因为，学生们不愿意住得离老师太近，以免今后老师对他们提出各种要求。有时一位老师会一连续聘多年，而其他地方则可能每年都换一位先生。

学生的名字一经正式写入馆单，不管以后是否到馆，也不管缺席的原因是什么，都必须支付已商定的学费。

[①] 墨西哥银圆，俗称鹰洋，是世界金融史上颇具传奇色彩的货币。19世纪中叶开始，逐渐成为中国部分地区流通的银币，风行数十年不衰。当时一元约合中国库平七钱二分。——译者注

若是老师因为重病无法继续履行职责，契约将会被取消；但若是老师已经开馆教书，而中途被辞退，契约将就此自行解除，不过老师需要退还所得的全部费用。

学堂主顾们自然想尽办法，尽可能多地榨取老师身上的价值。而老师则是想方设法多挣钱，少做事。于是，老师总是希望开馆后还有学生加进来，这样就可以增加收入。而家长们无疑反对这样做，他们担心自己的孩子会被忽视。因此，除非所有家长点头同意，否则开馆后加人的做法很难行得通。家长们也厌烦老师带自己的子侄到学堂去，以防老师原本就微薄的酬劳难以供养其他的人。也有的老师年底前丢下学生逃走。一旦有这种情况发生，逃走的老师第二年将很难再找到学堂教书。

学堂一般设在私家宅第的空房里，可能是祠堂、庙堂，也可能是其他借来的空房子。租房子办学堂的情况十分罕见。学堂老师自己下厨做饭。不会做饭的，就由学堂的某个学生或是自己的孩子代劳。孩子是老师带到学堂的，如前文所述，这种行为常遭到家长们的一致反对。

家长负责提供学生在学堂的一切用具，包括一张桌子、一个方凳或长凳，以及"文房四宝"，即带有一个小研墨池的砚台、墨块、毛笔、纸张。

学堂的学年与农历保持一致。学堂正式开学一般要到正月十五之后，甚至农历二月份。农历六月份收麦季节有一个假期，九月、十月秋收的季节还有一个更长的假期。农历新年来临时，又有10到20天的假期。

第二年不再续聘的老师，通常在当年的最后一个月就不再用心上课，而是把大部分精力用于打算未来，以不至于断了出路。同样的，学生的出勤率也大打折扣，迟到、旷课是常事，正如俗话所说的那样：

进了腊月门，
先生不骂人。

中国的教育是建立在先贤智慧的基础之上的，而孔子是先贤中的领袖人物。于是学堂开学之前，自然要向作为教育行业鼻祖的大圣人表达一番特殊的敬意。祭拜孔子的仪式千差万别，全国没有统一标准。中国不少地区的学堂开学时都在供桌前焚香祭拜孔子。然而，在孔子的家乡山东省，这种仪式却简单得多。这不能不算是一件怪事。在家长为老师举办的宴席上，学生被介绍进来后，要行两个大礼：一是拜谢孔子，二是拜谢时下的先生。可是，要拜的地方既没有孔子像，也没有书写的孔子牌位。即使是这种简陋的仪式，也并非经常见到。一位有二三十年教龄的老师称，他这一生仅仅经历过一次这样的场合。

中国学堂的学生们一大早就要去上学。天刚蒙蒙亮，他们就急匆匆地出发了。学生在吃早饭时回家一趟，吃完早饭再返回学堂去。中午时分，他们放学回家吃中饭，饭后照旧回到学堂里去。如果天气炎热，男人、女人还有小孩子都在饭后享受午觉。唯有这些学生们还要按时返回学堂念书。当然，他们可能困得整个下午都要在课桌上打盹儿了。如此一来，老师就要用纪律来约束他们，但有时也会发发善心，容他们懈怠一下。不过教书先生担心，如果放任其在家睡午觉，则很可能整个下午就再也见不到他们了。

中国学堂里的孩子们在三伏天里的确很可怜，寒冬腊月的情形更是如此。乡村学校要么不生火取暖，要么就是在地上燃烧一堆干草之类的柴火。房间里

打谷子

午休

暂时暖和了一些,但由此产生的浓烟久久不能散去,呛得人喘不过气来。就算学堂里有个小炭火盆,也基本于事无补,更何况炭火盆主要供教书先生取暖。家境好的孩子,头上裹着厚厚的头巾坐在那里,也整日冻得瑟瑟发抖。

一直等到书上的字看不清了,学生才放学回家。放学回家对于孩子们来说,既不是有益于健康的散步,也不是顽皮嬉闹的游玩,而是要像成年的老夫子们那样,迈着四平八稳的步子踱回去。有些学堂要求学生夜里回来完成功课,似乎一个漫长无聊的白天还不够用。这在已开始学写文章的高级学堂里更是普遍现象。

在中国人的观念里,教书育人是一项最为崇高的职业。孔子和孟子这两位古代的大圣人,也不过是老师而已。聘请先生教书,就好比是皇帝授予三军将领最高的权力。这种观念直接导致了中国人对学问的高度崇敬,也同时赋予了老师至高无上的权力。俗话说,师生关系就是父子关系,而把老师比作将军更能恰如其分地表达其手中的权力。老师有权宣布"军事"纪律,对学生进行极其严酷的处罚。

《三字经》的前几句就提出:"养不教,父之过;教不严,师之惰。"学生在学堂被处罚后,经常会离家出走,有时逃到很远的地方。一位中年人告诉笔者,他在小时候被一位同姓的老师责打过。原因是,这位老师小时候读书时被这个学生的爷爷责打过,怨恨就这样传到了第三代人头上!打人的戒尺就放在老师的案头,同时也作为计数的符木使用。学生暂时离开学堂时都要随身带上戒尺,以从其上面铭刻的训诫中受益。戒尺的一面刻着"肃然而出",另一面刻着"恭敬而入"。学堂里一般不允许两个学生同时离开。

学生犯下的最不能容忍的错误是未能在规定时间里按时完成学习任务。这种过错通常会受到体罚,而且一打就是几百板子。鉴于这些孩子在家里几乎没受到什么管教,父母们也从不尝试制定什么家规,而教书先生却被赋予如此之大的管教权力,着实让人费解。坏学生和笨学生——笨学生向来被认为是坏学生——几乎天天受到体罚,有时甚至被打得遍体鳞伤,一定程度上让人想起他是个逃跑未遂的奴隶,而非读书的学生。如果学生挨打时想躲过几个板子,即使不是故意的,先生也很可能在脑袋上打几下。有一个学生就是这样被打得昏厥过去。这样的情况时有发生。遇到这种情况,孩子的父母除了前去拜会老师,了解其严厉责罚的原因外,并不会有其他举措。孩子的父母都急切盼望他们有出息,而且对读书是成功的唯一途径这个信条深信不疑。唯有通过老师的管教,才能实现这个目标。因此,不管父母和孩子付出多大的情感代价,老师定下的规矩都必须严格遵守。

笔者得知这样一件事。有位父亲想让儿子接受一定的教育,以便能够掌管家族的一项事业。他聘请了一位先生来实施他的计划,而他儿子却一门心思想继续手持耙子和篮子拾粪的本行。到了入学堂的时节,孩子死活不肯前往。他的父亲则像绝大多数遇到类似情景的中国父母一样,对于强迫孩子做他不愿意的事情显得束手无策。于是,父亲只能把孩子腿脚都捆绑起来,装在篮子里吊在扁担上,让两个人像抬猪一样抬到学堂里。到了学堂,这个孩子被绑在椅子上,不准离开。他照例被要求背诵《三字经》。可他丝毫学不进去,尽管先生一有空就责打,也无济于事。这个孩子不仅不学,而且使出吃奶的力气号啕大哭。这样的情景一连持续了好几天。最后,就连孩子的父亲也不得不承认这句俗话:"死狗扶不上墙。"从此之后,这个孩子又重返唯一适合他的农业劳动去了。

不同的老师责罚学生的方式也不尽相同。但不管惩罚的严厉程度如何,一个典型的儒家教师只会加重处罚力度而不会有所减轻。在老师看来,他采用的方式是唯一可行的途径。学习科目、学习方法和学生能力都是不能改变的事实;唯一的变量是学生在劝告和督促下的勤奋程度。因此,理想的中国教书先生有时就是一个彻头彻尾的文化暴君。

七八岁的小学生们第一次踏入学堂的时候,一个汉字都不认识。他们既不会拼读汉字,也不懂其含义。老师照着书本一行一行地领读,孩子们一行一行地跟着重复。经过一次次地纠正读音,直到学生念正确为止。学生就通过这种方法把读音和字形联系起来。随后,每个学生被指定一两行的汉字朗读。学会读音后,他们接下来所谓的学习任务,就是扯着嗓门高声朗读这些文字,有多大劲就使多大劲。所有中国人都把高声朗读看作孩子教育中必不可少的环节。如果不高声朗读,怎么确定他是不是在学习呢?既然朗读和学习是一回事,那么只要他在朗读就没有其他要求了。此时,老师的职责是通过这种朗读随时发现念错的地方并予以纠正。学生合上书能够一字不差地背出书上内容时,就算是"学会了"。然后,学生背对着老师——以免看到书上内容——飞快地背诵。

每位教育学家都知道,要想防止孩子以不自然的语调朗读英语极其困难。而阻止这种怪习惯的养成,其难度堪比阻止杂草生长。学生一旦形成这种习惯,以后再去想办法消除,几乎是不可能的事。就中国学生读汉语而言,这种习惯的养成几乎不可避免。教书先生只会紧紧盯死两件事:一是严格按照书本上的顺序重复诵读;二是以最快的速度诵读。意义和表达被完全弃而不顾,这些孩子心中根本就不知道这些文字所表达的含义。背诵是其唯一的目的。一旦文章能背诵下来,就立刻开始哼唱起来,像是陀螺、蚊虫、圆锯发出的嗡嗡轰鸣。不管听众对书本的内容如何熟悉,要听懂这些虫鸣般的哼哼声,无疑极其困难,甚至完全不可能。

然而,如果背诵得不是十分熟练流畅,就会中途卡壳。由于学生们根本没有理解原文,也不可能停下来回忆文章内容。他们靠的完全是死记硬背。学生背诵时所能依靠的仅仅是模模糊糊的声音提示。为了想起来忘记的地方,他们只能一再重复所记得的那最后某个词、某个词组、某个句子或者页码,直到想起接下来的内容为止。然后，他们又像先前那样飞快地背诵下去了。

例如，我们假设要背诵的文章是《论语》中有关老师习性的一段话："沽酒市脯，不食。不撤姜食，不多食。"年幼的学生对这段文字不够熟悉，背诵起来自然磕磕绊绊："沽酒……沽酒……酒……酒……酒……沽酒市脯，市脯……市脯……不食。不食……不食……不撤……不撤……不撤……不撤……姜食，姜食……姜食……不……不……不……不……多食。"

这就是所有中国人教学的方法。对于不了解情况的外国人来说，这种大喊大叫的读书声，使得学堂看起来乱糟糟的。西方学生不会这样学习，西方老师也不会这样教学生。在这种杂乱无章的喧嚣中，老师根本不可能分辨学生的发音是否正确。这种不科学、不合理的持续喊叫大大损伤了孩子们的声带，导致很多读书人声音沙哑，无法大声说话。

多数情况下，读书人接触到的第一本小册子是《三字经》（前文已经提及）。之所以叫"三字经"，是因为其内容按照三个汉字一行进行排列，从上到下行行相扣，全文一共一千多字。这本书是850年前，一位教书先生为其私立学堂的学生编写的。世界上几乎没有什么文章能像《三字经》这样牢牢根植于数百万人的记忆中。虽然不计其数的学生背诵过这本书，而人们对其作者和成书的时间却几乎一无所知。威廉姆斯博士已经指出，这本中国教育基础读物的开篇几句话，包含了古代蛮荒文明时期最受争议的几个信条，即"人之初，性本善；性相近，习相远"。这两句话旨在表明后天教育所具有的修正效果，以及专心学习的重要性。随后，该书又列举了孟母教子的经典例子。孟母这位教育专家养育出了一个伟大的儿子。书中内容接下来又提醒学生："窦燕山，有义方；教五子，名俱扬。"

其后，作者又回到本书的主旨，花费大篇幅重点强调年轻人教育问题的重要性："玉不琢，不成器；人不学，不知义。"该书接着又引述了中国历史上的几个经典例子，同时伴有道德教育的训诫。紧随其后的是60多条具有中国特色的百科知识。例如，用数字循序渐进的特性启发学生，还包括天体的名称，标志君臣、父子和夫妇关系的"三纲"、四季、四方、五常、五行、六种谷类、六种家禽、七种感情、八种乐器、九族关系以及十种德行等。

学生们强行记下这份令人望而却步的名称分类表后，就开始了解各种经书的概要。这些经书都是他们将来需要进一步研读的书籍。在初步了解这些规定的"典籍"后，学生们按照《三字经》中规定的内容，开始接触那些先哲和圣人们。其中特别要求学生专心学习历史知识，包括各个朝代的名称、年号，重要朝代的开国皇帝，即从古代一直延续到1644年清朝的开国皇帝便戛然而止。若是有学生想了解后续清朝皇帝们的帝号，必须等到清朝被推翻，继而成为适合研究的历史对象才行得通。这些学童们被迫对这些历史记录苦思冥想，直到能够正确区分古代和现代的事情，仿佛历史就浮现在他们眼前。这些就是从早到晚需要学习的内容。

比起前面的内容，《三字经》的结尾部分更能引起人们的兴趣。这部分告诉学习者：伟大的孔圣人曾经不耻下问，向一个小孩子学习；古代的读书人没有书籍，就把课文抄录在蒲草和竹片上；为了驱除疲劳，读书人采用头悬梁、锥刺股的方法；有人买不起灯油，就借助萤火虫的亮光看书；还有一个人在放牧时把书本挂在牛角上苦读。在这些勤奋学习的极端例子中，还包括两位女子，"彼女子，且聪敏"。该书的结尾部分旨在激励初学者的雄心壮志，其中不仅有古代的励志故事，还有家犬忠诚守夜，以及蚕、蜜蜂等昆虫的勤奋实例。"人不学，不如物"。然而，"幼习业，壮致身；上匡国，下利民；扬名声，显父母；光于前，裕于后"。倘若哪位中国少年最终没有成为学界的奇才，也不一定是这本著名小册子的过失。《三字经》不可估量的影响力，充分证明它是一本高度凝练的知识精华。

中国学生的另一本基础读物是《百家姓》，其中包含四百多字，都需要靠死记硬背才能学会。这本书的汉字四个一组排列在一起。当中国人介绍自己的姓氏时，通常会把同在一组的四个字全部说出来，以便听者能够区分出可能出现的同音字。在这个帝国的个别地方，学完《三字经》紧接着学习的是《千字文》，而在其他地方，《千字文》却很少有人知道。《千字文》文如其名，包含了一千个不重复出现的汉字。由于这些汉字常常代替数字用以标志科举考场里的座位序号，因此所有文人都必须掌握这本书。

读书人掌握这几本小册子之后，就开始接触"四书"，即《论语》《大学》《中庸》《孟子》。学习这些书籍的顺序各个地区不尽相同，但如前所述，学习的方法几乎是千篇一律。书一本一本藏进读书人的腹中（这是他们认为储藏知识的地方)。一旦给出一言半语的提示,读书人就能如抽丝般从记忆中抽取出无穷无尽的与书本相对应的内容。

读完"四书"后,接下来是按不同顺序攻读《诗经》《尚书》《易经》,以及孔子的历史著作《春秋》。记下所有这些书籍的内容无疑要花费多年的心血。尽管各地区的惯例有所不同,但无论是在哪里,读书人在缺乏内容讲解的情况下,甚至对初学阶段背诵的《三字经》都还不知其意之前,都必须将"四书"乃至《诗经》《尚书》等全部死记硬背下来。这段时间里,学生始终处于茫茫然的懵懂状态。汉字的"蒙"字就表示这种状态。这个字的形体寓意是,一头猪卧在草丛中。读书人入门学习时期被称为"启蒙",而启发初学者的过程叫作"发蒙"。这几种表达与现实不谋而合。那些已经全部背诵了规定书目的学生中间,个别异常聪慧的无疑已在不经意间对书里的内容略知一二。

那些实事求是的老师深知自己学生的实力,估计最聪明的学生也不可能理解其所背诵书籍中百分之一的内容。大多数的学生仿佛是赤着脚、蒙着眼在浓雾缭绕的崇山峻岭间奔走。学生后面有个人穷追不舍,高高举起一根牛鞭在他们头顶甩得噼啪作响。即使是老师自认为已经做过详尽的讲解后,学生们可能依然没有充分理解文章的内涵。这一点在考试中已然得到证实,因为考试的答卷常常错字连篇。这表明教师的讲解不仅根本没有被学生理解吸收,就连那些经过反复诵读的文章,也只不过作为声音符号装进了学生们的耳朵里,根本没有被记在心上。

对于西方人而言,中国教师采用的讲解方法,作为教学的普遍规律根本没有任何合理性。孔子曾说:"在言谈中,所说之话能被理解就够了。"然而,儒家教师们从未充分领悟"能被理解"的必要性。也就是说,他们没有确定学生是否已经完全领会他的意思。教书先生的讲解十分简洁,随着教龄的不断增长,他们似乎觉得没有必要详尽解释,就算有必要也是以权威的口吻,庄重死板地进行讲解。老师们更善于向学生显露自身的学识,而不是如何将知识传授给他们。据说,有一位德高望重的老师,开口讲解每部经书前都说:"我的话,字字句句都可以拿来做考试文章。"这句话是对老师最高规格的褒奖。然而,那些适用于应试作文的结构和词句,并不适合于年幼学生的理解。他们根本不知道什么是应试文章,文章的式样和类型远远超出其能力所及的范围。

朱熹于公元 12 世纪对经书典籍进行了注解，这成为仅次于原作本身的权威著作。当然，在中国的学堂里，任何老师都不会引导学生对自己讲解的准确性和完整性产生丝毫的质疑。老师的全部职责就是培养学生应付科举考试，写出能迎合主考官品味的文章，并以此登上仕途。结果很可能是，只有那些接受了典籍经书正统解释的人才能通过考试，以此确保学堂里不会滋生出离经叛道的思想。中国的教书先生根本不会考虑跟学生讨论书籍的内容和注解。他即使想讨论，有时也无能为力。就算有能力，大多数老师也不愿意这么做。

学习书写中国汉字是一项艰巨的任务。任何欧洲语言文字的书写特点与汉字都无法相提并论，前者只能算是一种消遣。更何况，汉字的规范书写丝毫不亚于文字本身的含义。因为有些考试的成功，很大程度上不仅取决于文章内容，还取决于考生的书法功底。

奇怪的是，老师给学生选定的用于练习书法的汉字，一般来说同学生正在学习的知识没有任何关系。这些汉字大多来自用于专门供书法练习使用而编写的韵文小册子，里面都是简单的常用字。

接下来换成练习《唐诗节选》上的汉字。欣赏唐诗既需要熟知语调，也需要掌握韵律，年幼的学生们对这些知识自然一窍不通。学生们以前可能从来没有见过这些汉字，对他们的学习也毫无用处。练字唯一看重的是字形书写得是否规范。练过之后从来不会回头复习。

选择唐诗而非当前学习课文中的汉字或句子作为书法练习的材料，仅仅是因为，学堂里已经习惯了使用唐诗而非其他内容。如果老师使用别的材料，就会成为他人的笑柄。除此之外，诗文本身含有完整的意思（如果学生能够理解的话）。而孤立的汉字没有这种功能。这种教学方法导致的后果是，成千上万离开学堂的学生们几乎不认识什么字，大多数认识的也都是错字。我们起初对于普通中国人无法精确掌握汉字的现象感到不解。现在才知道，这在一定程度上是由这种书写方法造成的。这种教学体制下培养出来的学生，就算已经在学堂接受了若干年的教育，要书写指示日常生活用具的汉字，依然不可避免地超出其能力范围。原因是，这些汉字不管是手写体还是印刷体，他们都没有见到过。若是开列一份家居用品清单，十个中有九个的名称都会写错，因为这些字无论是在经书中还是唐诗中都不曾出现过。不仅如此，一个读完乡村学堂的学生,写一份普普通通的信件,甚至随便在纸上写几行字,都难免会有错别字出现。

教书先生如果略有些声望,他的熟人和过去的学生可能会去他居住的学堂拜访。按照中国的待客之道,主人必须热情接待前来拜会的人,同时又要保证学堂正常的教学秩序不能受到干扰。事实上,这种干扰教学的事情时常发生,教书先生往往对此视而不见。

学堂定下的规矩是,老师必须全身心投入教学中去,不允许有任何分心的事情发生。然而,没人能保证自己永远不生病,不与外界发生任何联系,就这样日复一日、年复一年地守在学堂教书,不受任何干扰。

多数情况下,教书先生本人也是参加科举考试大军中的一员。遇到这种情况,如果老师离开学堂参加考试,必然会打乱正常的教学秩序。这种做法尽管对学堂产生不利影响,但学堂主顾们考虑到,教书先生若是能在受聘期间考取功名,给学堂带来的荣耀也可以弥补损失。除了节日和农忙时节规定的假期外,家里、村里和亲朋好友们的各种急事,也时不时地召唤老师回家处理。遇到这种情况,如果方便的话,先生会找一个代课老师。这位老师绰号"叔伯老师",意为"远房"老师而非这个学堂的"嫡亲"老师。学生们一般不会恭敬地对待这位老师。如果老师要缺席一天时间,一般不会放学生走,而是找一位年长的学生代为管理学堂。这样产生的必然结果是,教学水平不是降到了零点,而是降到了零下四十点。学生们把前门堵死,拿老师的戒尺做拍子玩耍,把《三字经》和《论语》当球一样抛来抛去,玩得不亦乐乎。这种目无章法的混乱状态显然大大降低了学堂的教学效果。

学生的缺席情况比之老师有过之而无不及。贫苦家庭繁重的家务劳动使得家长想出种种借口,让孩子逃学。例如,今天说要捡柴火,一周后说要赶牲口、整田垄,一个月后又要离开两三天走亲戚。过了不多久,又遇上本村或者邻村搭台唱戏。不管本村唱戏还是邻村唱戏,整个学堂的学生都盼着放假看戏去。如前面章节所述,遇到有村子唱戏,就算学堂不放假,学生也会自作主张逃学去看戏。除了这些干扰外,春秋两季的收获季节通常会放假两三个月。农历新年的假期从腊月中旬一直持续到正月下旬。然而,尽管学习的中断时间如此之多,酷热的夏天却不在其中,可怜的学生们依然要在炎炎夏日里"嗡嗡嗡"地埋头读书。

由于中国的学生没有星期六、星期天，没有假期，学习内容没有变化，没有升级制度，也没有从一个学校升入另一个学校的制度，因此，学生进入一个学堂就意味着其终身教育的全部。每个学生自成一个"班级"，一个学生缺席不会影响到其他学生的正常学习。即使两个学生同时背诵相同的内容，两者之间的联系也不会比任何其他学生多。老师从来没有听说过分班教学这回事。至于学生的出勤，他只能告诉你会尽量避免，但实际不太可能。由于监督学生背诵需要花费大量时间，一个普通的学堂仅能接纳八到十个学生。二十个学生的学堂则被认为超过了老师的承受能力。

普通中国小孩的启蒙教育中鲜有智育成分的存在。按照惯例，老师通常除了逼迫孩子死记硬背某本书外，不会帮助其深入理解里面的内容，甚至相关的尝试都不做。孩子的父母同样对此漠不关心，甚至比老师还要无所谓。如果父亲能识字看书，他只记得自己也是通过漫长的煎熬才学会读书识字的。于是，他自然也会认为儿子也必须经历同样的痛苦。如果父亲不能识字看书，他至少意识到自己对读书这种事一无所知，也自然不在他的管辖范围内。既然聘了老师，就任由老师去教吧。做父亲的也从来不会想到去学堂看看孩子的学习进度，就算想起过，也没人真的去做。如果真的有家长来看学生，老师即使不直说，口气中表露的也肯定是："这里有你什么事？"

中国的学生们之所以长时间待在学堂里，主要是因为家里的干扰太多，很难静下心来学习，即使年长的读书人在家也做不到专心读书。家里没有任何可以唤起学习欲望的东西，既没有书本，也没有杂志，更没有报纸。就算都有，仅凭他从学堂学到的那点本领，也根本不足以理解这些读物。

中国教育的目标是将古人的智慧强行灌输到现代人的头脑中去。为了达到这个目的，不惜一切代价来保证这一教育过程的持续性。否则，学习一旦停止，前期的功夫就算白费了。按照中国的教育理念或实践，如果一个学堂一年仅开学六个月，将是非常不可思议的事情。小孩子如果中途辍学，就被认为是"荒废"了。

读书人面前的这条道路没有尽头，没有持之以恒的奋力拼搏就难以穿越。所读书的层次越高，越是如此。有句俗语说得好："十年秀才如白丁。"这句话同样适用于高出一级的举人，这样说的确不无道理。

为了集中力量培养孩子，一个家庭往往只选择一个或者两个儿子作为教育对象。被选中的孩子，穿着家里最体面的衣服，用一根红头绳把小辫子扎得整整齐齐，同时还要买一本《百家姓》和一本《三字经》。这位小夫子就是成年读书人的雏形。他那些没被选中读书的胞弟，则整个夏天赤身裸体地乱跑，在村里捡粪，在泥塘里游泳，忙时则忙，闲时则闲。相对另一个读书的孩子而言，他的用处更大。但是从教育的角度考虑，他只能算是个"野"孩子。

如果一个孩子反应敏捷、头脑聪慧，将来有成大气候的潜质，他极有可能被一些不切实际的表扬宠坏。一个旁观者当着孩子的面告诉一个陌生人："那个孩子，十三岁就读完了'四书'和《诗经》之类的书。等到了二十，肯定能考中秀才。"当被问起他的才学造诣时，孩子的回答完全不像西方小孩那样冒失和直率，而是遵循多年受到的教育，回答得谦恭有礼，这样自然就立刻赢得了陌生人的好感。然而，他的这种处事没有任何可取之处。事实上，这种充满危险的奉承和随处可见的恭敬，深深毒害了这个孩子。为了维持这种高高在上的地位，他必须像前面提到的那样，不遗余力地专注于读书。他的胞弟可能整日在田间劳作，也可能学做买卖，还可能在别人的生意场上做帮工。但是他，除了读书却什么都不做，绝对不做。

学生从幼年时期开始，就被牢牢束缚在学堂里苦读。年复一年，这种磨难不可避免会对其身体发育产生影响。胞弟六月天冒着酷暑，赤脚在田里锄地，这样的暴晒如果换了他，不消一刻就会头痛起来。胞弟从早到晚（断断续续地）累死累活地劳作，如果强迫他这么做，不消一刻，结果很可能让他口吐鲜血。毫无疑问，他的身体已经远远不如先前那样强壮了。他很少有机会学习实用的技能，也没有机会处理什么事务。学生没有时间做家务事，并非由于他的无知，而是他觉得做这种事有失身份。中国的四个阶层里，士排在第一位，下面的农、工、商地位差远了。

中国学生在学堂里必须学会的两件事，一个是服从，一个是两耳不闻窗外事，一心只读圣贤书。尽管这种方法不能称之为教育，但这样做了总能有收获。

每个学生自然都渴望成为士大夫阶层中的一员，一旦他把全部心血倾注到学习上去就等于做到了这一点。因为从此以后，不管是否能真正迈入士大夫的门槛,他都已不再属于其他三个阶层了。孔子在《论语》中告诉世人:"君子不器。"评论者们如此解释这句话,一件器物只有一种用途,而君子不局限于一才一艺,而是多才多艺。理雅各博士将其解释为:无所不能。这句话常被引为笑谈,似乎是在给一无是处的读书人故意开脱,其言外之意是"他什么器皿都做不了"。读书人,就算是乡村里的读书人,不仅不会耕地割谷,也不能给从事相关劳作的人提供什么帮助。读书人不会套牲口,不会喂牲口,不会赶马车,不会生火,不会挑水。总之,凡是体力活,他都干不了。读书人似乎整天都在思考"君子不器"这句话。除非有人希望他能切实做一个有用的"器皿",否则他将没有任何用处。他甚至连一条凳子都不愿意搬,只要看似是体力活,他什么都不做。有一件事倒是出乎我们的意料,这算是唯一的例外了。读书人常常离开家,独自一人生活在教书的学堂里。在这种迫不得已的情况下,他们大多知道怎么做饭。

我们已经提到学堂老师存在大量剩余。他们中的很多人由于缺乏适应环境的能力,长期在饥寒交迫的边缘挣扎。有句至理名言说得好:"贫穷和傲慢形影不离。"这句话用在中国贫苦读书人的身上再也合适不过了。他们一贫如洗,又什么都干不了,多数情况下又什么事都想干。简而言之,从政治经济学的角度看,他们的确百无一用。

笔者曾见过这个阶层中的一个人。一位善良的外国人给他提供了一份打煤球的差事。在旁观者看来,这种工作是那些被锁链拴在一起的囚犯该干的活儿。而令雇主意想不到的是,他毅然选择接受了这份工作而不是去挨饿。另一位读书人因家境过于贫苦,只能将妻子送回娘家以免挨饿。他的妻子做得一手好针线,受聘到了一个外国人家里做女红,酬劳相当可观。不料其丈夫听说后勃然大怒。他并非不愿意妻子跟外国人接触,因为这位外国人因心地善良赢得了当地人的尊敬。他生气的原因是,一位读书人的妻子竟然外出做工,这是无法容忍的!妻子争辩道,如果他真的这么认为,那就自己肩负起养家糊口的责任来。对于这位桀骜不驯的妻子,读书人给予她典型而又极端的回应——暴打一顿!

每当穷困潦倒的读书人拜访有过一面之缘甚至素未谋面的外国朋友时,他开口总是引述一通经书上的之乎者也,以展示其未被赏识的渊博学识。他会告诉你，在君臣、夫妻、父子、兄弟、朋友这五种关系中，他与你的关系属于最后一类——朋友关系。如果朋友之间有困难不坦诚相告，那在他看来就是亵渎这种友谊。他撩起读书人穿的长袍，给你看藏在下面的破衣烂衫。然后直言不讳地告诉你，如果你看在朋友的份上给予一些资助的话，不管多少，他都十分乐意接受。

乡村学子们谋求生存的生活现实十分惨淡，其学业发展也不会好到哪里去。儒家典籍即使不是其精神食粮的全部，也是最主要的那部分。这些书籍无疑是人类智慧的卓越产物。然而，除了对道德教化的促进作用外，典籍的负面影响十分巨大。它们深远而持久的影响力归因于这些书籍所提出的那些崇高的道德标准。这些标准是中国得以存续的基础。千百年来，这些书籍给亿万中国人带来了不可估量的负面影响。但如果抛开这些，书籍中的确包含了不少不朽的篇章。

总体而言，即使是最友好的评论家也不得不承认，这些典籍作为这个伟大民族唯一的教科书，存在着致命的缺陷。因为它们太过于杂乱无章，涉猎范围又非常有限。精辟的道德警言、散乱的名人传记、简短的政经言论、零散的历史资料、礼仪的规范准则加上其他庞杂的内容，混编在一起，没有任何结构性和计划性，更没有思想的演进。如上文所示，书籍最大的缺陷在于内容过于烦琐杂乱，所涉范围有限，而且缺乏合理的编排。例如，如果拿《论语》去对比色诺芬[1]所著《回忆苏格拉底》，拿《中庸》去对比亚里士多德和柏拉图的著作，拿枯燥乏味的编年史《春秋》去对比修昔底德[2]的历史著作，拿《诗经》去对比《伊利亚特》《奥德赛》[3]，乃至《埃涅阿斯纪》[4]的话，读者就会认识到这些典籍教材在中国成功使用的程度，不得不让人称奇。

---

[1] 色诺芬，Xenophon（前427—前355），古希腊历史学家、作家。《回忆苏格拉底》是色诺芬为其师苏格拉底写的一部回忆录。——译者注
[2] 修昔底德（前460年至前455年间—约前400年），古希腊历史学家，以《伯罗奔尼撒战争史》传世，该书记述了公元前5世纪斯巴达和雅典之间的战争。——译者注
[3]《荷马史诗》是希腊最早的一部史诗，包括《伊里亚特》和《奥德赛》两部分，相传是由盲诗人荷马所作，实际上它产生于民间口头文学。——译者注
[4] Aeneid《埃涅阿斯纪》，又译《伊尼特》，是古罗马作者维吉尔最重要的作品，也是整个罗马文学的顶峰之作。全诗12卷，取材于古罗马神话传说，叙述了特洛伊英雄埃涅阿斯在特洛伊城被希腊联军攻破后，率众来到意大利拉丁姆地区，成为罗马开国之君的这段经历，是一部罗马帝国的"史记"。——译者注

这些典籍著作尽管存在缺陷，但考虑其在中国产生的巨大影响，出现这种史无前例的书籍崇拜现象也就不难理解了。我们无法理解这种范围如此狭窄的学习会对人类的心智产生什么影响，因为我们的切身经历跟中国的情况没有任何可比性。让我们暂时想象一下，如果一位西方的读书人除了数学知识外，没有接受过其他学科的教育，那么，所有人都将认为他心智发展不平衡。然而，这种偏科教育带来的失衡大多是可以弥补的。数学的确定性绝对可靠；学数学能为学天文学打基础，而牢牢掌握天文学本身就是一种博雅教育。除此之外，在西方国家，没有人不与其他思想接触。而且，西方还有一种被歌德称之为"Zeit-geist"的所谓"时代精神"，这种精神对歌德本人产生了重要影响。一位接受狭隘教育的中国人，可能终身囿于这种狭隘，他身上不会存在"中国时代精神"。即使这种精神在中国存在，也会像其他的鬼魂一样被当成异端，没人敢于涉猎。

一般的中国读书人都处于缺乏学习用具的不利地位。在西方国家中，一个可以勉强称作学者的人，都能不假思索地回答出一系列广泛的提问，而且相当精确。能做到这一点，不是因为他掌握了多么详尽的知识，而在于他可以求助于他的参考书。对于各学科的知识，比如，伊甸园的位置，埃及大金字塔的直径，朱尼厄斯信件①的作者考证，极地考察达到的最高纬度，指挥第四次伯罗奔尼撒战争②的将军名录，等等，所有这些，加上其他千千万万类似知识，通过一本《古代史实词典》便可以立刻得到解释。这本词典是一本古代和近代史手册、一部传记体词典，同时也是一部百科全书。对于一般的中国读书人而言，这种学习工具只能是空想。他几乎没有什么书，因为在这个发明了印刷术的国度，书籍是富人才能拥有的奢侈品。

中国标准的词典编纂于两世纪前的康熙皇帝时期，据称其中包含44 449个汉字。但是很大一部分是同义词，这只能让学生更加困惑。过去几十年间，由于中国与邻国的交流，汉语经历了引人注目的演化。所有的现代科学都取得

---

① 1769年至1772年间，在伦敦一家报纸上发表一系列抨击英内阁信件的不知名作者的笔名。——译者注
② Peloponnesian War，公元前431—前404年雅典及其同盟者与以斯巴达为首的伯罗奔尼撒同盟之间的战争。——译者注

了长足进步，但中国的读书人对于将这些新事物融入自己的语言毫无兴趣可言。对他们来说，有《康熙字典》就足够了。

要想写好汉语文章，必须精确掌握每一个汉字的含义。而做到这一点，随时查阅字典似乎必不可少。然而，尽管字典价值不可估量，五十个读书人中也未必有一人拥有一本字典。取代字典的是一本小册子，类似我们所说的口袋字典，上面的汉字按照发音编排，不像《康熙字典》那样按照偏旁部首编排。

学生们很少有机会学习214个偏旁部首，即使给他一本《康熙字典》，在学堂学习多年的许多读书人也不知道如何使用。在十里八村的范围内，往往只能找到一本《康熙字典》。如果读书人遇到口袋字典查阅不到的知识点，就必须前往有《康熙字典》的村子去"借光"。

这种借阅的极端行为通常被认为没有必要。经过反复诵读经书典籍，书中的汉字早已为读书人所熟知。读书人撰写文章，借助这些汉字就足够了。至于其他纷繁芜杂的汉字，既然经书上都没有，又何必费心去管它们呢？购买一本字迹清晰、排版整齐的全新善本《康熙字典》，往往要花费乡村教书先生整整一年的收入。

对于举人以下的科举考试，历史知识被认为和字典一样没有必要。考生中十有八九对中国的历史知之甚少，他们唯一知道的还是从《三字经》和其他经书中提到的那些只言片语。就算有机会研读历史书籍，也仅是作为一种消遣。一旦撰写文章的任务启动，就没有空闲做其他事情了。

偶尔也会遇到一位精通历史的老师，但这种人凤毛麟角。历史典故时常浮现在中国读书人的头脑中，然而这些知识如同诗文片段一样，其源头和出处往往不可考。不少考生在考试时，把这些零星得来的历史典故巧妙地运用到文章中去，并大获成功。但是如果问起所引述历史事件间的联系，他们肯定哑口无言。当然，如果运用巧妙得当，是不会有人问起的，自然会达到引用的既定目的。俗话说："抓住老鼠的猫就是好猫。"哪怕是瞎猫碰到了死耗子。

《京报》[①]上不时刊登几篇将官们的备忘录，要求拨付一定款项在中心城

[①] 最初是清朝在北京出版的半官方性质的中文期刊，也称"邸报"。由官方特许经营的报房投递。——译者注

市开办图书馆，以援助可怜的读书人。如果每个县城都有一座大型图书馆，一定具有非凡的利用价值。可惜的是，迄今为止中国连一座实用的图书馆也不存在。

中国人编写历史的方法，被西德尼·史密斯[①] 称为"antediluvian"[②]，意思是说，史书的编写者是假设其读者能像玛士撒拉[③]一样长寿。在这种宏伟计划的指引下，正规的史书成册后不仅数量惊人，而且价格昂贵。据说，一个地区（比如县城），总共只有一套这样的史书，并且藏在一个富人家里。要想借出来阅读，简直比借他们家的坟地还要难。就算是能借得出来，恐怕读起来也让人茫然不知所措。俗话说得好："预知古往今来，必得学富五车。"

按照西方的标准衡量，中国的读书人即使读完这些史书，其知识面依然十分有限。在中国人看来，当朝的历史不在可以研究的范围内，所有历史都截至约250年前的明朝末年。如果有人对后来发生的事情感兴趣，只能等待几十年或者几百年改朝换代后，有人将大清帝国的历史秉笔直书方可。可以想象一下，如果按照这种逻辑，英国的历史就应该停留在汉诺威王朝时期[④]！

上述种种原因，再加上教育体制的种种弊端，使得中国大部分读书人对其学习领域内的事情几乎一无所知。我们应该承认，这种无知是件不光彩的事。一位德高望重的老师曾向笔者坦言，他曾经对《三字经》中的历史典故一无所知。直到六十岁时，有机会读到一本传教士编写的《世界史》，才真正开始了解中国历史。

中国人编写了大量的百科全书和参考书籍之类的文献，但对于一般的读书人而言，这些书籍就像是埃及的象形文字一样，没有任何用处。他们对书中的内容见所未见，闻所未闻。一大群普通读书人头脑中的信息量，甚至还不

---

① 西德尼·史密斯，Sydney Smith（1771—1845），英国国教牧师，著名宗教领袖及作家，《爱丁堡评论》的创办人。——译者注
② antediluvian，《圣经》上说的大洪水以前的人或事物。——译者注
③ 玛士撒拉，Methuselah 基督教《圣经·创世纪》中以诺之子，据传活了969岁而终。——译者注
④ House of Hanover，1692年至1866年间统治德国汉诺威地区和在1714年至1901年间统治英国的王朝。由于在英国本土，最后三位斯图亚特君主均无子嗣成活至成年。1707年，英格兰和苏格兰议会合一，两国正式合并为大不列颠王国。而在1714年，安妮女王驾崩。根据《1701嗣位法》，汉诺威选帝侯乔治一世·路易继承大不列颠和爱尔兰的王位，是为英王乔治一世。自此，斯图亚特王室对英国的统治正式终结，改由汉诺威王朝统治。——译者注

如梅辉立所著的一小本《中国辞汇》①中涵盖的多。读书人必须随时收集这类知识，平时听到读到的都要记住。他们知识结构的大部分信息来自廉价的小册子，印刷粗糙，错字连篇，既没有编写要旨，其内容也没有划分类别。

中国的书籍异常昂贵，这实际上剥夺了穷困读书人的阅读权。他们迫不得已，只能像寺庙里的老和尚抄经书一般自行抄写。笔者熟知一位教书先生，他花费多年的时间手抄一部有八卷之多的八开本书籍，需誊写的字数多达100 000字。这种抄写对其身体健康和视力均造成极大的损害。

中国的整个教育方案，从小就扼杀了儿童的智力发展。造成的结果是，乡村读书人动辄将"之乎者也"挂在嘴边。他们甚至连自己都记不清参加过多少次科举考试，但依然分辨不清书中所述何为事实，何为虚构，何为历史，何为神话。尽管汉朝和唐朝之间相距1 000至1 200年之多，他们还是搞不清书中的某个人物是出自前者还是后者，也不能确定书中某个名人究竟是确有其人，还是出自戏曲里的虚构角色。

全中国十八个行省里的巡抚和总督，读书人仅能知道其中不超过三个人的名字；全国十八个行省的首府位于何处，他们也仅能知道个三分之一。对读书人而言，国内那些他们搞不清楚的地方，只知道是在"南边"就可以了。他们没有学过任何古今中外的地理知识，也没见到过中国古代或现代的地图。事实上，他们甚至听都没有听说过地图这种东西。

笔者认识一位在教会学校读书的学生，他赠送给同村读书人一本用口语体官话编写的《世界地理》。这本书解释详尽，很容易理解。但是收到书的人苦苦钻研了半天，还是一窍不通。他叫来两个朋友相助，其中一个还是秀才。三个读书人埋头把里面的地图和文章苦苦研究了三天。最后，他们一脸绝望地放弃了，决定等待赠书人回来解开这些谜团。

这种智力上的愚钝在中国读书人身上绝不罕见。这样的读书人有一大批，其特征一眼就看得出来，俨然已经成了一种规律。这是中国特有的教育模式和教育过程所造成的自然结果。尽管中国人读书的目的是为了提高写作能力，但

---

① 《中国辞汇》，The Chinese Reader's Manual，英国汉学家梅辉立（William Frederick Mayers）编写，1874年首版，是一本汉语词汇工具书。——译者注

第一部分 乡村，乡村的机构、功能和公众人物

文章只有一种，即仅用于科举考试的八股文。在科举考场之外的地方，这种八股文用处不大。除了作八股文什么都不会的读书人，在其他行业没有任何的优势可言。他们就连写封信，满纸充斥的也尽是"之、乎、者、也、矣、焉、哉"这几个字。读书人写信的时候，一般都有固定的格式。比如，开篇会说"来函已收讫，焚香沐浴方敢开启"（一种极端的夸张手法），但却极有可能忘记要写的实际内容。例如，如果是想告诉你一桩官司，则很可能对其中至关重要的情节只字不提，读了让人一头雾水。在绝大多数情况下，读书人处于失业的赤贫状态，也根本不会有人写信给他。如果这种读书人偶尔结识一位外国人，你会发现，登门拜访还不到三次，他就开口向外国人求助了。若是问他能做什么，他肯定以惹人怜悯的口气保证，他的确能做点事情，而并非一个百无一用的人。确实，他会抄写文稿，抄写词典，但是一旦不监督，他就会写下错别字。雇用他的人经常发现，不管给他交代什么差事，他要么把事情搞砸，要么就根本无能为力。

以下几点对中国读书人的批评，一般的西方人都必定会认同。中国读书人总是缺乏主动性，做任何事情都离不开明确的指导。遇到需要拍板定案的情况，更是倍加拖沓。特别是表述和他们自己有关的事情，常常要花费一个小时围绕同一个主题兜圈子。如果他们具有大多数西方人一样的逻辑能力，只需三分钟能把事情说清楚。然而，中国读书人无疑达到了一定的智力水平，其犀利、公正的批评和评论，不时引人称奇。但是他们的心智被固定在一个单一目的性的训练中。中国人天生缺乏分析能力和综合能力，这是西方尽人皆知的事实。他们自认为熟知如何得体地进行陈述，但对于稍微复杂点儿的问题，他们往往要花上几天时间，一遍又一遍地总结，得出的结果往往连他们自己都不满意。西方人更是百思不得其解，为何只需两个小时就能解决的问题却花费这么多时间。他们对其他不熟悉的书籍（并非地理类），消化起来情形也一样。如果邀请一位读书人研读一本书，并且写出摘要，他通常都会拒绝，声称没有能力写这类文章。如果其能力是一个需要论证的命题，他下结论的速度堪比欧几里得[①]几何证明题中的论证速度了。

[①] 欧几里得，约公元前3世纪的古希腊数学家，著有《几何原本》13卷，一直流传至今。——译者注

无论中国文人的才学多么高深，中华民族天性保守的特点都会在他们身上得到充分体现。要想改变他们为人处世的方式，简直比登天都难。汉字是竖着写的，即使横着写，也是从右往左读，正好跟英语相反。笔者曾让一个迂腐僵化的中国读书人在布满横线的西方白纸上书写。然而，不管怎么引导，他都不能写在画好的横线上，而是坚持用他习惯的方式竖着写。当作者坚持要求横着写时，他干脆把本子转动了九十度，依然像以前那样竖着写！他坚决不要成为颠覆他们古老语言符号方式的一员。这种人的心智，就好比一辆老式的自行车，对会骑的人来说很得力，而对不会骑的人来说却相当危险。还有一个类似的情形，有一定学识的读书人，在偶然被需要的情况下，大多不愿使用自己的才学。我们经常听到离开家一段时间的中国读书人说，你给他的这个东西无法阅读，原因是他把眼镜忘在家里了，也没想到这里会用得上。这种东西方知识分子的巨大差异，很难用语言描述。

对于几乎所有中国人而言，汉字的书写形式往往比其意思更为重要。初学识字的人或勉强能读书的人一般全神贯注于汉字的读音，他们一般不愿也可能根本不能对这个字表达的含义做出一丁点儿解释。这种知识不仅被认为没必要，相反还会分心。不管是文人还是初学者，他们都具有一种令人钦佩的才华，即几乎总有能力排除周围的一切干扰，完全置身事外。这种难得的能力，加上前文提到过那种死记硬背的非凡能力，是我们所述的中国教育过程中最值得称道的成就。然而，死记硬背的能力会抵消一个人的判断力，下面便是一个经典的例子。笔者在一家诊所候诊时，曾遇到一个乡村教师（一个秀才），并向他询问商纣王和比干各自的历史功过。前者的暴虐使得商王朝败落，而后者则是纣王的近亲，被纣王下令剖腹挖心，看其是否真如传说中那样，有一颗七窍玲珑心。这位先生不仅对这段历史记忆犹新，还从经书中引述了一篇有关的文章，但他拒绝就两位历史人物的功过问题发表任何评论，称因为他已经记不清书中的"小字"（即评注）是如何评判的了！

我们已经就中国常规教育中的主要缺陷发表了评论，但还有一个不容忽视的问题。在中国，无论是男人、女人还是孩子，一生中的绝大多数时间都难免接触铜钱，数量有多也有少。因此，对每个人来说，能够把钱数对，哪怕数得不快也是一种非常重要的能力。这样能省不少麻烦，当然钱本身是最为重要的因素。然而，不可思议的是，如此重要的一种技能，却从来没有人教过他们。加、减、乘、除，以及十进位这些不可或缺的常用计数法，也从来都没有人教他们。这些技能同五十年前西方世界的记录账目一样，只能在商铺或生意场合通过实践经验获取。乡村学堂里的先生不仅不教打算盘，甚至他自己都不会打。很难想象，在英国或者美国会有这样一个地方：学校里没有人教授学生算数法则。学生们要想获得这种技能，只能从一个人那里学习一点关于加法的简单规则，再从另一个人那里学点复合运算，然后再到一个可能十分遥远的村子，从第三个人那里学习土地丈量。上述的几个人中，没有一个人能提供他需要的全部知识。

中国的算盘无疑是一个辅助计算的巧妙发明，但其造型十分笨拙。算盘的致命缺陷是整个计算过程不会留下任何痕迹。一旦发生任何错误，就得完全推翻前面的成果从头算起，一直到算对，或者认为已经算对为止。中国数量庞大的商人们所有复杂的计算，居然都是靠算盘这种工具，这不得不说是个奇特现象。一位高手能以惊人的速度算出结果。而熟悉常用运算法则的普通人，遇到超出其能力的复杂情况时则会被难倒。比如，一个成年人每十天得到一磅谷子，小孩子得到的是成年人的一半；则一个半月内，227 个成年人和 143 个小孩总共得到多少磅谷子？面对如此简单的一个问题，一群中国人居然埋头计算了半个小时，结果每个人得出的答案都不相同。这其中还不乏妄称读过圣贤书的人。的确，中国人的学问越大，其数学计算能力在适应生存环境方面就显得越弱。

老师的教学目的就是强迫学生背书，背书，再背书，永不停歇地背书。根据我们的观察，每个读书人理论上都是本地科举考试的候选人。考试中所作的文章主题，来源于其所读大量经典书籍中的某一本。因此，作为写好一篇文章的必备前提，读书人必须时刻准备好能回忆起某篇文章、文章上下文间的联系以及书中的注解。

科举考试在中国已存在数百年。在这种考试制度的引导下，前文所述的教育体制，或是能够达到预想考试结果的教育体制，在中国是个必然现象。没有全方位的改革根本无济于事。有人举例说，这种体制下培养出了一大批杰出的人才，足以证明其优越性。而事实上，不计其数的人很少或根本未能从学堂教育获得什么成就,这一点不得不引人深思。常常遇到一些读书人,已经接受了一年到十年不等的教育,倘若问起是否识字,他会如实回答说,学过的字已经"搁置起来了"。换句话说,他们已经把学过的知识忘得一干二净,变成了一个不识字的"睁眼瞎"。

一个不可争辩的事实是,中国人自己也承认,学堂的教育制度牵制了人们的头脑,把老师变成冷酷的机器,把学生变成学舌的鹦鹉。假设学生都能继续学业,并最终取得一定的功名,而要想提出一个新的教育方案,以取代目前完全依靠惊人的记忆力获取成功的教育现状,也不太可能。

据保守估计,一个乡村学堂里,很可能只有不到二十分之一——甚至不到百分之三——的学生能继续学业并考取一定的功名。结果是,其他百分之九十七的学生依然要循规蹈矩、乐此不疲地走下去。因为他们知道,另外那百分之三的学生就是通过这种方法考取功名的。换句话说,在二十个学生中,如果有一个人正戴着沉重的枷锁,奋斗在通往功名的征途中,另外的十九个都要被迫戴上这种枷锁,向那个人看齐。如果有人向老师或者家长指出这种极端的不公平,建议他们是否应该为另外十九个根本不可能踏进考场的学生另谋出路,采取一种不用大量死记硬背,并且可以让原本读书时间就不多的孩子们学到知识的教学方法,他们肯定实事求是地回答,目前为止还从来没有这样的教学体制;就算开设学堂的人们愿意尝试改革(这绝对不可能),也找不到能够胜任的老师;而就算他们能够找到老师,就算这位老师甘愿开创这个先河(也绝对不可能),也不会有人雇用他教书。

受过一定教育的读书人经常在饥饿的边缘挣扎,这种窘迫催生了一个名为"游校"的职业群体,也即游方书生。他们走乡串村兜售纸张、书画、版刻书籍和笔墨等。他们跟走街串巷的货郎不同,货郎们只专心做买卖,不会兜售学问。而且,货郎一般用独轮推车载货,而游方书生最多能背动一个包袱。

游方书生来到一个学堂,放下包袱,向里面的教书先生深深鞠上一躬,而教书先生尽管对他们的到来极其厌烦,也必须起来还礼。学生众多时,这位陌生人也向学生们鞠躬,并称他们为师弟。其后,先生询问其名讳等。如果来者是个冒牌货,根本没有真才实学,先生就不再同其交谈,并很可能为躲避他离开学堂。这是一个微妙的信号,示意年纪大的学生们把来者打发走。学生们在桌子上放置几枚铜钱,一般不超过五枚甚至三枚。游方书生收起铜钱,鞠躬辞别。如果能在这里卖东西,他的利润也微乎其微。一支笔大概能赚三文钱,一锭墨大概只能赚到两文。鉴于这种情况,年长的学生通常强迫年幼的出钱,凑出一小笔现款供他们支配。

然而,倘若来者名副其实,是个有真才实学的读书人,且其才华显而易见,先生自当盛情款待。有些游方书生对历史典故和琐闻杂谈有专门研究,而教书先生的学识完全局限于一成不变的经书知识,同来者攀谈起来自然甘拜下风。遇到这种情况,村里的其他读书人也将受邀前来与这位陌生人交谈,并请他题写一幅卷轴,随后同学堂先生一起用饭。最后辞别学堂时,还要为其准备一小笔钱作为临别赠礼。

据传,有这样一位游方书生,来到学堂时先生正在讲解经书。他故意脱下鞋袜,在学堂里四处走动。教书先生呵斥其无礼。他回答说,先生讲授的经书跟自己脏袜子的"味道"一样"好"。不用说,教书先生自然提出挑战,要他来替自己解读经书,以便大家向他学习一番。这位满腹经纶的游方书生等的就是这个机会。于是,他接着话题往下讲解,一副"句句经典,皆成文章"的样子。对此,先生顿感惊诧羞愧,慷慨款待了这位陌生人。如果一位教书先生怠慢了学问比他高的人,他不仅会失去别人的尊敬,而且还会在自己的学生面前丢脸。教书先生无论如何都要避免这种情况的发生。

中国的师生关系比西方国家的亲密得多。学生对自己的启蒙老师负有巨大的责任和义务。一旦老师有什么需求,学生都必须义不容辞地承担起来。这种观念显然对老师的长远利益有好处。实践结果证明,许多穷困潦倒的老师,四处游走于往日的学生间,靠他们中愿意慷慨相助的人接济生活。

第十节

中国高等教育，乡村高等学堂，科举考试，教育革新

    学生一旦下定决心参加科举考试，就得进入高等学堂学习。高等学堂同他们之前上过的学堂在很多方面有所不同，比如教书先生须由才学出众的人担任，否则将很难胜任这个职位，而其酬金也比普通学堂的老师要高得多。这里的学生学习更加刻苦，他们被迫几乎把所有的时间都花在钻研科举考试文章的范文上。这些范文多达几十甚至上百篇，必须全部背诵下来。这一过程有助于学生渐渐被范文材料填满，以便科举考试时能够提取平时记忆中的积累，得心应手地写出文章来。

    学生在早年学习期间，已经大量背诵了中国大多数的重要典籍。如今，他已经十分熟悉这些典籍的正统解释，并早已在潜移默化中缓慢而彻底地谙熟声调与韵律的规律和吟诗作对的技巧。而这一切都是以统领文章和对句的"天高、地厚"等对仗原则作为基础，以妙不可言的内在关联作为法则的。他现在要做的，就是循序渐进地利用之前积累的知识，逐步学习做文章的技巧。这项任务将在今后渐渐渗透到他固执的头脑里，也将渗透到他知识结构的每个角落里。未来的岁月，他吃的是文章，喝的是文章，写的是文章，谈的是文章，连睡觉做梦都是文章。

    按照中国人的标准，写一篇精美绝伦的文章是人类智慧所能企及的最高成就之一。一个人若能通晓古人智慧，能一蹴而就地写出结构匀称、情趣高雅、风格庄重且主旨与同类主题融会贯通的文章，不仅能与王公贵族平起平坐，甚至还有资格伴在天子左右。

    督办各省科举考试的文职大员称为"学政"，从首都北京派到各省举办三

年一次、五年两次的周期性科考。遇到皇帝即位、大婚、添嗣等重大国事，还会额外增加考试，称为"恩科"。乡村读书人所做的文章和诗句如果通过了这位令人生畏的主考的严格评判，就有可能考中秀才。为了完成这项令外行人敬畏的艰巨任务，年轻的读书人心中既充满希望又充满畏惧，他必须熬过一系列严酷的选拔性考试，才能在重重夹击中胜出。

主持科考的大员到来之前的几个月，考期便下达至各省的巡抚，再由他下达到下辖各县，初级科考就在县城里举行，并由县令亲自负责督办。县衙里部分差役对于即将进行的科考事宜负有传递信息的职责。在西方国家，这类信息在县级地区的官办报纸上发布一则简讯即可传达。而中国没有报纸，信息只能依靠口头传递。差役们造访那些专门为科考开设的高等学堂，将考期通知学生。县里其他想考取更高功名的秀才们，也必须通知到。衙门里负责传递信息的差役一般会得到一笔十五到二十文不等的酬劳，以酬谢其传递信息所付出的"艰辛"。尽管这种传播信息的方式效率极其低下，但极少会出现有考生收不到通知的情况。

赶考的学生提前一两天到达县城，一般住在租赁的房屋里度过半个月的考期。有的学生碰巧城里有朋友，便可以省去租赁房屋的费用。如果家住得不远，考试间隙便可以回家，以节省开支。精打细算对于急需钱用的穷学生们来说非常重要。也有多个考生合租一个房间或整栋房屋的，这样花费不多，大约每个人一到两个银圆。除此之外，每个人还需准备足够吃半个月的食物。个别县城设有专门的科举考场，能容纳大约六百至八百名考生。而其他县城里，要么从来没有修建过类似的建筑，要么修了也任其毁坏殆尽，科考只能在孔庙或者当地县衙里举行。

考试第一天的黎明时分，考官公布两个题目。此时，所有考生必须在指定位置就座，且不得擅自离开。两个题目都取自"四书"，要求写出不超过六百字的文章。大约九点或十点左右，考官下令在每个考生试卷的最后一个字上加盖印章，以防没有完成的考生继续写下去，并随即将写好的文章收走。约十一点左右，第三个题目公布。这个题目要求作诗，主题可能取自《诗经》或其他正规诗集。诗文要求不超过六十个汉字，五五成行。才思敏捷的考生到下午三四点钟即可交卷，其他人则可能需要更长的时间。截止时间一般是在午夜，也有可能是第二天的拂晓。这些考生被禁锢在座位上长达二十四个小时，其间还要绞尽脑汁作一篇文章，再赋诗一首，文章和诗文的评判标准都极其严格。考生在身体上所经受的折磨，西方的读者们根本无法想象。

接下来的两天，考官开始评阅第一批数量庞大的文章和诗文。郁郁难安的考生们在此期间可以享受一下短暂的清闲。到了第四天清晨，第一次"张榜"，那些文章通过考官评阅的考生将会榜上有名。根据非常保守的估计，一个人口适中的县城里，考生总数约为五百人。第一次"张榜"可能会击碎其中一半人的梦想。只有榜上有名者才能进入下一轮的考试。如果县衙的下属发现落榜者数量巨大，他们可能向县令下跪，叩头祈求其发发慈悲，放宽名额。如果县令碰巧心情不错，就会应允下来。这种情况倒不是出于考虑落榜者的利益，而是基于一个重要的原则：羊的数量越少，羊毛的产量就越低。

科考的唯一支出是用于考试登记，大约每位考生二十分[①]。科考不仅需要登记考生姓名，其父亲及祖父也要记录在案，以核查其考试资格是否合法。科考期间需要专用的纸张和笔墨，这些物件只在衙门有售。每场考试花费大约十分钱，全部五场考试下来能花到五十分左右。然而，不管考生能否有资格参加后续考试，其第一次购买纸笔所支付的费用必须是五场考试总钱数的五分之三。如果通过了第一场考试，以后再行购买时就有资格将前面多交的钱退回来。

到了第五天或第六天，在第一轮海选中获胜的考生将再次踏入考场，按照新晋名次为第二轮考试安排座位。这次公布三个题目，一个取自"四书"，一个取自"五经"，一个依旧是诗文题目，测试方式与第一轮类似。文章评阅的时间依旧是一到两天，然后张榜公布入选名单，这一轮结果又可能会有一半的考生被淘汰出局。

第三轮考试一共给出两个题目，给出的时间比前两轮要稍晚一些，一个取自"四书"，一个还是诗文题目。这天中午时分，县令招待考生们吃一顿面条或米饭。到下午四点，考场就空了。中间隔一天，再次放榜，这次大概只有

[①] 笔者所讲述的地区位于山东境内，当地流通墨西哥银圆，这里的"分"是相对于一个银圆而言，不同于中国的一文铜钱。——译者注

五十人榜上有名。

第四场考试比第三场晚一个小时开始，而考试题目比先前更加深奥，并不限定时间。除了前面几个典型的题目，另外可能增加一个有关哲学的题目。还有诗文题目，做法同先前几场考试有所不同。由于诗文的写作要求韵律，因此难度也大大增加。

诗文的格律，或是五言，或是七言（这是科考中唯一可自行选择的地方），由考生自己决定。如果考生有真才实学且下笔敏捷，也可以就同一个题目写出两种诗文。这场考试也同上一场一样，主考招待考生一顿饭。大约到下午五六点钟，考场便空无一人了。中间隔一天，第四榜张榜公布，能在这场考试中幸存的考生更是少得可怜，大概只有二三十人。

再过一天，最后一场考试来临。考试题目出自"四书"，文章的规则可能完全或部分地取决于考官当场的意志。考试要求以五言格律形式作一首诗，并且要求誊写一篇雍正皇帝颁布的"圣谕"。誊写的目的是为了保存一份考生的手迹，以便将来在必要的时候核对笔迹。这次考试照例提供一顿饭，约到下午三点左右，考试全部结束。第二天，再次发榜，最终通过全部考试的人将榜上有名。考中的人数是固定好的，对于人口密集的地区自然比例最低。以两个相邻的县城为例，两者考生数量都在500到600人间，通过考试的人数固定不变，一个县是20人，另一个是17人。而在另外一个县城里，考生达到2 000人，而仅仅有30人能够通过。很显然，对于资质一般的考生而言，通过考试的概率相当低。

每位想考取功名的考生都需要一名"担保人"。保人往往由往年考中的人担任，其考取的功名需高出一般秀才，达到廪生级别。胜任保人的总人数不会很大，每个县城大概四人左右，因此，很多保人同自己即将担保的这个人可能毫不相识。这种担保制度的初衷有两个：一是确保考生确有其人，即防止替考；二是确保考试期间考生不违反任何考场规则。如果发现有人冒名顶替，或者考生违反考场规则，担保的廪生就要担责任，并可能因此被革去功名。每位考生不仅需要一位保人，而且必须有一个后备保人。由于担保一个考生能得到10分钱到5、6块银圆不等的礼金，廪生们自然希望保在自己名下的考生越多越好。担保礼金必须提前支付，否则廪生有资格阻止考生进入考场。

到此为止，县城一级的选拔考试告一段落。一个月后，类似的科考"乡试"将在省府举行，由知府大人主持。省府衙门下辖各县的考生汇集于此，每个府下辖的县城数量不同，少则两三个，多则十二个甚至更多。在县级科举考试中落榜的考生并不会因此被剥夺参加这次考试的资格。乡试和县考的童试一样，也是一次选拔性考试，最终都是为进京参加终极科考"会试"做准备。乡试的考试细节和前文所述的县级考试类似，持续时间也大致相同。一个人口稠密的省府，乡试考生能达到 10 000 人。一般的考场都难以容纳数量如此庞大的考生，考试只能分批进行。乡试由知府主持，县级童试名列前茅者，未必能在乡试中保住名次。事实上，排名每天都有变化。然而，每次发榜都名列前茅者通常被认为有很大机会通过会试。

笔者结识了一位参加县级童试的考生，在十七个晋级者中，以最后一名的身份入围倒数第二场考试。然而，在倒数第二场考试中，他退后了一名，以微弱劣势被淘汰出局。强烈的悲痛和愤怒导致其精神失常，既不能养家，也不能养自己，后来大半生都成了他妻子沉重的负担。

已经考取秀才的人也自行前来参加考试，以谋求晋升。在会试阶段，用于聘请保人的花费仅限于上述的两次考试。由中央派遣学政大员主持的会试，比前两场地方考试都更加严谨和规范。获取资格的考生进入考场，各自在按照前文提到的《千字文》上的汉字顺序排定的位置上落座。《千字文》没有重复的汉字，是用于排列顺序的有效标记体系，考生对此十分熟悉。考生们紧紧地挤在一起，一张桌子往往要坐 15 到 20 人。第一张桌子按照《千字文》上的第一个字"天"编为"天字号"。坐在这张桌子上的考生依序编为"天字一号""天字二号"等，并以此类推。每个考生都记得自己的编号，因为最终考试发榜时，榜上写的并非考生的真实姓名，而是考场里的座位号。考生进场时全被严格搜身，以防其将与考试内容有关的书籍或文章带进考场。考试开始时间非常早，太阳一出就给出考试题目。题目写在一块大木板上，然后被抬到考场的每个角落展示给考生看。同时，考题也会被大声宣读出来。大约九点或十点左右，又一个出自"四书"的考题和一首五言格律的诗文题目被宣布出来。笔头功夫快的，大约下午一两点钟就能完成任务，并允许其在固定时间点分批离开考场。下午五六点钟，考试时间截止。不管文章完成多少，标志结束的印章都会被加盖在考生文章的最后一个字上。

整个考试期间，无论出于何种原因都不能离开座位。如果有考生身染重病，则须向监考报告考试房间所在，请求准许将考生抬出，一旦出去将无法再回来。如果有学生抬起头左顾右盼，其手掌将会像学堂学生一样被责打一百次（考生其实就是一名生员），然后在整个考试期间被迫双膝跪地，考试结束后将被非常不光彩地逐出考场，只能来年再考。

几年前，济南府（山东省首府）的科举考场建筑岌岌可危。当年夏季的科举考试在此举行，由于其地理位置依山临水，比其他地区的温度要低一些。考试期间，大雨倾盆而至，房顶像筛子一般漏起雨来。许多可怜的考生变成落汤鸡，写的文章和诗文也被浸泡在水中。然而，他们奉命坚守考场，只能一动不动地坐在座位上。这种恶劣的天气诱发了疾病，不少人病情危急，约有七八人因霍乱在考试期间死去。这种情况的发生并非只有一次，后来悲剧还曾重演过。1888年秋闱时节，同样是在济南府，据说有一百多人因霍乱或其他传染病命丧考场。其中，有仆役、誊写员、考生，甚至还有几个官员。还是在济南府，一座主考场塌陷，据说砸死了好几个人。显然，这种悲剧的发生产生了极其恶劣的影响。

考试结束后第二天或第三天，成功入围的考生名单被张榜公布。为了确保考试质量，也为了防止作弊，还需再加试最后一场具有决定意义的考试。除了已经上榜的二三十个考生外，还将从紧随其后的考生中挑选出若干名，加起来共有约三十到四十名考生，最终的录取名单将从这些人中间产生。这场考试的题目依然出自"四书"，考试当着学政大员的面进行，文章无须写出全文，只写开头、中间和结尾的片段即可。由于参加人数有限，很容易施以严格的监管，最终的排名与考前排名肯定会有所不同。

考试结果张贴出来后，最终考中的考生，才华得到赏识，因此"飞黄腾达"，一举成名。一开考就落第者，悻悻而归。而已经"进学"的那些得中者，必须留在省府，恭送督办科考的学政大员到下一个城市督办考试。

会试的花费对于落第的人而言，和前面的地区性考试一样多。而对于那些"进学"的人来说，还包括其他琐碎的开支。考中的人自然难免因此破费。付给廪生的担保费，前文已经提到。除此之外还有一些杂项费用以及赏钱要付，虽然开支多少视考生的经济状况而定，但必须支付。负责办理科考事务的府衙下属们，需要敬上大约几个银圆的礼金；而负责张榜的人也必须以几百文钱酬谢，如此等等。

考生一旦被宣布"进学"，就将结果写在一张红纸上，派一名信使通知考生的家人。这项服务，通常也要花费几千文钱。大幅的通告叫作"喜报"，有一些专门机构来定做，将文字刻在木板上，卖给考中的人，每块喜报的价格约三分到四分钱。一个贫穷的读书人可能享受不起这样的奢侈，但经济条件好的读书人则会买下很多这样的喜报，赠送给亲朋好友们，让他们恭恭敬敬地张贴起来。收到喜报的亲朋好友们，按照风俗要登门拜访考中的人，而主人必须以上乘的宴席盛情款待访客。每位登门道贺者都随身携带一份礼金，礼金数量既取决于其家境，也取决于和考中者之间的关系亲疏。如果新科举人亲戚朋友众多，特别是其中有居官者，他收到的大量贺礼足以抵消参加科考的全部费用。个别情况下，贺礼甚至还会超过开支。

这些喜报样式没有区别，都是留出空白以便填写考中者的姓名和名次。有些地方通常会在喜报上写"某某人头名及第"，而事实上这个人可能是最后一名。尽管不会有人相信这一套，但依然是一种简单而又理想地获取荣誉的办法。因为，每当一堵墙上贴满喜报时，上面所载每个及第的人最终都是"头名"，很显然这样说仅仅是为了炫耀而已。

鉴于考取秀才的竞争如此激烈、如此漫长，按理说，秀才的功名应当有规范的证书才对，比如颁发一张盖有学政大员印信的正式文凭。然而，根本没有这回事。按规定，考中者所作的文章需转送京师礼部保存。可想而知，到那里迟早也是发霉扔掉。如若不然，经年累月的批量积存迟早得把北京城埋在下面。考中的人虽然才华终得赏识，但没有任何物证证明其才华。要核实一个自称是秀才的人，一般都会询问其考中的年份、主考官何人、都有哪些题目，等等。要想捏造这些事实的确不容易，但如若捏造了也很难被察觉。据笔者所知，有一个参加科考但是未能考取的人，别人问起上述的几个问题，他能一一说出主考和考题等细节。但这些都是对应于他的兄长的情况，他的兄长才是个真正的秀才。这个人后来因为冒充秀才，被关进了牢房。

对于人人都渴望得到的功名，居然没有相关的证书，这使得那些精明狡黠又有真才实学者，在远离其故里的地方，很容易骗取别人的信任，实际上并未得中却冒充拥有秀才头衔。

秀才考取功名后可以在帽子上佩戴一枚铜质纽扣，他们一般倾向于佩戴那枚考中时颁发的白镴扣。秀才一旦犯法，其居住地所在的县令就将扣子收回，而秀才将被除掉功名，变成常人。然而，只要他还是秀才，就不能将其当作老百姓一样鞭打，只打其手掌倒是允许的。若是一位县令侵犯了秀才的这一权利，他的行为则可能引起轩然大波。县令自当选择让步，如若不然，县里所有的秀才们可能蜂拥而至，对这种侮辱表示愤慨和抗议。

前几十年经历的财政危机导致政府公开买卖文凭。一旦出现财政困难，比如，需要赈济黄河泛滥引发的灾难，清政府通常采用出售功名的方式筹钱。通常情况下，花费大约100美元左右，就可以捐到秀才的功名，而且购买者还能拿到一张文凭，这方面将比自己考取的人还要牢靠。尽管捐秀才者大有其人，这种捐来的秀才却被认为是一种耻辱，因此学生科考的热度并未受到严重影响，赶考的人数也未见减少。

除了买卖之外，还有其他获取功名的方法。那些想考取功名，又有财力做后盾的读书人，就企图将幸运的车轮转向自己。有三种方法可以免除自身的艰辛，获得科考需要的文章。第一种方法叫作"箱储"或"箱贮"（box plan），事实上并非是要求临时死记硬背，而是一种夹带。显然，"四书""五经"是科考题目取之不尽用之不竭的源泉，但考官不到开考不宣布题目，要想预先知道考题希望渺茫。然而，天朝上国精明的读书人虽然不懂得概率论，却有着丰富的实践经验。他们深知，年复一年，考试的题目会重复出现。在他们出生前就已经问世的文章，当今的利用价值丝毫不逊于过去。这种"夹带"就是把数量不菲的文章缝在考生的衣服里衬内，文章的字体如"苍蝇眼睛"一般小，没有放大镜很难看得清楚。一个就算"夹带"得不多的考生，随身携带的文章也能多达8 000到10 000篇，鉴于此，一篇要求300字的文章就显得十分微不足道了。有些时候，文章藏在考生用于带饭的篮子里。只要扫一眼文章索引目录，夹带的考生就可以确定所带文章是否适合考试题目。然而，要把夹带的文章取出来就困难多了。但只要花钱打点好考场里里外外的侍卫，也就轻而易举了。夹带的另一种方式是把文章写在套裤的里衬上，为了这个目的，里衬一般都用白丝绸做成。

第二种获取文章的方式是购买。有一种特殊机构，专门从事这种行当。在经济利益的驱使下，一切事情都好办。

在中国，这种买卖文章的勾当不被发现的可能性很小。俗话说："没有不透风的墙。"周围大量目击者的存在，使得这种交易无论如何都会变成公开的秘密。然而，那些辛辛苦苦靠实力考取功名的考生们，为何不去揭露这种严重损害其利益的行径呢？实际上，有些考生发现有人作弊时，的确会大声喊叫以唤起监考的注意，但这种情况并不多见。买卖文章这种行径，同中国很多陋习一样，普遍存在而又根深蒂固，没有各种力量的通力协作很难破除，而找到这种力量是毫无希望的。中国人这种强行按捺愤慨以免得罪他人的耐力，对西方人来说根本难以承受。于是，一切照旧，亘古不变。至于道德问题，如果真有人考虑的话，也很难就此定一个穷书生的罪，就连皇帝也认为其理所当然。

通过非正当渠道考取功名的人肯定不在少数，但就算一个大致的数字，也很难通过什么途径获得。由于每场考试的内容不尽相同，一切取决于主持考试官员当时的性情和对题目的敏感度。在笔者曾居住的某县，有一次，科考舞弊人数实在太多，就连忍耐力最强的人都已忍无可忍。有位被淘汰的考生写了一张申冤的诉状投入考场，传到了主考官手中后引起重视。主考重新考核所有上榜的考生，结果发现十五个人中有十一个未能通过。其原因是，这些人中有人在考前购买文章，他们通过的资格当然被立即取消。由于这次舞弊事件的发生，后面的考试比前面几场都格外严格。笔者还认识另外一个县的一位考生，他在会试最后一轮的两场大考中，第一场顺利通过，但第二场超出其实际能力，所做的文章、写出的诗句倍显拙劣，结果手上被责打了一百板子。按照当时的规定，通过学政大员亲自主持的第一轮考试后，考生名单就会公布，示意其已经考取功名。而且考取的信息已经在送达其家乡的途中，就在功名近在咫尺之际，此人却处于惨遭除名的危险中。衙署里当差的全都向主考的学政下跪，请求大人网开一面，宽恕这位考生的愚钝。这位大人大发慈悲允诺下来，一个功名就这样全靠运气得以保留。

各种科考场合，都有大量从事文章买卖的经纪人，充当买家和卖家之间的中间商。买家和卖家一般都是当年考生，操作中的实际困难是，由于考生的座位无法预先得知，所以很难确保两者座位距离近得足以完成交易。由于买卖双方很可能坐得非常远，无法交流，因此中间商大多会给买家多介绍几位卖家，以增加任意一对儿买卖双方成功交易的概率。为了确保交易，买方在文章做好之前，会签订一份简洁明了的协议。协议条款视具体情况可有浮动变化，称之为"前二，后二"或"前五，后五"，等等。这就是说，根据协定，不管买家考取与否，负责写文章的卖家都要视情况预先收取 20 000 文或 50 000 文的费用；如果买家成功考取功名，则事后还要再行支付给卖家 20 000 文或 50 000 文的费用。费用支付由中间商监督完成，他对各方的经济状况都十分了解。这种协议的条款就像是赌债一样，当然没有法律效力。但中国人在诸如此类的事情上有一种简单有效的执行方式，比如，给违约者公开制造一些难缠的事端。

购买文章的考生都不希望将此事公之于众，然而，不管这种交易如何肮脏，一旦有人买了文章却拒不付款，则会令所有人感到不齿。有些卖家多年来频繁参加考试，他们不图什么功名，为的是能在考试中捞到一些比功名更实惠的经济收益。如果他们已经成功考取功名，只能通过冒名顶替代考的形式，继续从事这种营生。已经考取举人者也从事这个行当，有时甚至一箭双雕。一方面冒名代考，另一方面完成代考的文章后，再写文章卖给他人。不管怎么操作，都必须先贿赂为考生身份担保的那位廪生。

第三种获取他人文章的方法被称之为"传递"。这种方法必须在巡场的配合下才能完成。负责巡场的人同其他凡人一样，只要愿意费口舌拉拢，都会欣然接受眼前的利益。一旦会试的考题宣布，巡场就将其抄写下来，抛过考场的高墙，扔给按照预先约定在外面等候的人。然后，由场外事先聚集好的几个读书人，为考场内不同的考生撰写文章。文章写好后，将其小心翼翼封好，再发出一个呼唤猫狗的信号，扔给考场内负责看守的人。这个看守自然是事先被买通以负责接收的。巡场利用在考场内来回走动的机会，避开主考官的注意，按照每篇文章上的标记分别传递给相应的考生。有一次科考中，总共有六个考生通过这种从场外传递文章的方法考取了功名。有时，文章匿藏在看似完好无损的烤饼里，考生们利用吃午饭的机会，放心大胆地将其传来传去。这种明目张胆的做法毫无疑问是取得了巡场们的默许。有时候，县令会在考场的暗处安排手下，从这些地方能够观察到整个考场内的情景。然而，更常见的情况是，县令根本没兴趣了解详情。

有些科举考场的大考官异常严格,禁止看守的人进入考场,在一定程度上抑制了上述舞弊行为。就算如此,也不是没有漏洞可钻。大考官并非自始至终一直待在考场里,有时会将任务交给手下的人。这时,这些职能人员就可以给那些出得起高价的考生传递答案了。这种场合,他们假借视察考卷,很容易就把某篇文章扔到考生的座位下,或者考生容易够得到的其他地方。

几年前,《京报》报道了一桩舞弊案。一个出卖文章的人胆大包天,把写好的文章系在位高权重的大考官衣服上,成功将其传递给了意欲购买文章的考生。这位竭尽全力维持考场纪律的大考官,居然不知不觉成了文章的传递者!通常,在大考官主持的考试中,考生们的座位挨得很近,大部分人通常能接触到周围包括左右两侧在内的十到十五个人。这使得传递文章轻而易举。在第二轮考试中,考生人数只剩下十来个,但是他们依然像原来一样坐得很密集。

笔者认识一个考生,一次科考时发现旁边坐了一位贫穷的考生,他连出自《孟子》上的一个题目"犹缘木而求鱼也"都感到茫然不知所措。于是,随即与人达成一项购买文章的口头协议,书面协议通常会省去。文章用洋洋洒洒的"草书"写就,然后交给购买者抄写。结果,倒霉的事情发生了。购买文章的考生认错两个字,当成另外两个相似的字体抄写下来,最终因此葬送了成功的机会。这位穷学生以贫困为由恳求减免部分费用(大约应付十个银圆)。愤怒的卖家发动了一群学生,来到买家的住所大闹一番,结果从欠债人那里搜刮到一块半银圆,这已经是他的全部家当了。卖出文章的人也是本次科考中的一员。他声称,前面笔者提到的那篇文章,如果不是买家粗心抄错字,肯定能助其考取功名的。

如果一位考生忽略一个错字,事后被发现,也会因粗心遭人鄙视。几年前,《京报》报道了这样一件事。1871年举行的三年一次的翰林考试时,文章递交到翰林院后,其中九篇出类拔萃的文章被挑选出来,呈给慈禧太后审阅(当时皇帝年幼,由太后代劳),以最终确定录取结果。写得最好的那篇文章放在最上面,但颐指气使的老太后很想施加其皇家威严,推翻几位翰林院考官的裁决。天遂人愿,阳光照在这张试卷上时,太后发现一处瑕疵,有一块地方比其他地方薄。显然是文中写了一个错字,擦去后又写上一个的缘故。太后斥责考官们居然通过了这种"邋遢文章",重新裁定另外一个姓向的考生胜出,及状元第。这位考生来自广东,广东省只在250年前出过一次状元。这位成功者荣归故里时,被当地官员给予最高规格的荣耀。所有同姓中有实力的家族纷纷携贺礼前往其祖祠祭拜,通过这种方式和状元连宗,结为"假"同族关系,并获准在其家门首悬挂刻有"状元及第"的匾额。迷信的广东人相信,照出文章瑕疵的那束阳光是上天的恩赐!

事实上,中了秀才并不意味着学习的结束。相反,考中秀才叫"进学",以后还要参加每三年一次的科举考试,竞争下一阶段更高一级的功名——廪生。每年能够晋升廪生的人数非常有限。一个有十七位秀才的县城,每次能考取廪生的仅有一两人。然而,还会有额外的考试机会,比如前文所述的皇帝即位特赦的"恩科"等。固定人数中如有人亡故,则增补一人以填空缺。秀才不得以通不过考试为借口拒绝参加科考,只要开考,每个秀才都必须参与竞争。然而,理论上是这样,事实上只要花费大约一块半银圆就可以贿赂县城里管学政的人员,从而以"因病缺考"或"不在家"等冠冕堂皇的理由不参加科考。但是,如果一名秀才连续十次参加考试而不中,则会被剥夺考试资格,从而被除名。这种科考的考生根据其文章高下被分成四个等级。如果考生未能名列前三个等级,将会失去已考取的秀才功名。如果得到大考官的宽赦,还可以再参加一次考试。常言说:"秀才害怕第四等。"官府每年拨给廪生的补贴大概十个银圆左右,目的是资助其读书。很显然,这点钱对于考取廪生功名所要付出的艰辛太不成比例。

廪生也要三年参加一次科考,以竞争更高一等的功名——贡生。如果没有特别原因产生空缺,每次考试能考取贡生的名额只有一人。

贡生根据考取功名的时间和情形不同分为五类。他们不像廪生一样为参加"进学"科考的考生提供担保,平时也不像他们一样有津贴。贡生被允许穿一种半官方的长袍,以一种表达尊敬的头衔称呼。不过,从经济利益角度考虑,除非他们能取得县学政主管的职务,否则这些荣誉都是虚的,而这种任职机会在很多地方都不太可能。秀才和贡生是漫长科举路上一个分水岭的两端。前者被认为是一个学童,而后者则是首次作为成人看待,除非秀才打算继续更复杂、更危险的科举以考取举人,以后无须再被测试。俗话说:"秀才靠才气,举人靠运气。"这就是说，如果没有好运气，考生的才能再高，也很难考取举人的功名。根据对前面考取较低功名的描述可见，我们对这种说法深信不疑。

在前文所述的漫长科考过程中，考生每个阶段都可以通过购买较低一级的功名，从而成为较高一级功名的竞争者。比如说，一个学习刻苦且拥有真才实学的读书人，可以先买到廪生功名，然后聘请一位先生指导，加上自己刻苦读书，就可以考取贡生功名，继而考取举人，或许从此谋个一官半职。这样就跨过了那些漫长的初级阶段。然而，这种不走正道、不跨独木桥，而是"翻墙"而过的污点，将作为标签被永远贴在他的身上。但只要不损害其经济收益，面对指责他照样镇定自若，不受影响。不过，根据经验而言，直接买一个官差更加合算，这样便省去了既要出钱又要考试的麻烦。

在中国，读书人是否参加科举考试，并非可以任由自己选择。曾有一位父亲决心让儿子考取功名。做儿子的虽然极不情愿，但不得不屈从父亲的压力。结果一路顺利，到十九岁就考取了秀才，却发现远远未能满足其父的雄心壮志。父亲要求他继续努力，争取考中举人。儿子意识到不可能从这个折磨人的道路上逃脱，便选择悬梁自尽，从此彻底摆脱了科举考试。

负责科考的学政是读书人向往的官职，因为职责轻松，且收入丰厚。其收入的一部分来自官府划拨出用于供养他们的一大块土地；另一部分来源于每隔两年做佛事后扣留的谷子；还有一部分是每个秀才必须上缴的费用。费用像其他费用在中国的交付方式一样，没有固定的数目，视每个秀才的支付能力制定。学政私下里委婉询问每个秀才的经济实力，然后确定要收取费用的数额。数目一旦确定将不得更改。如果有人嫌多拒交，理论上作为其老师的学政就在秀才的手上打板子，并且惩罚其交付双份应付的金额。任何一个县城的秀才被人控告，事情要向县令禀报，县令再把秀才移交给学政，咨询处罚方式。前面已经解释过，学政和县令联合起来，大可让一个秀才颜面尽失。

政府极力推崇教育，并为此在全国主要城市开设官办高等学堂或大学，聘用才学出众者任指导教师，负责讲授经学，频繁举办类似科举考试的各种模拟考，其形式前文已有叙述。这项事业的经费有时来自富人的捐助，而捐助者则将被冠以某种荣誉头衔以示酬谢；有时经费则通过税收筹措，比如对牲口集市征收交易税等。这种教育机构在执行得当的地区，运行情况十分理想。不过，在笔者所知的两个县城里，官办学堂的状况近几年来可以说是每况愈下。究其原因，原来这两县的县令皆是花钱捐来的官职，其自身就是不学无术之徒。遇到这种情况，主持考试的事情就留给了他们的师爷办理，而师爷对此事则是速办速决，尽量给自己减少麻烦。每每举行考试，师爷给出考题，许诺高额奖金。随后，师爷不是留下来监督考试，而是丢下考生忙自己的事情去了。愿意考试的学生可以回家做文章，自己不想写的，就干脆请别人代笔。有时，一个考生同时注册在多人名下，一个人为多人撰写应考的文章。有时，他们自己写好文章后卖给别人，文章交上来时，也根本不会有人过问。如果相关责任人能肩负起应有职责来，这种舞弊行为就很容易被制止。但事实上却从来无人过问，一切也就照旧进行。笔者认识一位学堂先生，在县城附近一座学堂教书。多年来，他时常参加这样的测试。在其所参加的约一百场考试中，共有四次得奖，其中一次的奖金大约七十五分，另外三次大约一块半银圆！

令西方人始终不解的是，究竟是什么动机在驱使中国人不顾前文所述各种艰难险阻，而如此孜孜不倦地渴求功名呢？这些动机和人类生活中其他行为的各种动机一样，都具有非单一性，而其最根本的动机则是出于对名声和权力的追逐。在中国，权力掌握在有学问的人和有钱的人手中。财富比学识更难获取，且相对而言也更难保持。千百年来，中国的古老传统向来崇敬那些为考取功名而甘愿受苦的读书人。

如前文所述，每个村庄都有各自的头面人物。其中，考取功名的读书人如果也有点实际能力，这个位置便非他莫属了。由于他时常同县令有来往，在同村人中显得十分出众。遇到村民有各种争端，也常常请他前去平息。每每遇到这种场合，有求于他的乡亲们总要破费一番，设宴款待这位管事的人物。这种做法成了村民们酬谢他必须履行的义务，对中国百姓而言，其花费自然不菲。全村众多同乡中如有婚丧嫁娶，他也常常成为座上客，因考取了功名，每次都坐在上宾的位置。在那些规矩复杂仪式烦琐的葬礼上，情况更是如此。遇到葬礼，就要撰写逝者祖先的牌位，作为仪式的一个重要环节，要在一个"王"字上点一个红点，将其变成"主"字。这样的葬礼的举办时常要持续好几天，每天供应三餐，同时还要给想抽烟的人提供鸦片吸食。鉴于中国的国情，众人参加这种类似狂欢的丧礼宴会，除了享用天堂般的盛宴款待外，他们想象不到其他更接近天堂的方式了。每位读书人都十分渴望在其生活圈子里参与其中,而这种荣耀无疑也会落在他的头上。对于一个生活潦倒的读书人来说,这类场合在很大程度上成为其经济来源和幸福源泉。

有些秀才知道如何帮人写诉状打官司,为复杂的诉讼程序中每个环节提供帮助。他们由此深孚众望,将其生存之道建立在那些愚昧者身上。全世界里,也只有中国为其提供了这种绝佳的环境。对知识的无限崇拜导致无限的愚昧,而有经验的读书人知道如何将这些因素转换为个人利益。古今中外,凡拥有世人俗称"口舌之能"的人,都有能力施展才华,而在中国,这种人更是如鱼得水。

如前所述可知,一位有抱负的中国读书人要想求取功名,就必须穿越一片广袤无垠的知识大陆。为了成功的一线希望,他必须熟悉其中的每一寸土地,必须有能力随时在任何指定地点挖掘出特定深度的知识之泉。对于未受过教育的农民而言,他们天生对知识抱有盲目的崇敬,有时甚至达到顶礼膜拜的程度。对他们来说,学问似乎是一种超自然的能力,引起他们心底无限的敬畏。这种想法贯穿其整个人生,大大地激发了读书人的雄心壮志,即使遭遇再大的挫折也在所不惜。

中国有句古语说:"上之于下,下之于上。"这句话恰如其分地反映了秀才们的处境。如前所述,那些没有读过书的人们崇拜秀才的才华,而那些教育程度和功名比秀才高的读书人则将其视为尚未进学的"学生"。有句广为流传的谚语说:"秀才造反,三年不成。"当然,历史上没有出现过秀才造反的例证,谚语不过是一位屡试不中的读书人,对自己才华未被赏识而发出的感叹。根据前文详尽的描述可见,科举考试就像西洋双陆棋①游戏一样,技能和运气各占一半。但年轻学子们很容易认为,运气建立在技能的基础之上。于是,他们心中充满学识上的优越感,这正是阻止中华民族进步的最大障碍之一。

文中所述科举考试在经历千年的存续后,终于在几位改革家的成功呼吁下发生了改变。1898年夏天,中国的光绪皇帝颁布几道谕旨废除了科举取士的

---

① 一种在棋盘或桌子上走棋的游戏,靠掷两枚骰子决定走棋的步数,比赛的目的是要使自己的棋子先到达终点。这种棋戏把运气和技术结合在一起,通常两者对取胜都不可缺少。——译者注

必经之路"八股文",取而代之的是实用的策论和西学,两者并举在各行省和县城加以实施;现存的教育机构,也要根据在北京设立的试点模式进行多多少少的改革。所有庙宇,官府所有的①除外,全部改造为"新学"的学堂。责令各行省巡抚上报各地庙宇现状,以及未来可能从中获取的收益。

这几道圣谕使得中国的知识界发生了潜在的变革。尽管全国各地的执行情况不尽相同,小部分有影响力的文人学士已经意识到现存教育制度的种种弊端,他们对改革自然拍手称快。广泛引进西学是改革最显著的效果。一大批对西方诸事向来不闻不问的读书人,如今欣然成为西方人的学生,并竞相购买西方书籍。不到几周的时间,考试题目开始带有浓重的西方色彩,了解西学各分支领域知识的读书人,考取功名简直易如反掌。只要解答简单的数学、地理和天文学题目,据说就很可能考中。甚至有传闻说,某地一位考生撰写并评论了基督教的《摩西十诫》,将其视为《西方法典》,从而考取了功名。

1898年9月底,慈禧太后攫取皇权,囚禁其外甥光绪皇帝②,几乎所有教育和政治改革都被废止。北京新开设的一所皇家大学堂在暴风雨中幸存下来,然而,光绪皇帝兴起的各项改良措施都已灰飞烟灭。改革的钟摆何时摆回来,无疑只是个时间问题。然而,每个心怀良好祝愿的中国人都希望不要来得太迟,至少不要等到中国人丧失了民族独立的历史地位。

---

① 即由县令供养和管理的庙宇。——译者注
② 按其母而论,光绪是慈禧的外甥,而按其父而论,光绪是慈禧的侄子。——译者注

第十一节
乡村寺庙和宗教团体

中国的寺庙多得难以计数,其形成过程本身就是个有趣的话题。一旦有人打算修建寺庙,就请来村里长期以来主管公事的头面人物,以其名义着手开展工作。通常,为筹集资金,先要估算土地数量;每顷地要征收的钱数并不固定,很可能按照各家土地数量的多少收取。穷人要么干脆全免,要么少征一点,而富人则需大量交付。资金筹集完毕后,庙宇在主事者的指导下开始兴建。建一座大型寺庙需花费几百两银子,除了预先筹措的资金外,还要另行开设一本募捐簿。募捐簿送到邻近村庄,有时辐射范围很广,这个任务一般由能说会道的和尚执行。和尚拖着铁链,脸上穿满铁钉,有时是一副能够替人祈福还愿的扮相。"行善"是这些外村捐赠者最强烈动机所在,这个动机在中国人心中普遍存在,几乎可以应用到任何事情上。捐献名录陈列在大型寺庙里最显眼的地方,捐赠人可以看到自己的名字和捐款数额,确保捐的钱有了着落。有些地区的习惯做法是,列出来的捐赠数额通常要比实际捐赠数额大,虚报的数额由双方协定。于是,一个人如果实际捐赠的是 250 文,列出来的却是捐赠了 1 000 文,以此类推。这种捐赠建庙的方式实际上是一种借贷行为,如果出了钱的村子也需要类似捐助,那么之前收到捐赠的村子也要为其出钱,这项债权捐赠者会永远记在心里。

总体而言,中国的任何事情都很难概括出其统一性,但真要斗胆进行一次这样的概括的话,也只有全国各地的寺庙具有这样的统一性。中国有大量的乡村里没有任何寺庙,这一事实不容争辩。特别是在那些回族人聚集地,情况更是如此,他们从来不会参与寺庙的建造。这种奇特现象现在已为世人所知,并得到尊重。而在最初,回民教徒为他们单一神教信仰进行了艰苦卓绝的斗争。

没有寺庙的村子并不常见,对此最普通的解释是:村子实在太小,没有修建寺庙的经济基础。有时，原因是村里没有足够聪明的人发起这件事。后代人受到前面几代人既定事实的强烈影响，认为既然五百年前都没有修建寺庙，那么即使不修建，也能再过五百年。没有寺庙的村子仅是特例，并非他们没有敬神的需求；他们时常跑到邻村的寺庙去"借光"。这种做法就像是一个穷得养不起驴子的农民，到了种植季节，只好向家境好的邻居家借用驴子耕田。

寺庙的种类多种多样，其中有两种最为常见：一种是供奉地方神灵的土地庙，一种是供奉战神的将军庙。后者在清朝才开始兴起，战神在众神中享有极高的声誉。而前者被认为是掌管阴间事务的官吏，一旦有成年人死亡，就要即刻上报给土地。他需将此事禀报给城隍，再由城隍禀报阎王。

如果一个村子没有土地庙，家人就在土地老爷常驻的十字路口大声哭号，将死讯禀报给他。

成千上万的村子都建有这两种庙宇，他们被认为是村落不可分割的一部分。大型的村庄会划分成好几个片区，每个片区都有其独立处事的能力，这时就会出现一个村子中几个庙宇供奉同一个神灵的情况。中国有句俗话，恰当地描述了中国人关于此事的观念：村东头的土地爷，不管村西头的事。

寺庙建成后，如果主事者厉行节俭，则能从原来筹集的资金里结余出一部分。这些余钱部分用于请戏班唱戏，所有的捐赠人都会收到看戏邀请，这是唯一能够公开表彰捐赠人善行的方式。大部分余钱被用作购买土地，以供养寺庙里的和尚。通过这种方式，建好的寺庙便具有了自给自足的能力。主事人从捐赠者中选出一人，将其指定为寺庙财产的托管人，当地人称其为"善主"，由他来替主事人监管土地的使用和租金。有时，土地上的收益用作资助公共学堂，而有时则被庙里缺少德行的和尚挥霍一空，他们有自己的一套办法，将财产所有权从村民手中夺过来。通常情况下，寺庙会因为建筑质量问题损坏到无法修缮的程度，这时，只能像原来初建的过程那样进行重建；在中国，庙宇的反复重建，同收获萝卜一样频繁。

一个村子究竟会建多少座庙宇，并没有具体的数量限制。有些三百户人家的村子平均每十户一座庙，但这仅是特例。中国人常说：庙越多，村越穷；村越穷，人越坏。然而，笔者听说有个村子一座庙也没有，却被冠以"马家贼村"的恶名。根据所见事实可以看出，庙宇损坏到某种程度，就变得死气沉沉，影响力也日渐衰退。然而，如果寺庙里的和尚好逸恶劳、道德败坏，全村的风化都有可能受到伤害。在农村地区，贫乏的供给难以维持生计，所以很少会看到常驻寺庙的僧侣。况且，一旦遭遇饥荒，他们将面临饿死的威胁。

距离村子较远的寺庙是盗贼们经常光顾的窝点，这里为他们分赃提供了便利；偏远寺庙同时也是乞丐们歇脚的地方。为防止这种滥用，庙门通常用砖墙封死，只留出一个小缝隙，供里面的神灵呼吸空气。

建造一座庙宇仅仅是一系列花费的开端，因为庙里的僧侣每次做法事都要

泰山，世界上第一座宗教名山

收费。另外，在收获的季节，寺庙还要向每位村民征收一定量的谷子，这无疑加重了村民们的负担。除此之外，零零碎碎的修缮也要源源不断地花钱。若是每年做一次道场，也花费不菲。

那些不怎么使用的庙宇，成了存放棺木的场所。按照中国人的习俗，人们生前就要把棺木准备好；此外，庙宇还用来存放用芦苇秆和纸扎成的动物和车马，葬礼上焚烧后送给阴间的亲人。如果庙宇和农田挨在一起，秋收时，庙里的神灵就会遭殃，挂在庙里晾晒的庄稼到处都是，将神像掩埋其中；村里除了庙宇外，极少再有其他遮风避雨的场所了。

在一个地区香火最旺盛的庙宇供奉的神灵，可能在其他地区根本就不存在。除了上文提到的几个外，供奉最多的应该是"观音菩萨"（Goddess of Mercy），还有多种多样被称作"娘娘"的女神，以及如来佛祖等。"三教堂"（Hall of the Three Religions）是认为"三教一体"的宗教启蒙时期留下来的一种遗俗。在三教堂内，孔子、老子（道教创始人）和如来佛祖的神像并列于祭台上。如来佛祖通常位居正中间以示重要，这表明就连中国人自己也认为，佛教给他们提供了本土宗教信仰中所缺乏的东西。当然，佛教的这种地位是经过长期的斗争才最终取得的。

另一种众神以友好方式和谐相处的庙宇叫"全神庙"（The Temple of All the Gods），庙里的墙上供奉着种类繁多的各路神仙，但是排位没有主次之分。供奉"文昌君"（the God of Literature）的庙宇由本地读书人出资捐赠或者县令征税修建。虽然难以下定论，但可以肯定地说，在中国大部分地区，修建庙宇的实际开销，在当地人收入中占据相当大的比重。

沂河沿岸风景

第十二节
宗教仪式协作机制

中国人团结协作的天赋在具有宗教性质的活动中表现得最为显著。尽管建立不同宗教团体的初衷大相径庭，但它们都具有四个共同特点：其一，许多人定期提供小额捐赠；其二，由少数捐赠人负责监管财务；其三，将筹集到的钱款高息借出，一次借贷到期后反复循环放贷，以便在短时间内积累起大额利息和本金；其四，将累积的善款用于宗教团体有计划地举办宗教活动，同时设宴款待捐赠人。

在各式各样的宗教团体中，以祭拜中国五座宗教名山为目标的团体最具代表性。五座名山中声望最高、信众最广的是泰山，位于山东省境内，每年农历新年后的第二个月，来自全国各地的善男信女们便蜂拥而至汇集此山。威廉姆森博士认为，泰山是全世界历史最悠久的宗教名山。对那些路途遥远的朝拜者来说，一路的巨额开支无疑为他们造成不小的障碍。为克服这一困难，他们设立宗教团体向每位成员收取一定费用，如每人每月 100 文。如果共有成员 50 人，第一次就可以筹集 5 000 文。宗教团体的组织者将这笔钱款借给愿意支付月息不低于 2% 或 3% 的人。这类贷款一般都是短期，专门借给那些急需钱用的人。借贷到期后，连本带息一并收回，然后再行借出，就这样迅速积累起一笔资金。筹款期限一般是三年，在此期间，钱款以高息短期借贷形式反复贷出。很多情况下，那些深陷窘境借了这种贷款的人，到期后发现根本无力偿还。这些原本以济贫行善为目的而设立的宗教团体，其组织者们没有履行任何的"行善"职责。违约的借款人被迫拆掉房屋，或卖出田地，以偿还欠下"山会"的债款。即使如此，要想如约收回本息依然很困难。遇到这种情形，可怜的借款人甚至被逼得走投无路，只有一死了之。

"山会"有两种形式：一种是"行山会"，一种是"坐山会"。前者制订登临泰山的计划，到山上所能遇到的寺庙里进行祭拜。后者仅完成该团体的几个主要目标，并不登临遥不可及的泰山，以免却麻烦节省开支。黄河近期频繁决口，阻挡了祭拜者们的必经之路，由此"行山会"的数量大幅缩小，而"坐山会"的数量则与日俱增。

筹款三年期满后，组织者将本息收回，通知相关人等筹办宴席。然后，选择日子请戏班唱戏，费用从筹集到的本金和利息中支取。如果团体成员分属不同的村子，则选择一处不在任何一个村子的地方搭建戏台，以方便所有人看戏。有时候，地点的选择由抽签决定。

戏曲演出一般为期三到四天。其间，该团体的成员都要出席，可以说他们既是主人同时又是客人。这个仪式最主要的环节就是吃饭，如果不在饭桌上，要想解决中国的任何问题都比登天还难。成员们每天享用三顿美餐，在吃饭和看戏间隙，他们抽出时间或长或短对着"泰山娘娘"的画像祭拜一番，画像"坐"在一座纸"山"上，这就是他们此次结社的全部目的所在，用纸山代替真正的泰山。亲自登临泰山祭拜和在家里祭拜纸扎的泰山，就其本质而言，似乎并不能说明前者更加虔诚多少。但这种观念的确存在，人们为"坐山会"取了一个响亮的绰号"囤膘会"，以取笑其成员坐着不动而大吃大喝。尽管中国人对自己信仰和行为之间的背离和荒诞有着清醒的认识，但他们更清楚遵从这种传统为其带来的欢乐，从而丝毫不去顾及"严酷的现实"。中国的这些宗教团体，不管从什么角度审视都不够完善。但是，它们却无一例外地满足了人们诸多社会本能需求，只不过每年都要浪费大量的财富罢了。一个不容忽视的事实是，某些资金雄厚且开支巨大的团体，同赌博有着千丝万缕的联系。

很多大集市，特别是在相对闲暇的春季举办的集市上，参加者往往达几千人之多。他们的主要目的就是赌博，在集市可以自由自在地尽情赌博，而在家里却做不到这一点。有些举办集市的镇子里，当地居民的主要收入来源是出租房屋给赶集的人，其中将房屋出租给从事赌博业者所能获取的利润最为丰厚。其实，这些人未必是专业赌徒，他们大多是农民，冒着输光辛辛苦苦挣来的积蓄的风险，想抓住这个难得的机会赌一把。在这种场合，聚赌的人必须花钱买通附近衙门的差役们，求其睁一只眼闭一只眼，不去抓捕这些赌徒。尽管如此，聚赌的人（他们通常不参与赌博）收入仍十分丰厚，能够轻轻松松担负所有上述开支。据保守估计，赌场上支付赌债的钱数总额，同集市上成千上万赶集者做买卖所产生的交易额不相上下。在不少地区，聚众赌博的不仅有男人还有女人（这种事情以前根本无法容忍）。赌到兴头时，赌徒们甚至将裤子脱了作为赌注押上，因此参与赌博的妇女往往为此目的而多穿几条裤子。

这些赶集的男男女女们不管祭拜的是男神还是女神，一切惯常仪式从简，节余下来的时间便一头扎进赌场去跟运气博弈去了。这与其说是集市，还不如说是"赌市"更加贴切。

"行山会"和"坐山会"一样，都是花三年时间筹集资金。凡是能够参加的会员，阴历年后全都跟随祭拜团队向泰山进发。沿途住店和车马费用在筹集到的钱款里支取，如果有人购物，则费用自己担负。到达目的地后，再举办一系列的宴席，并购买大量的纸钱。冥币买好后先行送到山上，负责送的人肯定有机会见识泰山的六百级台阶（据传，从山脚到山顶有四十里路），是一段令人生畏的路程。不管纸钱烧在什么位置，旁边都会插上一面旗子，以标志攀爬的高度。等到祭拜团队到达后，送钱的人告诉他们纸钱早就被焚烧完毕了。诡计多端的和尚们不会甘心浪费这么多纸钱，他们把大部分藏匿起来，再卖给其他容易哄骗的信徒们。

捐赠人如果未能跟随祭拜团队前往泰山，或未能到达祭拜的庙宇，其捐赠将会被如数退还，而捐赠钱款所生的利息则要捐出，用于团体行善，而具体怎么行善，谁也没见过。

中国数不清的民间宗教组织，充分显示了中国人以"行善"为旗帜，进行团结协作的才能。这些组织在一般做事程序上同西方没有明显区别，但其上层建筑赖以存在的基础不够清晰，而且其存在形式不够公开。长老与弟子分属不同等级，包含众多教义经书，用以背诵的编排有序的经文、祷文、祭品以及苦修的教规等，都是其特征。中国宗教组织的大部分特点和其他国家的其他宗教有异曲同工之处。当然，这些组织会定期向成员征收一定量的捐赠。否则，在成员们普遍缺乏动机约束力的情况下，这种组织不可能长久存在。

第十三节
集市协作机制

中国许多地区的农民在自给自足的程度上，比西方任何社会阶层的地位都要高。这种情况在种植棉花的地区尤其如此，每个农家都用自家出产的棉花纺织衣物穿。尽管中国人具有不屈不挠的勤奋精神，但也并非都能实现自给自足。贫困家庭没有足够的土地种植一切所需，而就算家境好的家庭，其需求也是多种多样的，难免依靠他人供给。除此之外，不管是哪里，大多数家庭都没有什么余钱积攒下来，他们必须依靠每天能弄到的钱来满足自己日常需要。相对的贫困使得农民时不时需要将结余下来的农产品销售出去，以维持家用。上述几种需求加在一起，使得中国人对乡村集市的依赖程度远远高出西方人。

即使只有单纯买卖双方存在的集市，其兴起也毫无疑问需要一定的相互协作。然而，中国的集市虽然在物质条件上跟其他国家的没有本质区别，但其兴起则比我们所知的其他任何集市需要更强的协作机制。这种协作机制体现在集市时间与地点的选择上。每个省份的人口密度大不相同，村与村之间间隔着大片大片的土地，相距四分之一英里至两三英里不等。许多村子里居住着几百户甚至上千户人家。

距离间隔远近不等的地方，我们听说还有比"镇甸"规模更大的集镇，那里肯定会定期举办集市。但是集市并非仅仅局限在镇甸举行，否则人们的需求很难得到满足。许多小型的村落也有固定的集市，邻村的村民常来光顾，其涉及范围根据不同情况有大有小。通常，集市是一个村子里村民们的骄傲，由于不赶集的人几乎不存在，当地村民无疑能够因此免除大量长途奔波的辛劳。

我们遇到过这样一个村子，那里曾有过一个集市，后来考虑到这种烦琐的大规模集会对小孩和大人都没有好处，就被取消了。

集市通常由当地的头面人物监管,有些被称为"官集"。原因是,那里的头面人物争取了县令的授权,代表官方颁布了一系列政令,以规范市场交易。这使得整治市场上那些坏分子从事的欺诈行为变得更加容易,这类坏分子在人口稠密的乡村集市到处都是,同赶集的人数成正比。大型的集市往往吸引上千人,有时甚至超过万人,其中肯定充斥着赌徒、骗子、窃贼等偷鸡摸狗的家伙,每个人都必须提高警惕严加防范。有时,两个村子间会因某事发生争斗,比如,一个村子如果建起堤坝防御夏季洪水,另外一个村子就有可能受淹。遇到这种情况,必然引起双方的争吵,导致互相拒绝参加对方的集市。这时候,新的集市就会兴起,并非为了满足本村人的需求,而是为了表示跟邻村断绝来往。

在使用牲口务农的地区,较大型的集市里还有专门的"牲口市",大批的牲口在这里被转手卖掉。这种牲口市场常常处在官府的监管下,管事人员可以据此对每笔交易收取约1%的税款。这笔钱中,大约10%用于本地校吏支配,用作其相关机构的开销。余下部分由本村头面人物支配,其用途或许在名义上用作公共学堂的支出,而这笔钱里如果有一大部分,甚至全落入了管理村庄公务者的私人腰包,也并非没有可能。

乡村集市举办的时间并不固定。大城市里每天都有集市,而这对于乡村来说过于浪费时间。有时候,乡村集市每隔一天开市一次,也有时只在"三"的整数倍这样的日子开市。更常见的开市时间按照农历计算,一个月按三十天计。按照这种算法,一个月可能开五次集市,或者每隔五天开市一次。就是这种集市时间的安排充分体现了乡村集市的协作机制。如果一个集市每五天开市一次,一个月就是六次;遇到只有二十九天的"小"月,则原本在本月三十日举办的集市,顺延到第二天,即下月的初一日举行。集市根据举行时间的不同叫法也各不相同,比如"一六"市,就表示每月的初一、初六、十一、十六、二十一和二十六日举行。同样,"四九"市,就表示每月的初四、初九、十四、十九、二十四和二十九日举行,以此类推。如此一来,在一年当中,每个村子附近几乎每天都有集市开放。例如,有的村子是"一六"市,有的是"二七"市,有的是"三八"市,有的是"四九"市,还有的是"五十"市等。这其中有些是小型集市,有些则规模很大。大集市往往吸引远道而来的客商，从事棉花和布匹等物资的批发贸易。对中国人来说，步行三里、八里，甚至十来里路去赶集根本微不足道。因为集市不仅仅是买卖东西的场所，还给赶集的人提供了交流的机会。众所周知，所有赶集的人很可能在集市碰到任何一个相识的人。

每个村子都被集市包围着，而每个村子的集市又像是一个链条上的一环，与其他村子环环相扣。所有参加大型集市的人们都能接触到方圆很大范围内的同乡人，乡村集市充分满足了买卖双方各自的需求。

我们用英文"market"来翻译中国的"集"，其实这只是一种集会。另一个汉字"市"才是一个相对大的字眼，与大型贸易市场相当。参加大型集市的人数介于10 000至20 000之间，在陌生人看来，似乎是几个县城的人口突然聚到了这里。在中国，不仅大城市里有大型集市，各类的城镇甚至小村庄也有，只不过后者举办的规模一般较小。一般而言，大型集市的主要事务目前为止由寺庙的管事人员负责监管。寺庙通过征收一定数额的交通税和地租，将征收的赋税积累起来为寺庙所用。地租是乡村集市的另一个特征。每片土地的所有者到集市上征收占地经营者的费用，数额可能固定也可能根据经营者的营业

赶集

中国集市场景

额,按照一定比例收取。

在人口较为稠密的地区,通常集市一开市就是一个月甚至更久;还有些地方一年间举办好多次这样的集市,使得这些地方成为周围居民的活动中心。身居集市区的人们将房屋出租给远道而来的大批生意人,从中获取大额利润。同样是在这里,一旦休市,整座城市就如同荒废一般无人问津了。但只要一有交易,几近荒废的街道上,数不尽的人们便会蜂拥而入。

为了保证集市成功运作,管事人员必须具有相当的事业心和管理才能,以解决随时可能发生的困难。他们负责监督一切,按理说也对各种差错负有责任,但是一旦出了什么差错,他们则尽量逃避。集市一般会持续四天时间,为吸引尽量多的顾客通常以戏曲表演开场,一直唱到休市。有时,戏班未能按时赴约,整个集市可能就此取消。那些大型集市的参与者常是来自大城市的商人,从事各种各样能够吸引顾客的商品贸易。

第一部分 乡村，乡村的机构、功能和公众人物

鉴于交通方式落后，行动艰难迟缓，商人们一年中有好几个月都在各种集市间往来奔波，他们的生活状况或者说是生存状况，根本没什么值得羡慕的地方。农历新年的半个月假期还没结束，大型集市就开市了，他们又要继续一年间断断续续的赶集生活。麦收时节会有一个短暂的停歇期，麦收是各个阶层人们生活中最重要的一件事。如果遇到雨季，也会休市不干。有时候，雨季往往持续两个多月，严重打乱了经商者们的出行计划。

集市协作机制的最大原则是，将各个集市的开市时间组织得严丝合缝，以最小限度地耽误来往客商们的时间。集市的成功通常被各种明显的缺陷所抵消。究其原因，中国人都渴望从对手那里博取好处，毫不顾忌他人的利益。这在那些需要协作的地方，无疑造成意想不到的损失。于是，人们经常发现，虽然有通告说某个集市将在某乡村开市整整一个月，但是没有人能够说清楚究竟什么时间开市。开市日子的"固定"没有任何实际意义，在中国，除了"随机应变"是"固定"的之外，其他任何事情都可能随时改变。这种只能"随机应变"的情形在于，中国人对事情没有任何掌控能力。我们不断听说，有人想参加一个大型集市，开市的日子早已"固定"了几十年。而当他们再次历尽艰辛、长途跋涉到来时，却发现集市因无人参加而被推迟，造成这一结果的原因可能是，大家都怕别人不来而在相互等待。这种不幸的事情早已司空见惯，"守时"的观念在中国早已"失传"。

第十四节
互助储金会

无处不在的储金会，是中国人协作能力的最典型例证。这种机构同世界其他国家的类似组织并没有区别，而其运作程序却有可能极具独特性。就像中国其他事情一样，大体上具有相似性，细节上却又千差万别。于是，同一个县城里的人，有时甚至根本无法理解其他邻近县城储金会的运作规则。

至于这类储金会大量繁盛的原因，前文已有详细描述。每个中国人不时会遇到急需用钱而又凑不齐的情况。借款利息都非常高，被迫借贷一大笔钱的人，每个月需要支付高达 2.5%、3% 甚至 4% 的利息。借款人常常会因为还款而搞得倾家荡产，这种例子早已屡见不鲜。通过将还款期限延长，并将友谊因素引进商业运作中去，是中国人成功实现将业务和乐趣合二为一的双赢结果。通过对其运作过程的详细考察，我们便可以更好地判断其成功程度。

协作贷款机制存在多种模式，其中最简单的方式是，该组织各个成员向组织内某一个成员轮番提供借款，供其使用。当所有成员都轮流支付一遍后，每个人又都轮流收回了付出的那笔钱款，不多也不少。这种机构在有些地区叫"七贤会"（Club of the Seven Worthies）。所有这些需要协作的组织，其专有名称叫作"社"。需要钱用的人叫"社主"，他负责邀请朋友们合作，而他的朋友们再邀请各自的朋友参与其中。一旦达到所需人数，"社友"们便聚集起来，决定轮番使用这笔公款的顺序，通常采用的方式是抽签。除非是一次借款的数额微不足道，否则每次集会都要举办一次全员参加的宴席。举办宴席的费用要么由该社的召集人支付，要么由当次使用借款的人支付。

"七贤会"的召集人负责举办第一次宴席，每位与会者携带一定数额的钱款加入其中。例如，每人 10 000 文，交由召集人保管，一共 60 000 文。这些钱在固定期限内，如一年内，全部归召集人使用。第二年，宴席由抽到二号签的人举办；召集人拿出 10 000 文作为公款，另外五人也再各拿 10 000 文，然后将全部款项交给抽到二号签的人使用一年，接下来便轮到下一个人使用。六年期满后，七个成员全部轮流一遍，每个人都收到过一笔 60 000 文的无息借款，而每个人也都拿出过 60 000 文的集资款，拿出的钱自然也没有利息可得。这样一来，每个人都有机会支配一笔原本不可能有的钱款，最终谁也没有失去一分钱，反倒享用了五六次盛宴。赴宴这种事尽管为西方人所不齿，对于中国人来说却无比重要。

前文描述的这种简单的借款协作模式并不常见，更多的借款模式需要支付利息，这一点在中国一点儿都不奇怪。为借款支付高额利息，是中国人早已习以为常的事情。以至于对一般的借款人而言，拿到钱款后征收高额的利息就等于捡到一个大便宜，似乎比不收利息要好。而最终的结果是，借款人使用借款时也需要支付掉他收取的同样多的利息。轮流借款到期后，扣除利息因素，在借入和借出抵消后，实际上并没有任何盈余可言。

靠放贷获利的借款协会，其运营方式在细节上千差万别。加之，每个地区都有可能根据当地传统采用各自方式，这种变体更是无穷无尽。有些地区，一个互助借款协会一般有成员十六人。而在其他地区，人数可能上升到三十人，甚至更多。聚会的时间有时一年一次，个别地区的规矩是每半年一次，一般在一年的二月份或八月份。在利息固定的借贷协会里，唯一需要抽签或掷色子决定的事情，是支取这笔公款的名单次序。然而，经常遇到的情况是，利息额度的高低以公开方式竞争。竞争采用类似拍卖的方式，每个人口头宣布愿意为一期借贷所支付的利息，出价最高者获优先使用权，但每个人都只有一次使用机会。如果不使用口头竞争的方式，还可以采用一个更好的方法。首先准备一张张类似选票的纸条，把愿意出的利息写在上面。每个成员将纸条放在一个单独的盒子里，出价最高的人获得优先使用权。假如有两人出价相同，则进行第二轮出价，在原来基础上加价最高者获胜。不难看出，通过这种方式，任何两次借贷的利息都不太可能相同，而且账目无疑十分复杂。但总体而言，考虑到大部分中国人所接受的算术训练很有限，他们在这方面所表现出的计算才能的确令人惊奇。

为更加简洁地说明问题，我们举出一个例子：假设一期借款的利息是本金的五分之一，成员人数包括发起人在内共十人，每个成员出贷 10 000 文。同时，假定第一次借贷的发起人不以现金形式偿还借贷，而是在每次聚会时提供一顿丰盛的宴席。利息采用"银行贴现"（bank discount）的方式收取，即前端收取，据说这是唯一可行的利息收取方式。于是，除了第一个借贷人之外，其他每个成员扣除前端收取利息后，实际收到的钱数为8 000文，但为下一轮成员偿还的则是整整10 000文。发起人从每个成员手中收取10 000文，即十吊，10×10=100吊。计算方法如表1所示。

表1　借款利息计算方法

借贷次序	接收款额	上期付息	总　额
1	10×10=100	+0	=100
2	9×8=72	+0	=72
3	8×8=64	+10	=74
4	7×8=56	+20	=76
5	6×8=48	+30	=78
6	5×8=40	+40	=80
7	4×8=32	+50	=82
8	3×8=24	+60	=84
9	2×8=16	+70	=86
10	1×8=8	+80	=88
11	9×10=90	+0	=90

表2是借贷计划的修改版，发起人也和其他成员一样偿付借款。与此同时，他还照样提供宴席，作为一种利息偿还。

表2　借款利息计算方法（修改版）

借贷次序	接收款额	上期付息	总　额
1	10×10=100	+0	=100
2	9×8=72	+10	=82

(续表)

借贷次序	接收款额	上期付息	总　额
3	8×8=64	+20	=84
4	7×8=56	+30	=86
5	6×8=48	+40	=88
6	5×8=40	+50	=90
7	4×8=32	+60	=92
8	3×8=24	+70	=94
9	2×8=16	+80	=96
10	1×8=8	+90	=98
11	10×10=90	+0	=100

从这些例子可以看出，每位成员支取借款的时间越早，所得款项额度越少。以表2为例，最后一个借款人无须支付任何利息，并可以从除了发起人之外的所有人那里收取利息。他最终得到一大笔钱，包含滚动的利息。如前文所述，为方便起见，我们忽略了借款的时间限度，而且所假定的利息率很可能低于实际操作中的数字。很显然，从经济学角度考虑，对于借款人来说，借款支取得越晚越划算。然而，现实情况是，从经济学的角度从来都不是唯一的参照标准。人在急需用钱的时候，无法确定自己能以其他更划算的条件获取数额如此巨大的钱款，他们无不尽快地欣然接受。比如，在贷款期间举办一场婚礼等。

中国储金会如同其他人类发明创造一样，需要根据其产生的功效作为评判标准。这些组织的实际运作情况通常以独特的视角，反映了中国人生活的方方面面。发起建立储金会的人时常发现，其他人并非那么急切地想加入组织，他们必须清楚地看到这种方法可以收回所投入的那笔钱，而且还要有丰厚的利润。于是，必须进行大量的游说才能奏效，不仅要引诱他们参与其中，还要尽可能连带介绍更多的人加入进来。除非是能够有效地保证每位成员都能按期付款，否则不会有人愿意加入这样的组织，因为一旦有人爽约，一切将陷入僵局。为防范起见,通常会有保人,有些情况下,发起人本身就是其他成员的担保人。一旦有任何成员未能如约付款,发起人就负责补齐缺漏的款项。因此,不管这项责任的强制性多宽松,发起人都极不情愿做担保人。这种麻烦自然会引发诸多争端,如果不采取这种极端的担保措施,担保人将会以讨饶的老套办法,努力劝说债权人以接受磕头的方式代替现金还款。通过这种施加一定压力、有利于违约人的方式来处理,有可能成功解决问题,当然也有可能使储金会分崩离析。

有些地区,储金会的成员达到二十人之多,出现无法如约履行义务的概率大大上升。长期借贷是另外一种致命伤。在借款年限到期之前,一旦发生意外事故,成员间经济实力的均衡很有可能会被打破。比如,太平天国起义期间,灾难接踵而至。华北地区旷日持久的饥荒和随之而来的黄河决口,使得互助储金会信誉尽失,成千上万的人未能收回所投入的资金。笔者咨询过的人们中,几乎一致承认那段岁月里储金会未能兑现承诺,甚至比欺诈好不到哪里去。然而,一个人是否会因此赔钱,主要还是取决于他能否顶住压力,彻底摆脱那些不可靠的组织。有些人会说,他们经历了数次投资,但是从来没有赔过钱,或者最多赔过一次,而其他人的情况则截然不同。

有一个中国人,因为性情随和,那些想借款但又不具备还款能力的人都愿意同他打交道。他说起一共参加过的六次储金会经历,其中一次通过侥幸投机,资金翻了一番;而另外五次投入的钱要么赔得一干二净,要么也所剩无几。这种情况并不少见,其程度之甚,时下流行的一句俗话可以证明:入会满三场,不是被骗就是被抢!

论述完互助储金会,香港报纸报道了一起有关贷款的诉讼案件。这起案件充分显示了此类案件的审判难度,不仅律师们感到为难,连法官显然也不知所措。案件从七月份开始进入诉讼,第二年二月应公众要求召开听证会,直到听证后的三月份才宣判。案件涉及原告和被告各四人。整个案情缘由如下:共有十二个人决定发起一个贷款团体,其中一位是受托管理人,掌管集资款项;每个成员每月集资 50 美元,如此一来,每月的集资总额就是 600 美元;成员们每月聚会一次,轮流做东,同时借此机会筹集

600美元资金；提供最高利息的成员获得公款的优先使用权，其中已去除利息部分。该团体在运作八个月后，发起人亦即托管人，擅离职守不见踪迹，团体运作由此终止。

有四人已经连续集资八个月，但尚未借贷过公款，他们起诉了另外四个人，缘由是他们在托管人消失后停止了集资款项的支付。而被告们辩护称，唯一需要对此事负责的是托管人，他们已经向其支付了原告们索要的所有款项。负责审理该案的代理大法官听取双方陈述后认为，集资款项按约定应该支付，托管人无权预先从成员那里收取集资款，并由此判定原告胜诉。

案件被告上诉，其律师声明，上诉是基于一个法律原则。他讲述了案件的前因后果，并坚持认为四个原告和四个被告间既没有共同协议，也没有单独协议，无法证明他们需要支付那200美元。唯一可见的协议只是规定，每个成员都需支付一定的集资款，这笔钱未必能最终收回，但成员们在未来某个时间具有借贷这笔钱的权利。他最后总结陈词，认为这种协议不受普通法律条款的保护，因此这类案件根本无法定案。

针对这种辩护，原告律师的回答是，摸清整个贷款机制的确困难重重，但除非法官大人们承认被告负有法律责任，否则原告将得不到任何形式的补偿。他总结说，这种做法有悖于该团体的初衷，即出于赚取利润，成员互助和有益大众的目的。如果法律不能约束每个成员的行为，将会鼓励这种缺乏诚信的行为，因为第一个得到借款的人可能逃离这个地区。

此时，法官宣称此类案件常有发生。他认为，此案是一起针对借出贷款的索赔，却被当成向四位被告索要已支付给借贷机构的50美元集资款的案件来审理。审判期间，被告们否认他们同原告签署过任何协议。他们还引述事实，称团体成员举行过几次集会，但有些集会并未按照约定如期举行。鉴于此，法官认为，该借款团体间未能签署任何协议，因此相互之间不能起诉对方。由此，法官判定上诉人胜诉。

助理法官认为，案件涉及的契约要么存在于被告人与原告中的任意一方，要么共同存在于被告和其他团体成员之间。如果是第一种情况，原告将不能胜诉；如果是团体成员间存在共同契约，则当发起诉讼澄清当事人各自的权利是什么，团体的所有成员都应是当事人。鉴于此，他也判定上诉人胜诉，无须承担诉讼费。也就是说，那笔已在开庭前上缴给法院的诉讼费，将由败诉人支付。

　　不管是谁听完这些费解的争论和论证引用的事实，都会得出如下几个结论：付给中国人钱款易如反掌；要回已经支付出去的钱款十分不易；如果情况复杂的诉讼中出现审理障碍，英国直辖殖民地的这些律师和法官们极有可能花费九个月的时间寻觅法理和公平；而一旦案件宣判完毕，普通人根本无法判断其判决究竟是对还是错！

第十五节
庄稼看护会

中国贫穷人口占据总人口的大多数,穷则生歹意,且农田没有围墙或围栏防护,因而,采取一定措施看护缺乏必要防护的农作物,显得十分必要。不管哪个果园,只要果子露出一丝成熟的迹象,园主人就安排家人在园中日夜坚守,直到所有的杏子、李子或梨子都从树上被摘下为止。夜色越暗,夜雨越大,就越要严加防范。一个有果园的家庭,每年都有一段时间会被死死绑在这块田地上。七八月期间,农田里星星点点布满了小房子,有些上面爬满藤蔓。不到庄稼收割完毕,这些简陋的住所一刻都不会离开人。在某些地区,行人可以看到有些小房子建在高高的脚手架上,使得看守人的视野更加开阔。即使在很少有人偷窃的高粱地里,也常常看到这样的小屋子。然而,高粱修长高大的身躯为窃贼提供了完美的天然屏障。因此,就算屋子建在高出地面的架子上,要看护这些高粱地也着实不易。高粱能长到10至15英尺高,完全阻挡了人们的视线,遮蔽掉了所有的地上建筑。一旦进入高粱地,即使知道自己往哪里走,行人也如同一头扎进了非洲丛林里一样。在阴云密布的天气里,就连本地人也可能会迷路,离村子不过几里地,却就是回不到自己的村庄。山东省的秋季作物包括种类繁多的黍、高粱(尽管被称为"高黍",两者并无亲缘关系)、豆子,还有玉米、花生、甜瓜和南瓜、甘薯及其他各种蔬菜(蔬菜均属小规模种植),以及麻、芝麻,特别是棉花等。此外还有其他品种,但上述那些是当地的主要农作物。

这些形形色色的农产品中,任意一种都有被盗的可能,于是主人忧心忡忡。高粱穗和黍穗很容易被割掉;也没什么比迅速地掰走一块地的玉米,挖走一块地的甘薯更容易了。事实上,村里的狗也给甘薯带来威胁,经验告诉狗儿们,生吃果蔬也比挨饿要强得多。然而,最需要严防死守的还是瓜田和果园。

尤其是西瓜，最为中国人所钟爱。每块田地都设有"瓜田小屋"，里面住人日夜把守。果树成排的果园里也是如此。这些苹果、梨子、桃子、李子、樱桃、杏子和葡萄的主人们，将鸟类、昆虫和人类当作不共戴天的敌人。规模大些的果园里，窃贼可能相互合谋作案，在果园的两端同时行窃。这样，看守人两头都难以兼顾。乌鸦和蓝雀是鸟类中最臭名昭著的窃贼，但它们很容易被吓跑，尤其是放枪。然而，人类中的窃贼就没那么容易对付了。农夫们希望窃贼看到自己庄稼地有人看护，就会转移到别处，偷窃那些无人看护的庄稼。这样一来，每家的庄稼都必须严加看守。

在人口最稠密的地区，这种庄稼看护的严谨程度令人难以置信。每当薄暮时分，村民们就像清晨出门劳作一样，开始一批批涌向农田。男人、女人，甚至小孩在一条条道路上穿梭。田地里放置着一张简易木床，上面铺上一层坚硬的高粱秸秆，以供不时之需。小屋顶上铺盖若干根扎在一起的高粱秸秆，并用一块破旧的草席遮住向阳的一面。简陋的小屋里坐着一位牙齿掉光的老太太，昼夜交替，守护不息。

看护庄稼者的住所

第一部分　乡村,乡村的机构、功能和公众人物

收割庄稼

很少有哪个农民的田地集中在一块地里。一户人家拥有的农田还不到八十亩①，却包括 5 到 15 块不同的田地，分布在村子的各个方位。读者可能会问，怎么想办法"整夜看护所有的地块呢"？有人会告诉你："噢，我们得来回奔波在每块地之间。"在种植棉花的地方，摘别人家的棉花是一种不可抗拒的诱惑。看护人看到一个人手挎篮子，在棉田的另一端一边慢慢走一边摘棉花。看护人高喊："谁呀？"摘棉人加快走动速度，还是不停地摘棉花。如果他走进了别人家的棉花地，看护就算是成功了。看护人很可能因此发火，并经常前去追赶。一旦赶上窃贼，麻烦就开始了。如果窃贼在扭打中未能成功逃脱，就会被带到村里的头面人物那里处置。如果贼人来自其他村子，就会被绑在村子的庙宇里，很可能遭到暴打，然后交出一定罚金后方可释放。然而，令人棘手的是，很多窃贼和他们所偷盗庄稼的主人是同村人。若按辈分论，窃贼是田主的"堂兄堂弟"也不是没有可能，或者，窃贼还有可能是田主的"叔父伯父"甚

---

① 中国市制田地面积单位，一顷等于一百亩。——译者注

109

至是"祖父"。遇到这种情况，事情就变得复杂起来。在西方人看来，中国人对于"我的"和"你的"这种财物区分观念，在对自己有利的情况下往往界限模糊。然而，这种被盗的情况完全对自己不利，一个家族的和谐统一与个体间的关系息息相关。

庄稼看护会的发起，就是出于防范这类几乎令人难以容忍的窃贼。正如中国其他大多数民间团体一样，这种团体并非普遍存在，虽然个别地区有，但毗邻的县城可能对此毫不知情。我们得知，一位县令在审一个农作物看护人的被告时，对"庄稼看护人"一词大感不解，以至于不得不像给外国人解释一样，向县令解释该词的含义。事实上，县令就是相邻省份的本地人。

村子里一旦设立了看护庄稼的某种组织，就会在村里显眼处的庙墙上用油漆或者白灰刷上"公看义保"四个大字予以公告，以告知大家村中所有庄稼都得到一视同仁的看护。这种做法的寓意在不同的地方有所不同。有时，这意味着每天晚上都有固定数量的人在看护庄稼；这一数字（或者某个假冒数字）被张贴在庙墙上，目的是对潜在的窃贼形成威慑（如果他们识字的话），以警示他们很有可能会被逮住。

如果村里雇用了一定数量的看护人，费用由全村人共同担负。实际上，这种费用往往根据一个人拥有的田地数量分摊收取。有时，庄稼看护安排由单个村子负责，也很有可能是邻近的多个村子联合负责。村民们开会讨论细节问题，会议一般在方便所有人参加的村庙里举行，邻村对此感兴趣的村民也会派代表参加会议，会上讨论决定抓到窃贼后的处理步骤。会议至关重要，是整个看护活动机制的运作中枢。如果这个环节出现纰漏，整个运作机制就会失败。

必须记住的是，设立这样的看护组织，其初衷是基于中国存在大量穷人这一事实，而穷人们的唯一谋生之道就是偷盗。在初期磋商看护事宜的时候，各村的穷人没有发言权。但必须将他们考虑在内，否则这些人可能通过不友善的方式证明自己的存在。村民们一致商定：凡是加入看护会的村民，不管土地在哪个村子，不管窃贼是谁，不管他偷了哪个村子哪个人的庄稼，入会者都有责任将其抓捕和通报。然而，这正是中国人的协定中最难坚守的环节，于是又增加了一个补充条款：如果有人发现窃贼偷盗而不进行抓捕和通报，情况一经核实,此人就犯下疏漏之罪,并因此被冠以窃贼的罪名,同时还应像窃贼一样受到应有的罚款。

为设立一个行之有效的审理会来接管这类案件的审判权,相关的几个村子派出代表在公共场合集会,提名村子里的几个头面人物组成"法庭",审理被逮到的窃贼,并判定罚款数额。一旦有窃贼被抓后带到村子里,指定的审判人员就会召集就位。他们听取抓捕者的汇报,然后裁定罚款数额。遇到重大情况时,村民敲响铜锣,召集威望极高的头面人物出面。审判的结果很大程度上取决于窃贼的身份,以及他所属家族的势力和地位。如果是家境殷实的人家偷取了别人的庄稼,将会被处以重金罚款"以儆效尤"。除了施加罚款外,选出的这些头面人物没有更好的办法来处罚这些窃贼。然而,正如笔者亲眼所见,这些窃贼除了受罚,还会无一例外地被气喘吁吁的村民们捆起来,遭受一顿毒打。但这类情况并不多见。罚金必须当场上缴,如果拒交或者推脱,窃贼将会被移交到县衙门。村里的一帮头面人物或者村民在背后声援诉讼,县令一旦确定所诉情况属实,窃贼就难免一场牢狱之灾。在繁忙的收获季节,如果在木枷里囚禁一两个月,对于穷困交加的人来说无疑是一场可怕的灾难。此时,自由对他来说具有特别重要的意义。

佐治亚(Georgia)[①]曾有位有色人种抱怨说,黑人在美国没有生存之道,不得不"全天劳作,彻夜偷窃,才能维持诚实的生计"。这正是整个中国一个社会阶层的现实写照,这个阶层不容忽视。在设有庄稼看护会的地方,还有必要附加一个规则,即农田主人需模仿耶路撒冷伯利恒镇[②]波阿斯[③]的做法,责令收割庄稼的人不要收得过于仔细,以给捡拾者留下机会。这类情况,甚至包括收割后留在田里的庄稼茬,都经常成为协定和调节的对象。因为对于穷人而言,这些都是十分重要的生活资料。

在高粱种植区,村民习惯在成熟期将高粱秆下部的叶子剥离,以使其更加自由地"呼吸",促使早日成熟。这种做法盛行的地区,剥高粱叶子的日期必

[①] 美国东南部7个州之一,别称南方帝国州,以农业种植为主,曾是黑人奴隶聚集地之一。——译者注
[②] 耶路撒冷南方6英里的一个小镇,耶稣的诞生地。——译者注
[③] 基督教《圣经·路得记》故事里的人物。据记载:路得与婆母来到伯利恒,靠捡拾庄稼地遗落的麦穗充饥度日。一天,农田主人波阿斯见到此情,出于善心,便故意在田里留下麦穗,允许寡妇路得在地里捡拾。——译者注

须制定协调一致的严格规范。人们不论穷富，都无法预先知道收割的日期。然而，一旦日子到来，大家可以尽情收割任何人地里的高粱叶子，但前提是不能剥下规定高度以上的叶子。收割的叶子为家畜提供了宝贵的草料。剥高粱叶的前一天，村民在村子里敲锣鸣示。第二天，剥高粱叶就变成所有村民劳作的主要内容了。

  远比剥高粱叶更需制定规范来管理的是捡拾棉花。在中国大部分地区，棉花是土地上最宝贵的农作物。棉花有个与众不同的特性，它是中国每个男人、女人和孩子不可或缺的物品。采摘棉花的季节一旦来临，以棉花为主要作物的地区里，女人和小孩便投入这种辛劳的活计中去，其他几乎所有劳作都要给摘棉花让位。随着第一场霜寒的到来，尽管棉花在此后相当长一段时间还在继续开放，但采棉的最佳时节已经过去了。从某个特定的日期（或根本不确定的日期）开始，穷人将享有一项特权——获准在所有能找到棉花的地方捡拾棉花。这个日期的确定通常由该地区的县令亲自宣布，级别低的人就算宣布也无人听从。然而，在个别地区，捡拾棉花像其他事情一样，通常由当地人协商一致确定，范围可能涉及单个村子，也可能是附近的几个村落。穷人被获准可以任意捡拾棉花的日子，被人们欢呼为"免罚"日，因为惩罚从此不再执行。此时，成群结队的人们涌向棉田，很多人为了找到更好的采摘点而历经长途跋涉。笔者结识的一个人说，他妻子离家已经有十天时间，去了一个比家乡更好的捡拾点，这期间她就睡在别人门口或者车棚这些不会被赶走的地方。

  有时候，富人们企图阻止穷人进入自己的大种植园，却很少能够成功，这样做也不是办法。笔者曾经亲历过一场争执，一方是一大块棉田的主人，另一方是几百名贫穷的妇女和儿童，随时都有可能扑向田里捡拾剩余的棉花。就在双方就这种行为的适当性争辩的时候，一大群只关心捡拾棉花而对其正当性全然不顾的穷人们，继续向前压进开始捡拾起来，留下那些愿意争论这个抽象问题的人继续争吵。

  前文多处提到，触犯村里制定的法规或者协定都要处以罚金，据说，这种方式是看护庄稼中最为关键的一环。通常情况下，这些从窃贼身上缴获的罚金，多用于请戏班唱戏。然而，因此而产生的接待费用，尤其是招待客人的花费，往往是支付给戏班演出费用的十倍。

收获季节里，经常在湿气弥漫的田地里过夜，容易诱发疟疾、风湿、肺炎以及其他多种疾病。但看护又是必要的，人们只能置所有危险于不顾了，否则很可能一年都没有饱饭吃。农作物偷窃以及与秋收季节并发的其他事件，常常引起不可避免的争执，导致深仇大恨的产生，甚至对簿公堂，引发一场轩然大波。最终花在打官司上的钱，可能比所涉实物的价值高出上千倍。然而，中国的农作物收割就这样年复一年地进行着，从古至今，周而复始。

第十六节
乡村和城市祈雨活动

中国最令人费解的怪现象之一，是尽管他们在哲学方面有着长足的发展，却未能因此深入了解大自然的奥妙。多神信仰不具备形成正确认识自然的基础。于是，在中国这个世界上统一性和同质性最强的国度里，下至百姓上至统治者，对于雨水的成因，都未能形成正确统一的认识。在山东省境内，农民们祭拜各种各样源自现实或虚幻的神明，祈求神明保佑自己，按照其需求降雨。这些被祭拜的神灵包括：慈悲女神观音菩萨（其在南方被认为是男身）、战神、龙王、玼王等。民间广泛流传玼王能化身为蛇，常为水蛇；而实际上，就算化身束带蛇也能起到同样的作用。一旦有人发现玼王蛇出现，通常会禀报给当地官员。官员按规矩将前往祭拜这条蛇。多年以前，李鸿章曾在天津履行该职责，该地有一座供奉玼王的宏伟庙宇。

上述这些纷繁复杂本质不一的众神似乎还远远不够，除此之外，还有人祭拜玉皇大帝，而还有一些人认为有充分的理由应该祭拜孙大圣。后者不过是著名神话小说《西游记》里的虚构人物，原本是一只从石头里面孕育出来的猴子。但这只猴子的丰功伟绩数不胜数，而且法力惊人，以至于一般老百姓都认为其具有呼风唤雨的神通。然而，孙大圣的信徒显然十分有限，前文提到的几个不常见的神灵情形也差不多。同一个村子里，现在祭拜的是战神，过段时间可能就换成了观世音菩萨。这或许是在遵循一种轮番祭拜以免触怒他们的谨慎原则。

除此之外，还有一种与众不同的方式也被广泛运用。在已遭毁弃的邯郸县古城（位于直隶西部）里有一座庙宇，里面有一口水井十分有名，井里藏有许多块铁牌。到了干旱少雨的季节，这种铁牌总能成为最后的制胜法宝。先是县

第一部分　乡村,乡村的机构、功能和公众人物

令在县城各个庙宇里巡回一圈,然后派出一名官差前往邯郸古城,历经几天的跋涉后,取回其中一块铁牌。具体流程如下:官差从出发县城随身携带一块铁牌,上面镌刻出发日期和求雨县城的名称。到达邯郸古城的道观后,支付一笔钱便可以从井中捞出一块铁牌,而他随身携带的铁牌将被投入井中。

官差在返回途中除了麦麸之外其他都不能吃,而且要以最快的速度日夜兼程。人们都在焦急地等待他的到来。而这时,又出现一个具有中国特色的现象。官差途经的县区也刚好干旱少雨,当地人通常会将这位官老爷暂时截留下来,将其请到的铁牌"借"走。如此一来,铁牌就被"请"到了另一个县城。这样,雨水就会降到该县,而不是原来那个县城了。

乍看起来,一向讲求实际的中国人居然信奉这类虚假的仪式,的确有些奇怪。其实,他们这样做并非出于真正的信奉,只不过是还不了解真正掌管该县雨水的气象规律而已。除此之外,求雨最集中的日子是在每年的五月份和六月份,而这些月份也正好是应该下雨的时期。求雨生效的期限一般设定为十天,这期间一般很有可能碰巧遇到一场雨,于是就将其归于求雨活动的功劳;而一旦没有求到雨,他们也总能找出各种不同的原因来。

山东省西部某县曾经因求雨引发一次事故,即使是最愚钝的中国人,也能从中看出这种错误世界观所引发的荒谬事件。一伙村民扛着旗,打着鼓,走在前往庙宇求雨的路上。这时候,他们遇到一个男人牵了一匹马,马上坐着一位已婚妇女,刚从娘家走亲戚回来。妇女怀抱一个孩子,雇来牵马的劳力头上戴了一顶宽边的大草帽。于是,这些原本就不了解降雨原理的愚民们,除了愚昧地把小说中的一只猴子和束带蛇当作祭拜对象外,对阻碍降雨的原因同样怀有错误的理解。晴天携带雨伞的外国人,就曾被认为是雨伞引发了干旱而遭到围攻;一个通商口岸里,新建领使馆内有一处喷水池,就被当地人抱怨说是吸走了原本属于全省的水汽。于是,求雨的村民对那个庄稼汉的大草帽非常不满,用看病先生的话说,这是一种"忌讳"。他们冲上前去大声呵斥对方,并用长矛柄插进草帽里,将其摔到马头上。马受到惊吓后落荒而逃,上面坐的妇女自然抓不稳。她先是失手扔了怀里的孩子,孩子摔在地上后当场毙命。随即,妇女的一只脚绊在马鞍上,被马活活拖行了很长一段距离。当马最终停下来时,她早已断气;那位妇女当时正怀有身孕,结果连伤三条人命。那位受雇的庄稼

汉迅速跑到妇女家报信，讲述了刚刚发生的悲剧。碰巧那家的男人们都在家中，于是他们抄起手边的工具，前往追赶求雨的人。双方展开一场惨烈的搏斗，四五个求雨的人被当场打死。凶案上诉到了县衙门，最终结果如何，我们便不得而知了。

各种千奇百怪的求雨仪式中，还有一个古怪的做法，即一个村子向另一个村子借来神灵求雨。若是求雨成功，神灵就会被恭恭敬敬地送回原处。若是不成功，就可能会被丢弃在求雨时放置的地方不管。村民们的行为如同主管教育的官员一样，只注重考生的考试"结果"。还有一种情况，如果神灵没有施恩降雨的迹象，村民们就可能将其神像放在火辣的太阳下炙烤，以提醒其履行自己的职责。他们还在神像的手里插上一根柳条，因为柳树是对湿气最敏感的植物。中国有句俗话说："大水冲了龙王庙，自家人不认自家人。"这类事情常有发生。

四十多年前，黄河改道成现在的流程，占据了一条叫"清河"的小河道，与浑浊的黄河水一道而来的是无尽的灾难。在整整一代人的时间里，山东中部陷入"中国之殇"的魔咒。1887年，黄河再次改道。清政府花费巨额经费，终于使黄河回到原来的河道中去。当时看过新河道的外国人，没人认为这项伟业能够顺利实现。

第二年，一个来自荷兰的工程考察团抵达黄河流域。他们进行了一次精密的勘察，并对此撰写出一份详尽的报告。而清政府对此毫不重视，并托词缺乏资金。然而，如果工程交给荷兰人，这笔钱肯定可以筹措，除了他们之外没人有能力办好这件事。当黄河总督向朝廷上书请愿，要求采用国外科技完成这项不可能完成的任务时，被慈禧皇太后怒斥为"有失体统，炫耀卖弄"。

按照中国人的观念，"天、地、人"乃宇宙之"三和"。目前，三者之间出现相互不协调现象，最迫切的需要便是重归三者的和谐。然而，如果中国人不能充分参透"天、地、人"三者各自力量界限的话，做到这一点不太可能。一群新人类可能不久便会开创一个新的世界，众天神也将被证明其原有的功用。十年期间，降下的雨水足以泽被所有人，但又不至于多得需要治理。然而，人类必须学会治理洪水，除非做到这一点，否则"天、地、人"永远都不可能和谐相处。

第十七节
乡村狩猎

辽阔的山东省境内，大片清澈幽深的水域随处可见，尤其是在秋冬两季，这些水域常常成为水鸟的乐园。若是在任何西方国家，这些地区无疑将是狩猎者的天堂。然而，这里的鸭子和鹅却能享受"一路平安"，优哉游哉地游玩而不受任何猎人和滥杀者的惊扰。这要归功于临近省府衙门早先定下的征税原则，即根据猎人捕获的猎物数量征税。这项税则涉及范围极广，征收力度极强，以致无形中成为一种禁猎令，使得水鸟在市场上完全不见了踪迹。

来自英国的麦都思博士（Dr. Medhurst）是最早到达中国的传教士之一，他是麦华陀爵士（Sir Walter Medhurst）的父亲，麦华陀曾有一段时间出任英国女王派驻上海的总领事。麦都思曾带领一帮人等从上海出发，沿山东海岸向中国北部行进。他们乘坐一艘渔船上路，计划遇到一个陆地岬角就下船，登陆后徒步走到岬角另一端，然后再登上经由水路赶来的渔船继续行进，遇到岬角后，再重复这一过程。由此，他们穿越岬角时经过几个小渔村，有机会同住在海边的几个村民攀谈。这一队开拓者在沿途没有见到任何野生动物，这一点我们深信不疑。因为，即使在搜寻范围已经拓展得如此广泛的今天，极富经验的旅行家们所到之处能看见的也不过只有野兔了。或许还有诸如鼬鼠之类的动物，鼬鼠属于地狐科，他们很少将自己暴露在野外。

据说，丹麦王国的臣民们每年都会组织一项冬季野外狩猎运动，来自全国各地的男性成员都可加入这次有组织的大型狩猎活动。他们从一个既定地点出发，按照既定方向前进，同时遵循一整套精细而又严格的规则。狩猎活动结束时，举行一场欢迎所有人参加的盛大宴会。整个活动尤其受到那些活力四射的乡村年轻人的青睐。奇怪的是，在中国居然也有类似的活动，不过是在山东一个以平原而著称的古老地区。这里也十分流行类似丹麦那种狩猎活动，只不过看不到最终那场标志闭幕的盛宴。因为，要款待不计其数的一帮乡民来享受免费盛宴，有这样勇气和财力的中国人在哪里呢？

这种联合狩猎活动由少数几个家徒四壁的游民组织起来。他们平时的职责是"保护"大型集市的商贩们免受其他地痞无赖的勒索，而他们自己则定期向在本地几个主要集市收取一笔"保护费"。一个秃头汉子在集市熙熙攘攘的街道上来回穿行，向各个商贩高声喊话，告知他们"北部地区"的人将在某月某日进行猎兔的突击行动。这则通知被一遍又一遍地重复着，直到周围的人都清楚为止。听到消息的人回去再将信息散布给村里其他的人们，一到日子，所有人都做好了战斗的准备。选派一位秃头散布消息是有讲究的，其原因在于汉语谐音的奥妙。在汉语官话中，"秃"和"兔"两字同音。有个聪明的外国小孩生活在山东境内，就犯过这样一个奇特的错误。一个伙计骑着一头毛驴出门办事，当他赶着毛驴往家走时，牲口突然挣脱，狂奔而去。正在附近割草的一个少年目睹了一切，立即冲上前去截住了牲口。他拽着毛驴一直等到驴主人的到来。他们回到家时，这一传奇事件已经被传得沸沸扬扬。人们都听说一个小"秃子"制服了毛驴。而那个外国小孩听到这段激动人心的故事，回家吃饭时将其转述给了父母，只不过将"秃子"说成了"兔子"。因为他听到"tu zi"时，只能想起"兔子"这一种含义。

到了约定的猎兔日，当地所有人都被召集起来参加到这项活动中去。他们一个挨一个像士兵一样紧紧排成一排。受惊的兔子在包围圈中四散逃窜，但由于每个捕猎者手中都持有一根甚至两根木棒，兔子绝无机会逃脱。狩猎规则约定，不管谁逮到一只兔子，都应将其高高举起并大喊一声："我抓到啦！"只有这样做了，兔子才能归他所有，并规定任何人不得从他那里抢走。然而，中国人的本性同世界其他地方的人们并无二致，狩猎活动最终常常引发争执、抢夺，打得头破血流，缺胳膊少腿，甚至闹到衙门里去。不过，中国官员有着与众不同的务实精神，县令们通常拒绝受理这种因猎兔引发的纠纷。于是，这类事件的当事人只好在法庭外请"和事佬"进行调解。事实上，中国大部分法律诉讼都通过这种方式得以解决。

即便是对于性情温和的中国人来说，不管是否因为猎兔，争端也非常容易发生。这一点可以通过几年前发生的一件事加以说明,故事中的好几个当事者都是笔者认识的熟人。

一个月夜,几位村民在参加完邻村的一场葬礼后正在往回赶。快到家时,他们遇到两个年轻人,正在砍伐小枣树,为第二天即将举行的猎兔活动准备棍棒。听到呵斥后,那两个侵入邻村地界的年轻人在对方的追赶下逃回了自己的村子。追赶的人也回到自己村子里去,恶意夸大其词,宣称邻村的两个家伙砍伐了他们祖坟上的松树。尽管当时天色已晚,还是很快聚集齐一伙人,赶到砍树者所在的村子索赔。那个村庄的人家早已安睡,聚集来的邻村人就将村里的几个头面人物唤醒。头面人物请求邻村来者将问题缓到天亮再行解决,到时候也方便查明真相,并惩罚肇事者。

对于这一合理请求,这帮滋事者只能报以几声咒骂,随后带着一肚子怒气回到自己的村子。他们敲响锣鼓,唤醒全村的老少,每个适龄男性都被迫抄起棍棒、扁担等器械,组织成一帮暴民准备攻打邻村。而邻村恰好建有一堵防御土墙,墙门在夜间是关闭的。这帮人发出的巨大声响和高声辱骂,很快就将对方村民惊醒。村内的长者们尽全力紧闭大门,然而,他们最终抵不过血气方刚、勇猛好斗的年轻人。村口大门都打开后,展开了一张恶战。妇女们爬上平房房顶查看打斗的情况,只能听到沉闷的打击声。有几个村民被打昏在地,有人高喊打死人了。于是战斗应声再起。一直打到村里面去,最终双方都有人员受伤,有几个伤势严重。一个老头被扁担在头上打了一个洞,昏迷后被抬回家中,一直昏迷了一两个礼拜。

第二天早上,进攻方的村民赶到自己祖坟上,砍倒三棵小松树,以制造出被对方破坏的证据。然后,他们赶到县城起诉对方。防守的一方也赶去县城告状,并且将那个处于昏迷中奄奄一息的老头也抬了过去。官司开始审理前,双方都在衙门里花了钱打点,鉴于事态严重,这项花费十分巨大。由于受伤的老头尚未清醒,县令也不敢结案。其中一方捉住一个癫痫病人,这个半痴呆的少年被暴打得死去活来后,承认是他惹起的祸端,但很可能是被吓得要死才胡乱招供。案子拖了很长时间才最终得以了断,但最终的依据既不是法律也不是公平,很多案件都是如此。官司双方各自还债,谁也不是赢家。被攻打的村子在衙门花了 300 吊钱,而对方村子花了 500 吊!那个老头也最终康复,和平之光终于在这一带重新降临。

现在，我们不禁要问：这些事件的起因究竟是什么？两村之间真的有世仇吗？根本没有。相反，两个村子还有特殊的情谊，两村至少有六家或者八家是姻亲。两个村子有什么特别能激发仇恨的事情吗？从来没有。所有可知的动机都表明一切太平，然而流血冲突还是随之而来。或许应当更多地归因于中国人的冲动，然而冲动又怎么能凭空产生呢？如今，解释天上和世间最流行的理论，是以发展的眼光看问题。充分考虑遗传因素、教育背景和生存环境，才能更好地了解人类和社会。然而，这种分类法能否像其表现的那般详尽呢？有时，或许还要考虑另外一个因素，即爱伦·坡（Edgar Allan Poe）[1]所说的"心理障碍"。[2]

---

[1] 爱伦·坡（1809—1849），19世纪美国小说家和文学评论家，是侦探小说鼻祖、科幻小说先驱之一、恐怖小说大师和象征主义先驱之一。——译者注
[2] 原文 the Imp of the Perverse，是爱伦·坡的一个短篇小说，被译作《心理障碍》，也有人译作《乖张的小淘气》，讲的是我们每个人都会有强迫性的冲动，明知道什么做法是最符合我们自身利益的，但偏偏就是要对着干。——译者注

第十八节
乡村婚礼与葬礼

中国人和其他民族一样，希望使婚礼成为一个欢乐喜庆的场合。婚礼最常见的委婉说法叫作"喜事"。"喜庆"在中国最高级别的表达方式就是吃，这一点千真万确。从古至今，世界各地无疑都有婚宴存在。然而，婚宴应该是东方的专属，也是中国的一大特色。

中国人纷繁复杂的亲属关系，使得一场婚礼必须邀请的客人数量极为庞大。在某些地区，参加婚礼的女宾按传统仅需拿出"份子"钱，而男宾们则要在新郎官挨个向客人跪拜致谢时，送上一份贺礼。通常是依次喊出每个男宾的称谓，以示与新郎官的关系亲近，表示敬意，这时来宾就送上他的那份礼金。在另外一些地区，男宾和女宾送贺礼的方式没有区别。有两件事可以确信：第一，几乎所有受到邀请的宾客，要么亲自参加，要么派代表出席；第二，几乎所有女宾都会携儿带女，孩子们当然什么贺礼也不带，纯粹增加婚宴的开支。

中国的婚俗各地虽千差万别，但我们从未听说过只参加"典礼"而不参加"婚宴"的说法。确实，就我们对"典礼"这个词的理解来看，中国婚礼几乎没有什么"典礼"的成分可言。中国婚礼仪式简繁程度不一，但其中最核心的部分当属新娘子到达新郎家的那一刻。"宴席"当然也是婚礼仪式中一个主要特点。有时候，亲朋好友被邀请出席婚礼的日子并非婚礼当天，而是过后的第二天；于是，当客人们到来时，吃"宴席"就成了整个婚礼的核心和灵魂，这么说一点也不为过。

如果说中国人能够把一项事物变成一门精密科学的话，那就是吃。表达真挚友情的最好方式就是请一个人吃饭。俗话说，肩上扛坛酒，手里牵头羊，才是真正热情好客的人，因为这样才能展示其邀请的诚意。中国千万大众的生活条件远远算不上富足，然而婚礼和葬礼的吃喝，是一项必不可少的开销。这类开销的数量和频次，足以让一个殷实的小康之家变得穷困潦倒。

在这种无法逃避的压力下，中国人很久以前就发明了凑份子的办法。正是借助这种方法，婚礼和葬礼才有举办的可行性，否则万万行不通。谁也无法确切知道究竟会有多少人出席一场婚礼或者葬礼，而饭菜必须按照可能出席者的最大数目准备。按照严格的传统礼节要求，每个个体或家庭都有望出席，而且如前文所述，出席者要为这种场合出"份子"。"份子"有时以实物的形式出现，而通行的做法是交现钱。具体数额每个地区大不相同，少至微不足道的五六美分[①]，多到二十五美分或更高。钱数多少依据宾客和主人的亲疏关系，以及宾客的经济实力两个因素而定。在中国部分地区，这类场合所出的份子钱往往会比其他地区高出一倍。有时候，份子钱的标准在当地成了约定俗成的数量，一旦提起"份子"，就明确地表示特定的数额，比如250文。

在有些地区，参加葬礼的"份子"钱如果是250文，那么参加婚礼的就要加倍。究其原因，葬礼上的食物是"素食"，而婚礼上的却是"荤食"，花费也就更贵。如果来自其他县区的人发现，其家乡的份子钱比宴席所在地的份子钱要高出两三倍，也不是没有可能。如果外乡人也和本地人出得一样少，则会被认为是件丢面子的事。

中国人拿份子钱的规则十分有特色，婚丧嫁娶时所拿出的"份子"数额，大多情况下要比宣称的数额小。比如，当地习惯将98文或96文当作100文，那么少交几文钱的诱惑将会非常强大，一般人都难以抵抗得住。为弄清楚当下收钱的数量，份子钱每笔都要"入账"，但在大笔收钱的混乱状态中，人们很难说清楚哪串钱是谁送来的。

有些户主人渴望追查拿出份子钱的亲属是否诚实，就事先准备好一条长绳。当客人来账房交份子钱的时候，将钱款记入账本，然后把钱串根据账目顺序依次拴在长绳上面。入账时间结束后，户主人只要把一串串的钱清点一遍，就会发现哪一串上的不够。继而，户主人再根据入账顺序，把钱串的顺序同账本上的名字加以对照，谁出的份子钱有短缺一看便知。然而，客人们非常厌烦

[①] 货币符号，是美元的一种，100美分等于1美元。在美元中，美分是最小的使用单位。——译者注

这种做法，而且这样常常引发麻烦，所以户主人一般不会采用这种方法。毫无疑问，对户主人而言，这样做具有明显的优势。当户主人参加那些少拿份子钱人家的婚礼或葬礼时，也会以其人之道还治其人之身，拿出的份子钱也短缺同样数目。在某些地区，每位客人的"份子"如果是250文钱，却要五个这样的份子才能凑够1 000文，因为所谓的每"100文"，实际上其数目只有80文。

账房的职责是看管财物，管理所有客人带来的礼金，并且将每笔钱详细入账。这个工作极为重要，因为每笔钱都具有双重意义，对于交钱的家庭来说，以后也可能收取相同的数目，而现在收钱的家庭，将来某个时间也要交给对方大致相同的数目。每位客人份子钱的数目不仅取决于宾主双方的亲疏关系，更取决于先前户主人拿给客人家份子钱的多少。对这种还礼数量需同收礼数量相当的不成文规定，如果有人违反，将被视为严重触犯礼法规则。如有人不遵守，户主人家收到的礼金数量将会大大缩减。

参加宴席而不出礼金或者赠送礼物者，现实中实属少见。有时，客人用食物代替礼金，而客人自己在宴席上吃掉的食物还不及带来的一半多。当然并非都是如此，前文已经提及。如果是女宾，一定会携带一两个吃起东西狼吞虎咽的孩子。这些孩子从开始到结束，不停地埋头大吃大喝，食物绝对像是装进了无底洞。

在县城或较大的镇子上，举办婚宴或者丧宴的操作方法跟西方国家差不多，通常都由一家饭馆负责将固定品质、固定价格的饭菜，一碗碗送到宴席上。准备的食物一般都会留有余地，以防出席的客人超出预料人数。若是宴席的规模很大，一般会聘请专业的宴席承办人到户主人家来主持烹饪。提起宴席的规模，一般说法都是按照多少"席"来算。一"席"并非指一位客人，如字面意思可见，是指一桌宴席能坐的宾客的数量。而每桌酒席的人数，如同中国很多其他事情一样，各地没有统一标准。有时一桌能坐八个人，所谓的"八仙桌"就是为这个专门目的而设计的一种普通家具。

在其他地区，宴席上左右桌子的尺寸和样式都一样，一"席"只能坐六个人，桌子一端留出缺口，以方便传递饭菜。如果宴席是由饭馆承办，饭馆一般还会提供跑堂服务，负责将饭菜端给客人。宴席结束后，这些跑堂的能领到一点赏钱。

有实力委托饭馆承办婚宴和丧宴的人家所占比例毕竟很小，大多人不得不自己张罗。而有些家庭不具备自行准备饭菜的条件，只能交由经验老到的炊事师傅协助，这类能人在每个村子里都能找得到。每个村子或几个村子中，总能找到一位大厨师，其大部分时间都在专门张罗这类事情。如果这位厨师名气很大，而且受雇到富人家办宴席，那么就需要很多助手协助，助手们在他的指挥下干活儿。这些人在宴席结束时，也都可以适度领到一笔赏钱。

负责为主人家举办宴席的工作人员可以分为三个部门：一个负责提供服务，称作"值房"；一个负责烹饪，称作"厨房"；另外一个负责财务，称作"账房"。这三个部门之间相互牵制相互监督，当然，如果举办的宴席规模小、花费少，三个部门自然合而为一，交由一个人操作即可。值房负责购买宴席所需的物品，通常采购当地集市上最好的食材。

在中国北方，有两样东西的开销在宴席中所占的比例最大，一种是白面馒头，一种是酒。如果户主人家房屋足够宽敞，这些采购来的东西会被单独储备在一间房子里，由一位值房的人负责监管。如果大厨师需要取材料，只有通过这个当值的人允许才能把馒头或酒拿到厨房去。然而，现实中总有防不胜防的时候。许多亲戚或邻居会指使孩子们到储藏室去"借"几个馒头，或几杯小酒。若是当值人拒绝其请求（外国人一般会这样做），势必会得罪来"借"东西的人，遭到一通奚落辱骂，任何一个中国人都不希望这样。于是，当值人现实中的做法通常是"有求必应"，借出去的东西当然有去无还。正如一句英语谚语所说："割别人皮革，做自家皮带。"

很多时候，负责招待事宜的值房人员吸食鸦片，这种情况会使得花费比一般情况高出很多。还有一些地区的风俗，是为婚宴上的宾客提供鸦片吸食，这是一种能够活跃气氛的东西。除此之外，如果负责监管储藏室的值房自己吸食鸦片，就别指望他能尽到最基本的看守职责了。很明显，如果宴席提供鸦片，他自己也吸鸦片，毫无疑问众多烟友就会频繁来访。这时，来访者肯定会抽上一袋，花费的当然都是户主人的钱。

这种场合里，在第一碗饭菜还没有端到客人桌上之前，储备的馒头和酒早已像夏天水汽蒸发一般，被迅速消耗着。据笔者所知，一位邻居家举行葬礼宴席，一共有60斤酒在开席前不翼而飞，一点点偷取的痕迹都没有留下。

第一部分 乡村，乡村的机构、功能和公众人物

这种恶名远扬的行径，并非因为当值者不能尽职尽责，也并非因为人们常说的那样，他们丝毫不顾及主人家的利益。这份差事难做的症结在于，凡是家境殷实、宴席举办得丰盛的户主人，都会有一大帮穷亲戚蜂拥而至。这些人平时没有机会占便宜，遇到这种场合自然不会吃亏。当一场宏大的宴会即将举办时，户主人的某个贫穷的同姓本家，一家人手捧碗筷站在大门口讨要正在为宴席准备的上好饭菜。即使户主人拒绝其请求，当值者听从户主人的话什么都不给，也是徒劳。这家穷亲戚就会大吵大闹，闹得宴席无法顺利进行。此时，所有客人都会站在这家穷亲戚一边，奉劝户主人满足他的要求。

这种在户主人家正需要花钱办事时的趁火打劫，如前文所述，已经深深根植于中国人的生活中。这种行为所导致的后果可能极其严重，人们会不时听说各种经典的实例，下面就是一位主要受害者对笔者讲述的亲身经历。一名男子因为一棵树的缘故跟他的一位叔叔发生争执。由于该男子生性软弱，无力维护自身权益，只能甘愿"吃亏"。他老婆听说后，一气之下悬梁自尽了。男子将此事告到官府，控告对方逼死自己的老婆。或许，对于悲痛的丈夫而言，控告对方是最佳的办法。然而，"和事佬"劝说他退让一步，接受经济赔偿。被告方家里有个亲戚，是衙门里臭名昭著的眼线，精通诉讼，愿意为其出谋划策。尽管有这些优势，负责调解的中间人依然坚持这位叔叔应当向原告家赔偿30 000文钱，以便办理丧事，事情就此了结。

一般而言，自杀身亡的人丧事办理得都不会太铺张。但是，如果办理丧事费用是由所谓的逼死人的一方支付，情况就会大不相同。在上述案例中，一半赔偿款就足以支付整个丧事的所有开销了。然而，该男子的"本家朋友"包括其叔叔、堂兄弟、侄儿们等负责办理丧事。他们想尽办法把丧事拖了一个多礼拜。丧事办完后，这位当年农作物全部毁于洪灾的丈夫，发现他的这帮"本家朋友"不仅花光了那30 000文赔偿费，置办丧事用的馒头和酒，还使他背上了20 000文要立马偿还的债务。这些钱都是在这段拖延的谈判时间里，被这帮"本家朋友"吃掉了（据说是这样）。花出去的钱没有任何账目可查，该男子唯一可以确定的是，这帮亲朋好友把他搞得倾家荡产。

中国人想当然地认为，家境好的户主人为父母亲大办丧事的时候，有人"趁火打劫"是理所当然的。一般在这种场合，当事人按理处于失去亲人的悲

痛中。符合情理的做法是，当事人应全身心投入哀伤之中，不该分心插手丧礼上的其他事务。尽管当事人察觉到一切都出了差错，也只能装聋作哑，假装什么都没发生。长时间的实践经验，使得中国人成为操办这类事情的行家。而这种事情对西方人而言，就算有可能，做起来无疑也是困难重重的。如果户主人碰巧是个人际关系不好的主，这种情况对他就会更加不利。下面是作者听说的一个例子，讲述者就住在距离事发村子两英里的地方。

一个有钱人的父亲去世了，准备办一场奢华的葬礼。他用一辆大型农用车装了100吊钱，准备到集市上买几头猪屠宰，用来办丧事。途中遭到一帮"本家人"的拦截，他们一哄而上把钱抢走，追也追不回来。这帮人最终买回来四头猪和一头牛，这些足够办一场丰盛的宴席，具体的筹办工作像往常一样交到了村里的"总理"人员手中。管理人员发现，户主人所谓的"朋友"、邻居等，很快就对这些储存的食物展开洗劫，防不胜防。丧礼举行的前一天晚上，贼人破门而入，将储藏室里的肉洗劫一空，一丁点儿也没给第二天的宴席留下。管理人员吓得落荒而逃。然而，宴席又不能不办，最终招待客人的除了素菜什么都没有，使得主人颜面尽失。结果，这位主人再也不敢举办任何丧礼，至今家里还存放了两口等待下葬的棺木，或者只能等到下辈人办理了。

一旦"份子"钱收齐并且清点完毕，户主人就知道办事总共赔了多少钱。这种事情并不是什么不可告人的秘密，有时甚至会立即向宾客们通报。如果亏空数额巨大，户主人就会留下不惜财力大操大办的好名声。这会提升他在亲友心中的威望，当然，赢得这种荣誉需要付出代价。对于穷人来说，"面子"与金钱相比，显然没有那么重要。经常可以发现，这些穷人举办的宴席上，花费的钱简直微乎其微，但所收到的"份子"钱却同那些办得奢华的宴席数量一样多。也有的家庭能够极力减少开支，以至于最终收到的礼金能够同开销持平，甚至还有盈余。如果真的有人能把宴席办成这样，无疑会招人羡慕。这自然不无道理，因为这项功绩的完成需要具有非凡的指挥才华，能让人言听计从。

相互协作原则的执行还体现在另外一件事上：村里的男人被组织成一个个差事小组、替补小组，负责搬运具有统一形制的灵柩，每个小组都有各自的领头人。一旦要举行葬礼，消息就会传送给负责这次搬运棺木的那伙人，再由他们依次召集小组内的成员。如果轮到某人当班却未能到场，他就要接受处罚。

在中国乡村，灵柩摆放在一排上过漆的木杠上，这些设备通常是几个村民共同置办的财产，他们也都是普普通通的农民。遇到同村人办丧事，这些人就赶来提供无偿服务，但这些设备却要户主人支付一定的租金，因为置办这些东西可能会花费不少资金。婚礼用的椅子也通过同样的方式运作，这样做的好处显而易见。婚礼和丧礼上所需器具众多，一个人无能力置办，就由众人共同出资。每个股东都可以分得一定的租金，以及作为酬谢的食物和礼品等。同时，他们也给使用设备的户主人家提供免费的劳力。

这种做法的原则是避免铺张浪费。笔者曾经居住过的一个村子里，有一个"碗会"，拥有大约100到200只饭碗。举办宴席的人家需要付费才能使用，碗会的成员由此赚取报酬。对于借用饭碗的人家而言，这样做也更经济实惠，因办宴席而购买一堆平时派不上用场的饭碗，也是一种浪费。

村子里存在协助办理丧事的协会是个普遍现象，这类协会的种类也多种多样。这类被称作"派社"的各种协会，其存在还有一个特殊的原因。相比而言，婚礼可以推迟到合适的日子举行，然而推迟葬礼无疑很难，有时根本不可行。

有时候，加入协会的每个家庭每月支付100文，作为入社的公共基金。每个按期交钱的家庭，有资格在成年家庭成员（或者仅限于长辈）过世时，

一对新婚夫妇

临时婚礼亭

从公共基金中支取一笔资金（比如6 000文），用于丧礼开支。如果有人家办理丧事，但协会公共基金不足以满足其使用，就通过向每个成员家庭征收特别费用，以补齐不足部分。根据这种会规，一个成员如果连续缴款五年，但没有机会使用公共基金，就等于是无偿捐献。这种联合保险公司性质组织的建立，其原因在于，大多数中国家庭遇到用钱的场合，都很难及时凑出款项。从金融学角度考虑，这种筹集方式最终攒不下来钱。但是，每月凑出100文相比遇到不时之需时凑够6 000文要容易得多。

下面是另外一种葬礼花费方面的相互协助方式：假如一个人的父母年事已高，他很清楚不久的将来就要为父母办理丧事，而要凑够这笔开销实属不易。那么，该人就会通过"请会"发起一个互助会，入会的每个成员遇到其他成员父母一方去世时，将捐献固定数额比如2 000文的钱款。这类协会的成员必须家里有年事已高的父母。成员人数大约40人的协会，筹集的公共基金将达到80 000文，这些钱足够举办一场隆重的葬礼。按照习俗，协会的成立将制定文书备案，每个成员都需签字，文书由协会发起者保存。举办丧礼的花费必须遵循既定的规格，公共基金除了办丧礼外不可用作其他开销。

某个成员有意支取属于其他成员配额的基金时，必须首先找到两位保人，以保证他在使用钱款后能继续缴纳规定的会费。如果该人拒缴，整个组织的运作将会陷入僵局。只有那些明确有缴费能力的人才会被邀请入会，如果有成员因故不能缴纳其份额，将会受到重罚。

每场葬礼举行时，所有加入葬礼基金会的成员都会出席，并各司其职。他们除了缴纳2 000文会费外，不必再行缴纳参加葬礼的"份子"钱。入会的每个成员都要身披孝服，同死者的近亲一样守灵。如此一来，送葬的队伍加上死者亲属在内，数量极其庞大，户主人为此面子大增。这一点可能是这种互助基金会格外吸引人的特点。

如果在很长一段时间内，互助基金会的成员都没有家人过世，最好的做法就是召集所有成员一起吃酒席。席间他们将讨论，号召大家凑出"份子"，用于举办一场婚礼，或者互助基金会规定以外的活动。在这类事情的安排上，宴席是整个过程必不可少的环节。没有宴席，万事别想开头；而没有宴席，一切也都别想结束。

相比较而言，这类互助基金会同葬礼的联系更加紧密。当然，与婚礼有关的互助基金会也同样存在。比如说，一个家庭想给儿子办婚礼，计划的婚礼规格是这家人力所难及的。于是他们便采取一种"通过朋友拉朋友"的权宜之计。假定这家办婚礼需要凑足100 000文钱，具体操作方法如下：准备一百张请柬，将其中十张发给自己的亲友，邀请他们先参加一个筹备宴会。在宴席上，把剩下的请柬每人十张分别发给到场的十位亲友。这些人再将这些请柬分别发给自己的九位亲友，收到请柬的人同意参加婚礼，并且每人带来一吊钱作为份子钱。通过这种方法，一个原本并不富裕且亲友不多的家庭，突然间变得宾客盈门，前来婚礼上祝贺的宾客达到上百人（其中许多人谁也不认识谁）。这些亲友以及亲友的亲友们慷慨解囊，彻底解决了婚礼开销的问题。

这种做法的唯一动机，从户主人家的亲友来看是为了亲友交情，以及享用婚宴上的美味佳肴；对于这些亲友的亲友们来说，他们除了因为亲友交情，也同样是想享用一顿美味佳肴。毋庸置疑的是，骤然间筹集起来的100 000文钱，对户主人来说是一笔债务，在未来迟早也要以同样的方式还给别人。

对于西方人来说，这种单纯因一时炫耀而给家庭背负巨额债务的行为，显得十分愚蠢。喜欢炫耀并非中国人的专利，但他们从炫耀中所得到的那种满足感，对我们来说没有任何吸引力。为了满足现实需要而透支未来，是中国人做事风格的一大特色。很多家庭为了给父母举办葬礼，甘愿卖掉土地、扒掉房子。如果不能风风光光地安葬父母，对他们来说是件很丢脸的事。他们做这种非理性的事情时，不仅显得十分心甘情愿，还颇有神圣感，似乎在向世人展示："看看我！不管付出多大代价，我都心甘情愿！"

精心安排一场葬礼首先要考虑两个因素：一是死者的年龄（特别是同族人中的辈分）；二是家庭的社会地位。一旦亲人停止呼吸，恸哭立即开始。家人还需要立刻，或等到日落时分，一路痛哭到村头的土地庙，把死讯报给土地爷得知。这类仪式在第三天还要继续举行，也有地方是第二天，仪式的所有意义就是祭奠逝者的"头三天"！一场规模宏大的葬礼从亲人逝去那天起，每隔七天（中国自古以来流传下来的奇特计时法，每七天分为一个时间段）就要举办一次特殊的仪式，总共七次，葬礼用第四十九天举行。在这一漫长的过程中，户主人家片刻不得安宁。有时候，用草席临时搭建豪华又俗气的亭子，里面有和尚和道士两个教派，居然同时在念诵经文；其原因是，人们无法确定相信哪个教派才能保证顺利达到天国，于是干脆两条道路都选，以保证万无一失。喧闹杂乱的音乐从早到晚一刻不停地撕扯着周围的每一丝空气，每隔一段时间驱赶恶鬼的炮声就会轰轰响起，惹得一群乡村孩童从头至尾不停地欢呼雀跃。

以英语为母语的人们，向来因为哀悼时的娱乐行为备受谴责。而中国人恰恰相反，整个丧礼期间无不贯穿着大量的享乐行为。葬礼为大吃大喝提供了再好不过的世俗理由。正如一句谚语所言："老人升天堂，儿孙饱肚囊。"

由于宾客数量众多，有时达到数百人，单靠收入微薄的一家人或者几家人同时为这么多人准备饭菜，是件异常困难的事；然而，人们忍受着难以避免的等待、拥挤、混乱和不适等，几乎没有一丝的抱怨或厌恶。对于西方读者而言，遭遇同样情形中的一丁点儿恐怕都会难以忍受。中国埋葬死者的方式没有其他选择，有史以来也从来都是这么一成不变。仪式就是中国民族生命中的要旨所在，而葬礼仪式在所有仪式中最死板严苛。然而，葬礼华丽而炫耀的外表下，某种难以形容的寒酸很难被遮掩。在城市里的送葬队伍中，彩旗、招魂幡、天罗伞、帐幔以及金光闪闪的漆器匾牌，大量分列在棺木前后。而手执这些器物的人通常是蓬头垢面、衣衫褴褛的乞丐，散兵游勇一般漫无目的地向前行进。这种情况在乡村却极为少见，但那种杂乱无章的场面，乡下和城里都是一样的。汉语中没有一个表示"庄重"意义的词，因为中国确实没有什么庄重的事情可言。

白色是表示哀悼的颜色。一群孝子身着丧服出现在葬礼中,有的仅在头上束一根孝带,有的头戴方形孝帽,而其他人的装扮显得更加隆重。死者的近亲则要身穿重孝,浑身上下披麻戴孝,以示最深切的哀悼。他们走起路来步履虚弱、摇摇欲坠,假装用手中的柳木哭丧棒支撑着身体,在一遍又一遍需要大声号哭的时刻,尤其如此。总体而言,身穿孝服的人都是家庭伦理关系在"五服"以内的人。也就是说,他们都是同一个高祖父的子孙(中国人用来称呼每一辈人的方法依次是:高、曾、祖、父和自身)。服丧的人家负责给所有孝子们提供治丧用品。然而,如果已经出嫁的女儿由夫家提供这些物资,将是一件荣耀的事情。经常可以见到,有些妇女在送葬期间怀抱一整匹结余下来的白布,以向公众展示其丈夫和公爹处事有方,让儿媳妇大大地长了"面子"。

家族墓地通常环绕在长满庄稼的田地中间,如果葬礼碰巧在春季或者初夏举行,大队人马的践踏会给庄稼造成不可避免的伤害。负责搬运灵柩的人大约要占据至少二十英尺宽的空间。遇到隆重的葬礼,送葬队伍后往往会跟随一大群围观者。相邻地块的田主对此十分不悦,他们有时手持铁锹,扬起泥土撒向践踏其田地的人群,对于自己被侵犯的权利表示抗议(这一举动在中国根本难以奏效)。

有时,葬礼上会出现事态严重的挑衅事件,出言不逊甚至开口谩骂都有可能发生。在丧葬期间找碴将会严重冒犯别人,然而冲突却难免发生。笔者曾目睹一口棺材被撂在大路上足足好几天,起因是同村的两口棺材正好在同一天下葬,负责抬棺木的两组人互不相让,谁也不愿意让对方先将棺木抬出村子。激烈的冲突最终升级为一场愤怒的诉讼案,在最终定案之前,逝者也就被搁置到了一边。

当那场近乎无休止的宴席宣告结束,恸哭声响起时,随着一声"起灵"的高喊,整个葬礼的高潮就到来了。十六名杠夫,有时是三十二个(当然越多越好),跌跌撞撞地抬起这口放置在巨大棺架上的庞然大物。只有站在最前面的杠夫能看清前进的路,于是必须有一个指挥者在前面指引方向。此人高声喊出口号,这种尖利的假声酷似野猫的嚎叫。他每喊一声,杠夫们都像起锚的水手一般，齐声附和。杠夫们的口号声同孝子们夸张的恸哭声混杂起来，再夹杂着一队农用车马队伍，联合产生出一个浑然一体的声音效果，同西方人头脑中所有能够想象出来的葬礼情景大相径庭。送葬队伍经过缓慢而艰难的行进，终于到达家族墓地。棺木放进墓穴（通常是一个巨型圆坑）的那一刻，使得连日来的激动情绪上升到了顶峰。指挥者的喊叫声更加尖利，杠夫们的回应开始变得杂乱无章。每个人都按照自己的思路调整口号，谁也顾不上与他人保持一致。于是，在噼噼啪啪的鞭炮声和轰轰隆隆的丧炮声中，在送葬孝子们更加剧烈的恸哭声中，在杠夫和掘墓人的呼喊声中，在围观者好奇的嗡嗡声中，这位中国人终于被放进了长眠之所。

第十九节
乡村新年

假设一个外国人已经在中国居住了相当长一段时间，这段经历足以让他注意到社会表面现象，但还不足以深刻体会其内在动因。如此一来，如果向另一个不熟悉中国国情的外国人讲述中国老百姓在新旧年交替之际显示出的主要特色时，他很可能振振有词地提及下面的一个或几个特点。

饺 子

中国幅员辽阔，各地风俗习惯自然千差万别。然而，全国各地很少会有地方过年时不吃饺子或者类似的食物。这类食品就像是英国人过圣诞节吃的葡萄干布丁，或者是美国人过感恩节时吃的烤火鸡和肉馅饼一样。同西方各民族相比，中国人在食物的质量和数量上大多非常节约。中国大众的饮食无一例外地厉行节俭。即使是家境殷实的人家，虽然有一年到头享用美食的经济实力，也很难见到他们会沉湎在这种奢华中。或者说，就算家里的男性长辈可以纵情吃喝，晚辈中的妇女和孩子也决不允许这样做。在食物方面厉行节俭显然是中国人代代相传的一种美德。"吃好东西"通常用来指一场婚宴、丧宴，或者其他必须有美食出现的场合。但是，过年时如果只有粗面馒头，吃不到任何饺子，则被公认为等于没有过年。

此外，期待新年时吃到一顿美食是每个中国人的一大乐事，而在新年时能够毫无顾忌地尽情吃喝是更大一件乐事，就连过完年回到普通的粗茶淡饭时回味新年菜品美味中的点点滴滴，都是件快乐的事。这种情况对西方人来说无疑充满启迪和教益，因为他们早已习惯于丰衣足食的生活，不仅体会不到饥肠辘辘的痛苦，甚至于有人邀请其外出享用菜品繁多的盛宴时，也显得不屑一顾。即使想象力最丰富的人，也很难设想中国人性格中这种细致入微的感触。因此，把饺子排在中国新年元素的首位，也就不足为奇了。

团　圆

就其魅力程度而言，任何一个西方节日——上文提到的圣诞节和感恩节也不例外——都难以同中国新年相匹敌。节日场合里，家庭团聚按道理是必需的，也确实有其现实意义。然而，西方人有一个致命缺点：家庭成员四处分散而居，常常相隔大洋彼岸，离家之后很快就会建立新的家庭了。于是，就算一座普通房子能够容纳所有人，一个大家庭的成员们也难以逾越长途跋涉的艰辛，特别是在一年中气候最恶劣的季节里。

而在中国，家庭成员基本都待在家里。唯有一些男性成员有时外出，但他们都要回到祖宅团聚，就像候鸟一般，具备按时飞回南方老巢的本能。如果距离实在太远根本不可能返回，回家的打算依然不会改变，或许三年回一次，但时间点总是选择在年底。分散在全国各地经营钱庄业、典当业的晋商，以及北方几省"闯关东"的人们，情形都是如此。

如果一个中国人过年不能回家，那么他比困在阁楼的小猫、折断翅膀的小鸟以及离开水源的鱼儿都要焦躁不安得多。除了个人内心困苦外，他一旦回家，还会受到未能与之团聚的家人以及同村人的奚落嘲讽。中国人畏惧别人的奚落嘲讽甚于担心错过一顿美餐。除非是有特殊情况到了万不得已的地步，中国人在过年的时候必定会待在家里。因此，我们有充分理由将团圆看作中国新年的一个主要特征。

新　衣

从正月初一到正月十五这段时间里，哪怕随便瞟一眼，村里、镇上和城里人不管是谁，他们身上色彩艳丽的新衣服，都会给人们留下深刻的印象。男人和女人，尤其是孩子们的每一件衣服，无不色彩斑斓。中国人的穿戴相比西方人而言，并未显示出多高的品位。然而，他们有时穿衣的千变万化足以同非洲土著人相媲美，在节日场合里更是如此。足以让西方妇女们惊得耸肩、吓得发抖的色彩杂糅，似乎恰恰迎合了中国人的品味，成为一种时尚。翠绿色和藏蓝色，搭配上大红色、深紫色、淡紫色或者橘黄色，这种搭配并没有像西方服装设计师设想的那样造成颜色的"互相残杀"。反之，这种杂糅明显地迎合了大众审美，不管是穿着的人还是周围的人，都普遍觉得好看。很明显，对于持有成见的外国人来说，他们的审美标准在这里根本行不通。考虑到中国人如此重视春节时的着装，我们完全有理由将新衣服当作中国春节的一抹亮色。

祭　祀

无论世界其他地方的新年表现形式如何，中国春节最显著的特点就是响声。大大小小的爆竹都有，噼噼！啪啪！彻夜不息。这些爆炸声一旦响起就不是单独的一声，而是一连串的噪声接踵而至，连绵不绝。放鞭炮的习俗无疑起源于宗教，这种类似的活动世界其他地区也存在。尽管火药的爆炸声最能引起人注意，但其绝非是春节祭拜活动中最主要的环节。腊月二十三要送灶君上天，到年末再将其继任者请回家。大年除夕这天，全家人聚集在家庙里；若是没有家庙，就聚集在自己房屋内，一起祭拜祖先的灵位。在中国有些地区，祖宗牌位在农民和劳工阶层家里很少见。这些家庭的人们不是祭拜牌位，而是摆出写有祖宗谱系的家谱，然后焚香跪拜。正月初二日早晨或其他时间，所有适龄男性都要前往祖坟祭拜亡灵。尽管国外的中国通们从宗教角度出发，对中国人这种祭祀仪式的真正意义存在很大争议，但他们无一例外地都承认其是中国新年最为重要的一项活动。在当代中华民族的观念中，若是过年不祭拜祖先，简直是不可理喻也不可想象的。于是，我们也相应地将祭祀列在新年章节的显要位置。

拜　年

只需初步了解事实真相就能明白，祭拜亡者虽然重要，毕竟是一次就能完成的活动，并不会贯穿整个春节始末。与生者相关的社交活动则完全不同。就中国春节期间拜年的习俗，西方国家很少有相似之处。西方人拜访自己乐意拜访的人，而中国人则要敬拜自己必须敬拜的人，而且遵循严格的时限，一刻不得迟缓。比如，拜年在每个地区的表现形式都有其奇特的一面，尽管风俗大不相同，天亮前早早起床确实是一种普遍做法。家庭内部行完拜年礼后，除了男性长辈外，其他成员都要出去在全村巡回拜年。每个家庭派代表挨家挨户登门拜访，叩拜在家中守候的长辈们。拜年顺序须按照家谱中的长幼次序而定，如同陆海军军官一样，依照入伍日期评定级别。在一个大宗族中，同属一个辈分的成员有些结婚早，有些结婚晚，有些是收养的子嗣等，年龄最大的人，在同一个家族里辈分未必最高。于是，一个年逾古稀的老者论辈分可能会是一个小孩儿的"侄子"，遇到极个别的情况，还有可能是其"孙子"。我们时常听到某位中年人抱怨，说过年太辛苦，由于是"晚辈"，就算遇到"身高两尺的娃娃也要磕头作揖"，谁叫他们是"长辈"呢。年长的反倒给年少的拜年，这种年龄和辈分的错乱，使得辈分大的娃娃们趾高气扬，而害得这些作为小辈的中年人膝盖疼上十天半月。

新年的第一天要给同村或同镇的人拜年，接下来几天就开始拜访住在其他村镇的亲戚。首先是妇女们回娘家拜年，随后依次拓展开来，这些亲戚的称谓，很少有外国人记得住，大部分外国人甚至根本理解不了。总而言之，过年走亲戚无疑是件好事，不仅能够避免疏远，还能够缓和那些紧张的关系。然而，对西方人来说，这种流于形式、枯燥乏味的做法，实在无法容忍。

对中国人来说，拜年走亲戚不仅是新年的一个重要环节，而且是新年本身的意义所在。拜年对中国人来说，既意味着一桌"丰盛的宴席"，也意味着可以尽情享乐。如果省去这些，剥夺了自身乐趣不说，还将触犯社会礼法，是一种严重的冒犯行为。

举国休假

我们熟悉了中国人的生活状况和细节后，难免要问，如此勤劳的一个民族，怎么会有时间搞这些华而不实的庆祝活动呢？这个疑虑一直在困扰我们，而一旦了解以下事实,就不会再感到奇怪了。原来,在一年的十二个月中,中国人统一留出从正月初一到元宵节的半个月时间来过年。在这半个月的时间内,能不做的事情都放下不做。过年的开支,记入全年开支的总账目,其主要用途是享乐。这段时间成为全中国人释放压力的安全阀门,若非如此,经年累月的辛苦劳作,恐怕早已让他们发疯了。中国人如果没有辛勤劳作,也难以尽情享受这个长假;如果他们不能尽情享受春节长假,也就难以在剩余的日子里好好工作。这也是为什么我们把全民停产过大年放进了本章目录,因为这是中国举国休假的时期。

赌　　博

有句颠扑不破的真理说道:"人无聊时总会干坏事。"新年到来时,有半个月不用干活,而过了元宵节又要开始为期一年的勤苦劳动。世间任何一个民族,面对这种从经年劳作到长期闲暇的突然转变,都会难以适从,中国人自然也不例外。仅仅从上述几种新年活动中就能得到享乐的满足,不符合人类的本性,他们肯定还会追求更多的乐趣。中国人正是如此,他们追求的乐趣便是赌博。赌博和抽鸦片,是中国人身上最大的顽疾,也具有最大的危害性。据我们所知,就整个乡村地区而言,尽管每年有大量钱财挥霍在了赌场上,赌博者在劳动者中所占比例非常有限。让人惊奇的是,所有关于赌博的限制过年期间都被取消了。男男女女们都沉湎在纸牌、麻将等游戏带来的刺激中。他们桌子上摆满高高低低的筹码,没人会担心甚至想到来年的收成问题。按理说,赌博行为当然是一种恶习,一旦沉湎其中,肯定会招致麻烦。但是新年一到,"每个人都赌",而且"赌博就是为了娱乐","反正也没事做"。最后一句话道出了事实真相,这段时间就连做饭也是能省则省。店铺大门紧闭,但里面伙计们嘈杂的赌博声清晰可闻;客栈也是大门紧闭,但店主和伙计们聚众赌博,来了客人都无暇旁顾,既不喂马也不做饭。他们甚至告诉你,开店归开店,玩乐归玩乐,过年可不是旅行的时节。

老太太和小媳妇们围坐在草垫或火炕上,兴致盎然地打牌、赌点儿小钱,个个自得其乐。

显然，这种情形就算到了元宵节那天，也不会戛然而止。一旦染上赌习，或许永远都停不下来，只会越陷越深。就算赌徒死了，留下的赌债甚至会贻害后来的第三、第四代人。因此，我们完全有理由将赌博看作中国春节的重要特征。尽管如此，我们或许尚未触及这一事物的本质。

还　债

居住在中国的外国人很少留意农历，但远在春节到来之前，有一种方法总能提醒他们年关将至，而且还十分奏效。腊月的某一天，家里的某个"仆役"会突然出现在你面前，平时不苟言笑的脸上挤出一丝僵硬的笑容，支支吾吾地向你解释一连串让外国人难以理解的紧急情况，然后要求预支十二月份及来年一月份的工资。这一做法毫无疑问是违反原则的，但鉴于前文所述的各种情形，预支工资又是必需的，否则这个春节他的生活很可能陷入窘迫。过不了多久，家里的厨师也会提出同样的请求，接下来便轮到苦力们了。经过调查发现，几乎每个人所说的情况都真真切切，各种因素对我们形成的压力的确十分巨大。这时候，我们只能一定程度上改变自己的原则，满足那些我们感觉不错的雇员，以免使雇佣关系陷入窘境。然而，直到很久以后，我们才深入彻底地了解到事情的本质。原来，中国新年来临之前，是一个需要还债的时节，每个人都有债要还。如果坚持追查其中某一个案的话，经过严谨细密的追本溯源，我们很快就会从大众口中得知，那些所谓的紧急情况其实并没有什么特别之处，其他人也处在相同的窘境中。如果进一步详细深入地追查下去，中国金融领域的"七宗罪"将会浮出水面。

第一宗：所有人都需要经常借钱。有一个事实我们从来都没有忘记过，即世界各地包括西方各国的商业活动无不依赖于借贷，这是贸易活动中不可或缺的一个环节。然而，中国人的借贷方式同我们熟知的现代商业扩张模式中的借贷大不相同。我们不能说，中国不存在无须借贷就可以维持生意的人；但这种人的确凤毛麟角，大可忽略不计。中国人的整体生存状况和经济状况非常特别，他们的金融储备通常少之又少。中国人平时讲求实际而且处事圆滑，但他们中间却很少有人留有存款，这一点常常让我们大惑不解。原因之一是，对他们来说，要攒一笔钱的确不容易；另一个同等重要的原因是，钱攒下来不用，也显得一无是处。中国没有储蓄银行，也没有安全可靠的投资渠道。唯一可行的就是把余钱借给那些急需钱用的人。即使如此，借出款项的人也是极不情愿，因为他担心一旦借出去，很可能连本带息都收不回来。大凡举办婚事的家庭，都需要借钱才能办事；如果是丧事，借钱就显得更加急迫。对于生意人而言，生意开张需要借贷，年底盘账也需要借贷补缺。如果生意人的账目可靠的话，做小本生意的十个里面有九个会最终发现他们"赔钱了"；然而，实际情况可能是，他们只是没有原来预期赚得多而已。简而言之，随时随地都需要借贷的中国人大有人在，他们渴望借钱就像是"干枯的水沟里渴望雨水的鱼儿一样"。正是这种强烈的需求，使得中国人的这一特点十分显眼。

第二宗：所有人都有义务借钱给别人。正如前文所述，手头偶尔有余钱的人，一般不太愿意把钱借给别人，以防本息无归。然而，有余钱的"资本家"们头上顶着不同程度和类型的重重压力，其中之一便是中国的宗族势力。假如某一成员手头有可以借出的余钱，而另一个成员又正好急需钱用，后者就会找到同族中辈分比前者高的人从中斡旋。前者虽然极不情愿，但最终很可能还是要就范。尽管违背自己的投资理念，但"资本家"们面对这种来自宗族势力的压力时，除了妥协别无办法。但是，中国人从小时候就培养起一种观念：诸事不能完全按照自己意志行事；遇到不能如己所愿的时候，只能逆来顺受。如果借出和借入双方分属不同宗族，成功的难度将会加大，但依然可以通过朋友关系施加压力，最终得以解决。借款人在争取到一笔钱（利息极高）之前，通常要四处叩拜。他之所以这么做，是因为心里清楚，只要施加足够的压力，借钱的请求就能得到满足。借贷双方犹如天平的两端，一端上的重量增加了，另一端势必会下沉。于是，就会出现这样一种情况，所有阶层的中国人中，一个手头有钱的人，也是一个必须愿意分享财富的人（当然是高息借出）。

第三宗：几乎所有人都欠别人的钱。通过以上描述可知，这是一个不争的事实。从来都不需要问一个中国人外面是不是有欠款。正确的问法应该是，外面欠了多少钱？欠了谁家的？利息有多高？

第四宗：除非是迫不得已，所有中国人都不会还清借款。对西方人来说，这一做法非常古怪，但却是一种十分普遍的做法。长年累月的经验告诉中国人，一旦还清一笔债务，就需要马上还清另一笔。用他们自己形象的比喻就是，一杯水要同时用到三四个地方，肯定不够，正所谓"杯水车薪"。有了这一观念后，除非是有人采取强硬措施讨回，中国人便会紧紧攥住钱不还债。对于这一点，西方人恐怕很难表示赞同。

第五宗：除非债主追债，中国人绝不会主动还债。这种做法在我们看来也十分奇怪。我们头脑中从小就具备一种固有的观念——欠债还钱，"既然迟早要还，早还早好"。中国人的想法正好背道而驰。他们认为："既然迟早要还，那就干脆等到最后一刻再还也不迟。"

第六宗：除非债主频频追债，中国人绝不还债。这一点似乎也成了一种惯例，跟我们的想法正好相反，因为西方人从来不希望被追债。我们宁可牺牲自己的利益，也不愿意被人追讨债务，自己通过诚信借的钱必须最终偿还。当然，这里所说的"我们"仅仅是指大部分外国人尤其是西方人。不可否认的是，西方国家也同样存在不少一贫如洗又厚颜无耻的无赖们，他们要么借贷不还，要么干脆以诈骗钱财为生。我们所提到的中国人不属于这类人，相信他们中大多数是诚实守信的，也都有偿还借款的计划。然而，他们必须等到准备还了才行，天知道要等到什么时候。有句流行谚语说得好：欠债多了不怕讨，虱子多了懒得挠。

第七宗：多数情况下，中国人还债时，每次只还一部分。余下的欠款会在"第三个月""第九个月"或"年底"偿清。最后三宗罪的奇特之处造成的结果是，中国农历的第十二个月是全国全年清偿债务活动最繁忙的季节。有人会想，这段时间很多债务能够得以清偿，而事实恰好相反。这一点让我们想起《爱丽丝镜中奇遇》[①]里面的女巫。小说中，女巫带着爱丽丝骑在一把扫帚上，飞行速度之快足以令小姑娘窒息。爱丽丝原以为她们已经飞了很远，女巫听后

[①]《爱丽丝镜中奇遇》(*Through the Looking-Glass, and What Alice Found There*)是英国作家路易斯·卡罗于1871年出版的儿童文学作品，也是《爱丽丝梦游仙境》的续作。作品中有大量关于镜子的主题，像是对称、时间逆转等，同时包含了许多西洋棋的要素。该书通常简称为 Through the Looking-Glass。——译者注

第一部分 乡村,乡村的机构、功能和公众人物

笑道,这根本不算什么,目前的飞行速度仅算是"保持常态"。如果想要飞到更远的地方,飞行速度必须大大提高才行。中国人在腊月里忙忙碌碌也只是一种"保持常态"的方法。每家店铺,不管生意大小,年关一到外面都有一批跑腿的人负责"催债",这件事可没那么容易。欠债人同时也是债权人,他自己也要花时间去奋力追讨借出的钱。每个中国人都具有两面性,一方面要尽力追踪欠他钱的人,并且逼迫他们还钱;同时还要尽力逃避那些找他讨债的人。随着时间推移,躲债的难度越来越大。年关临近时,这项活动到达高潮。一笔钱款如果不能在年前追回,就要拖到下一年。谁也无法预知,错过了年度债务追讨的"末日",来年会是什么结果。尽管中国人习惯上将过年看作是清偿债务的时节,而其本性上很难做到这一点。很多被拖欠的债务对于债权人来说,无疑是一种精神上的折磨。

中国是一个既讲求实际又重视感情的民族。过年不应受到讨债的侵扰,但也只有趁过年才有机会讨回钱款。鉴于此,经常看到大年初一早上,一位债权人手提灯笼寻找欠他钱的人。大白天打灯笼有一种隐含寓意,这意味着太阳还没有升起,时间还是去年,因此还是适合讨债的时节!

考虑到上述七宗罪在整个中国的流行情况,我们对中国新年又有了全新的认识。新年是一个欢庆的时节,但无论是谁,其喜悦之情都抵不过一个债务缠身的人。他的喜悦之情更为强烈,因为他经过斗智斗勇,成功摆脱了最无情债主的逼债,还债又可以等到十二个月以后了。欠债人一旦度过年关狭窄险峻的关口,就可以重新进入广阔而平静的深水区,暂时不会再受到债主的侵扰。假如双方大年初一在大街上相遇,他们也大多不会提起前一天不光彩的追债和躲债经历,甚至对生意场上的事只字不提。谁要是违反了这一原则,就是不成"体统"。对中国人来说,成"体统"(或者叫按"规矩")是一种举国推崇的美德。

为了确保过年时家里有足够的食物招待客人,中国人制订了一项行之有效的计划,这一点体现在他们建立的"过年会"里。会里的每个成员在一年的前五个月里,每月缴纳几百至一千文不等的钱款,到六月份收麦子的时候,小麦价格降到年度最低,如:一百斤或每石小麦只要1 200文钱。过去五个月中,入会成员缴纳的钱款通过不断生息,已经积累起一大笔钱。新麦子上

市后,这些会费连本带息被集中起来,由协会财务管理人员统一购进小麦。到了年关,粮食的价格往往会翻倍。管理人员再按照时价,从馒头商那里换取馒头,并在入会家庭成员间分配。通过这种方式,每个成员不仅可以从钱款产生的利息中分红,还能获得两倍于麦收时节小麦价格的粮食。还有一种情况是,入会成员全年十二个月都要缴纳会费,全部款项分别用于购买馒头、小麦、棉花或者过年时每个家庭最急需的物品。这种协会的资金利息非常高,月息通常至少为3%,最高可达4%。钱款通常小额借出,借款人须有协会内部成员作为担保。如有借款逾期不还,通常会大闹一场。如果可能,也会通过武力方式追讨。追讨欠款的难度和不确定性,使得人们深刻意识到:"利息越高,风险越大。"

在中国,借款年利率通常高达24%到28%,到了近乎勒索的程度。然而,除此直接借款之外,还有其他利息率更高的借贷方式。中国人普遍热衷赌博,这种恶习成为牵制中国人幸福生活的罪魁祸首。不少中国协作组织都存在赌博行为。通过赌博,管理人员可以获取丰厚的利润。一旦某个协会里有了钱,就会在管理人员或托管人员的监管下用到赌博上去。赌博成瘾的人就算输光了也不会罢手,而是向借贷团体借款,借款条款由双方协商后视情况灵活决定。紧急情况下,一个赌输的人很可能向钱庄借款,如果借了800文,短期内连本带息一共需要偿还1 000文。年底结账时,钱款如果清还完毕,会员将会平分这笔钱。他们自己也有可能动用这笔钱赌博。如果一个会员借走其中一部分资金而最终无力偿还,债务就由其所缴会费抵偿,而借款人也将因此失去其所有投资。

第二十节

乡村恶势力

要想了解中国社会生活的全貌，必须先了解其恶势力。换句话说，充分理解中国恶势力的特点和本质，也就在很大程度上理解了中国社会。

据我们所知，恶势力是中国社会一大特色。这并不意味着其他国家没有恶势力存在，而是说中国的恶势力施展威力的方式具有独特性。这种方式与中国的民族性格息息相关，即渴望和平，不愿卷入纷争。我们的祖先曾是野蛮好战的民族，其间也存在恶势力，但他们的特点同中国这种热爱和平的民族中产生的恶势力有着本质区别。

我们所说的"bully"（恶棍、恶霸、地痞等）一词，在中国有多种叫法。其中最流行的一个是"光棍"，字面意思即"光秃秃的一根棍子"，专门用来指那些家徒四壁的人，这类人大多是地痞无赖。后来人们常用这个词泛指充当地痞或恶霸角色的人，不再考虑其经济条件和社会地位。正因为如此，我们使用这个词，也正好采用这一层含义。

考虑到地痞的社会角色，我们有必要将他们分成不同类别。他们可能同属一类，但是相互间又有一定的区别。总体来说地痞可以分为四类：第一类，乡村头面人物（如前文所述，这类人也有其他称呼方式）；第二类，调解人（并非真正意义上的"中间人"，而是斡旋者，专门干预他人事务）；第三类，乞丐；第四类，窃贼。

在中国，除了把人按照性别分成男女两类以外，还有一种每个中国人与生俱来都采用的分类法。他们根据人们在遭遇厄运时可能产生的反应而将其分类，这种方法就像是化学家根据元素之间产生的化合反应而将其分类一样。

中国人常常把某个村民是"老实"还是"不老实"挂在嘴边。"老实"的字面意思是"年老"且"坚固",延伸意义则是指一个人"性格温和、逆来顺受",但同时也暗含这个人有点"愚笨、容易上当"。这种品行有一种极端的称呼,叫作"死老实",特指一个人"死傻",即傻到了极点,可以任人欺负。这种人通常被俗称为老太太的脚趾头,一生受到压迫,没有任何反抗的力量。

我们以前曾听人说,乡村地痞就是一群粗鲁的人。他们一般也可以分为三个派别:独立派、组合派以及混杂派。独立派的乡村地痞自成一体,全凭一己之力行事。组合派则充分发挥中国人神秘而又不可抗拒的团结精神,召集一批人为之效力。而混杂派中不全是地痞,其中有一些人还有自己的生意或专长,地痞这种令人生畏的身份十分有助于他们解决生意场上遇到的问题。

简单来说,中国地痞的特点可以描述如下:脾气暴躁、情绪激动,绝不"吃亏",凡事奉行"睚眦必报"的原则。值得庆幸的是,绝大多数中国人属于"老实"人的行列。为了树立不"老实"的形象,精明的村民常常会采用以下策略:穿衣袒胸露乳,显示出好斗找碴的性格;出言不逊,对于抵触自己的言行深恶痛绝。当然,这种现象在所有国家都可以看到。

这种人故意歪戴帽子,衣服穿得凌乱不堪,茂密的头发辫成一条胳膊粗的辫子,且故意从离头很远的地方开始辫起;而辫梢要么绕在脖子上,要么盘在头上(这在中国是一种非常不礼貌的行为),似乎是在表示他勇武好斗;外面的套裤故意系得松松垮垮,留出里面面料相对高级的里衬;他还总是趿拉着鞋子,显露出丝绣的棉袜后跟,似乎是给村子里的人们示威。曾经有一段时期,人们因传言很多孩子遭到绑架而恐慌不安,有一个人就因为衣着怪癖而被当成犯罪嫌疑人予以逮捕审查。

通过这种怪诞的打扮,这类人无一例外地会被人们看作危险人物,从而对其敬而远之。一只没有经验的猫,在试图吞噬一条蜥蜴前,肯定会犹豫良久。很显然,若是一只爬行动物想要跟猫斗而装扮成蜥蜴,肯定是一种行之有效的办法。上面讲到的地痞在中国再普通不过了。他们的武器,就跟中国的城墙一样,仅仅是属于防御性的。

更具危险性的一类地痞就不会这么被动了。他们总是想方设法地插手别人的事务,以从中牟利。他们中间最阴险的是那种不费多大力气,就能将目标置于死地的人物。把这类人称作咬人不露齿的狗,再恰当不过了。

第一部分　乡村，乡村的机构、功能和公众人物

想在一个村子里"称王称霸"的人，通常会采取一些广为人知的策略，这些策略在其他国家甚至文明程度较高的国家也存在。如果没有可以挑起事端的明显借口，他就会通过辱骂找碴，这是一种常用的挑衅办法。中国人对这种挑衅不可能视而不见。"遭人辱骂而无动于衷"是没有羞恶之心者的行为。在中国，大凡有实力反击的人，都不会面对辱骂而处之泰然。

中国社会结构极其复杂，人们的行为方式也多种多样。一种行为虽然不具有明显的敌意，但实际上很可能是一种挑战。比如说，一个地痞公开宣称下个月将邀请戏班到本村唱戏，如果有人反对，则会被视为一种敌意，甚至是挑衅。地痞必须保证戏班顺利请到，否则就会"丢脸"。只要地痞尽力想做，这件事一般没人能够阻止得了。

通常情况下，村庄终会笼罩在某个地痞的威胁下，他似乎无时无刻不寻衅滋事，向人们发布某种最后通牒。地痞威胁人们的方式很隐晦，但其含义却无人不知无人不晓。如果甲是一个地痞，乙要公开反对他，那么甲就会公开宣布，如果乙怎么怎么做，他绝不会容忍，言语中暗含威胁。如果乙领会到其中含义并冷静避让，则彼此相安无事。否则，争斗将不可避免。

成为地痞的最佳条件——并非必要条件——是身强力壮。前文提到过，在村庄里"称王称霸"的地痞的绰号是"村大王"。在那些擅长打斗的人中间，"村大王"必须天生身强力壮，无所不能，因为他随时需要通过武力来摆平事情。

鉴于此，年轻人为了比别人胜出一筹，都会接受系统的"拳脚"训练。娴熟的擒拿格斗和扎实的拳脚功夫，比如一拳击落城墙上一英尺厚的一块砖，很多情况下都是非常了得的功夫。

笔者认识一位年轻人，是他们村子里最强壮的人。有一次，他被差遣到一座远方城市办事，偶然路过一个离家四十里的小镇子，那里当然没有人认识他。镇子里有一群地痞无赖，那天正好聚集在衙门口，他们拦下这位土气的庄稼汉，盘问他姓甚名谁，去往何方。他慢条斯理的回答显然激怒了这几个无赖，他们不由分说围上来就要打他。这时候，庄稼汉的拳脚功夫派上了用场，尽管有两个人骑在他的头上进攻，他还是设法抓住其中一人的踝骨，使劲这么一拧，上面的人脚踝几乎脱臼。一通拳脚后，这帮无赖被打得嗷嗷直叫，毫不

犹豫地放了人。第二天，无赖们为此事专门设宴给庄稼汉赔礼道歉。宴席上，有个地痞走起路来一瘸一拐，显得十分虚弱。他坦承，这次袭击显然是低估了对方的实力。

事实一再证明，凡是受到过地痞欺压的村民，第一个想法肯定是如何召集一群精通武术的人以暴制暴，让地痞也尝尝挨打的滋味。笔者结识过一位村民，他所居住的村子盘踞着一伙肆无忌惮、恶贯满盈的地痞。有一次，这位村民的家被地痞洗劫一空，在诉诸法律无望的情况下，他便召集了一批武艺高强的人，在村子附近袭击了这伙地痞。这伙人在遭到痛击后，只好无奈地将老巢转移到别处去了。

地痞一般都是穷人，这是做地痞的有利条件，因为他们什么都不害怕失去，但是贫穷绝非是做地痞的必要条件。在中国，贫穷是物质生活极度贫乏的代名词。为数不少的人全部财产加起来也不会超过五美元，成千上万的人更是吃了上顿没下顿。若是在欧洲，这类人会被称作"危险阶层"。然而，中国的穷人除非被逼到走投无路，否则他们很少会聚众滋事，成为危害社会的因素。而作为个体，中国穷人会借助某种资质，变成"村大王"，从而过上逍遥自在的生活。

这类人由于从来没有鞋子穿，被中国人形象地称作"赤脚汉"。常言说："赤脚的（也称泥腿子）不怕穿鞋的。"因为光脚的可以随时跳到泥坑里去，而穿鞋的却不敢随意跟进。换句话说，赤脚汉无所顾忌，他可以通过公开或暗中威胁、报复有产者。有产者因为害怕破财，很容易落入彀中而不能自保。

报复的形式依情况不同而各不相同，最常见的方法是纵火。在一个人口稠密的村子里，村民家通常堆放着大量的柴火，这时，纵火便会成为致命一击。纵火事本容易，但是要想灭火则难上加难，甚至根本不可能做到。我们听说的这类事件就有很多。尽管人们奋力扑救，但火势根本难以控制。人们对火灾的恐惧十分强烈，单单这一个原因，就足以使得很多村民对地痞服服帖帖。邻居们人人自危，不愿和受害者发生关系，更别提帮忙救火。有一户人家屡屡遭人纵火，最后一次连马车也被焚毁，除了轮子上的金属零部件，全都化成了灰烬。受害人后来才发现，马车的轮子被纵火者用宽皮带绑在车棚的门框上，就算想把车子拉出火场，也是徒劳。

第一部分　乡村，乡村的机构、功能和公众人物

报复的另一种形式是毁坏庄稼。农村的土地都被分成一个个小块。一家农户的田地会同很多家接壤，这就给破坏者提供了机会。当庄稼下种，特别是成熟的时候，也是挑起争端的最佳时机。用石头做农田界限显然太昂贵，于是农民一般都用矮木桩来标志各自的田界，这种东西很容易被移动或是破坏。一般而言，田地的界限并不十分明显，一家的田地四周边际具体到哪里，并没有精确的划定。

这就给地痞提供了大显身手的好机会。众所周知，地痞是无所顾忌的，什么也不怕失去。谁家的田地若是与地痞为邻，将会是一件麻烦事。还有一些土地，如公共用地、河堤、寺庙用地等，也只有地痞有胆量耕种。这类土地上的庄稼成熟后，必须有效防御旁人偷盗，只有地痞具备保护这些庄稼的实力和狠心。

麦考莱[①]在记述有关罗伯特·克莱武[②]的著作中提到过一件事，至今还在英国的什罗普郡[③]传诵。这位征战印度的伟大战士罗伯特·克莱武，年幼时曾经"将镇上游手好闲的年轻人召集起来，组成一支掠夺成性的队伍。他们强迫当地店主缴纳苹果和少量钱款作为保护费，以保证他们窗子的安全"。年轻的罗伯特·克莱武所采用的原则，正是中国地痞们的一贯做法，这是一条亘古未变的原则：

"老规律，很简单——有实力抢夺的就抢，有本事阻挡的就挡。"

地痞们敲诈勒索的手段层出不穷，"法律诉讼"便是其中令人生畏的一种。谙熟此道的地痞往往熟悉衙门里的每个人。他实际上已经成为衙门最好的顾客，更确切地说，他为衙门招揽来了生意。衙门就像是一张蜘蛛网，地痞便是坐镇网中的大蜘蛛。飞虫被他驱赶进网，再想出来可就难办了。

如果对手是富人，地痞采取的方法往往是栽赃。他将一包私盐丢在富人家门前的过道上，暗地里通知缉私的"盐官"前往查处，指控对方违法贩卖私

[①] Thomas Babington Macaulay（1800—1859），英国历史学家、政治家，出生于勒塞斯特郡苏格兰贵族之家，自幼博闻强记，著有《自詹姆斯二世和威廉三世即位以来的英国史》，即《英国史》。——译者注
[②] Robert Clive（1725—1774），英国著名的军事冒险家和司令官，曾建立英国东印度公司在印度南部和孟加拉的军事霸权，通常被认为是建立英属印度殖民地的关键人物。——译者注
[③] 英国英格兰萨洛普郡的旧称。——译者注

盐。通常情况下，这个"盐官"本身就是走私食盐的贩子。他和中国其他官员一样，不受任何道德约束。遇到这类诉讼案件，富人不花上几千文钱很难脱身。衙门有时也判罚富人出资修缮城墙、修建庙宇或者其他公共设施。在中国，要打赢一场官司十分艰难，其情形类似于阿拔斯王朝①时期的巴格达，当事人必须头戴隐身帽、脚穿神行靴才行。中国的地痞们在衙门里狭路相逢时，其情形正如《一千零一夜》里讲到的各种故事一样：具有同样魔法的巫师们打斗起来，自然是一场棋逢对手、将遇良才的恶战。

在令人生畏的地痞行业中，最有才干的当属文人，或者是已经考取功名的秀才。这类人因身上有功名而享有特殊待遇，比如，享受到别人无法享受的申辩待遇；免受公堂上别人不得不挨的棍棒之苦；有资格为自己或他人准备诉讼；并能够切实掌握诉讼文件所产生的法律效力。

秀才享有的这些待遇非常诱人，常常有人因此不惜一切代价，考取秀才这一最低功名，并且直言不讳，目的就是余生中可以借此提高身价，欺压街

衙门入口

---

① Caliph Harun al-Rashid 阿拔斯王朝，阿拉伯帝国的第二个世袭王朝。749 年取代倭马亚王朝，奠都巴格达，直至 1258 年被蒙古人所灭为止。《一千零一夜》即是以该王朝都城为背景。——译者注

第一部分 乡村,乡村的机构、功能和公众人物

审案公堂

坊四邻。中国所有的地痞都令人畏惧三分,但不管哪一种都抵不过文人痞子的威力大。

中国还有一种地痞我们不得不说,因为她们是最独特的一类,即女地痞。她们的特性在本质上同前文所述的各类地痞没有区别,但是其存在远远超出我们对中国社会的预期,于是必须专门进行解释。女性地痞完全由于其生长的环境进化而来。她们伶牙俐齿、举止粗暴,大有呼风唤雨之能事。这些才干使得女地痞们深得衙门里"虎狼之人"的重用,将一批批受害者拖上公堂。女地痞同男性同行一样,能够为衙门差役所用,挑起诉讼。一般的受害者遇到这类无穷无尽的无理缠讼,无不落得倾家荡产的下场。女地痞是极其恐怖的角色,打起官司几乎无懈可击。因此,聪明人都不会去招惹她们。中国有句俗话说得好:公堂上的女人,淫威大过举人。有位幽默的哲学家曾说:"一只发威的大黄蜂,足以搅乱一场野营聚会。"一个中国地痞一生中平均能给他人造成多少伤害,根本无法估计。

清政府看似具备保持局势稳定的能力,而实际上一旦出现需要强有力手段来处理的突发事件时，便显得十分软弱无能。只要有暴乱发生，必定会愈演愈烈，变成一场声势浩大的运动。对此，地方政府往往显得无能为力。社会个体成员间的矛盾也是如此。如果出现有人违法犯纪伤害他人，差役们从不会拘捕肇事者。争斗一般通过第三方进行调解，而调解人大多会偏袒责任人，最终恢复和平。然而，一旦其中一方有能力召集一支足以胜过对方的武力，毫无疑问会占上风。

就这一点而言，地方恶势力形成的集团对中国社会的安定构成巨大威胁。比如，当某人同其仇敌发生激烈争吵，两家的积怨就会在一场乡村集市上演变为家族间的斗殴，这种事件一年四季都可以看到。其中一家与某位地痞相熟，这个地痞又有一帮随时可以招致麾下的帮手。这家人看到地痞后，就向他诉说自己的遭遇，并请求帮忙。于是，这个地痞通知其同伙，告知他们有朋友需要相助，召集他们集体出动。这帮人赶到集市上，抄起小商贩们搭建摊位的木棒，美其名曰"借用"，还保证用后会归还。在这帮不法暴徒的协助下，他们迅速打败对手，轻而易举取得胜利。旁观者没人敢管闲事，如果谁敢插手，其后果将不堪设想。这种现象并非意味着地痞团伙内部存在某种固定组织，他们能够随时聚集起来，大多因为这种斗殴本身的惊险刺激，再加上事后能够享用一顿犒赏他们的美餐而已。

这类事件频频发生，暴露出清政府的软弱无能，但同时也充分显示出其稳定性。如果有数百万中国人对现行统治不满，他们很容易团结起来，推翻政府。然而，一个不容争辩的事实为政府的稳定统治打下了坚实基础：中国民众作为一个整体，不愿意颠覆他们赖以生存的体制；而同样一个确凿的事实是，中国民众很难组织成一个团结一致的团体。

在某位手握实权的领袖指挥下聚集起来的一群人，对其居住地区确实会构成严重威胁。毫无疑问，没有人会羡慕该地县令的位子。这些团伙的真正目的是劫掠财物，县衙也在劫难逃，成了他们攻击的目标。因此，县令必须配备训练有素的守卫兵，以防备夜间遭到袭击。《京报》上偶尔也会报道此类案件。尽管县衙戒备森严，但依然会遭到洗劫，甚至于官印被盗，导致县令直接丢了乌纱帽。对此，老百姓或许拍手称快，感觉窃贼为他们出了一口恶气。

这类目无法纪的团体虽然规模不大，却时常打破中国人平静安详、井然有序的生活。然而，打斗事件的发生并非全都由地痞发起。汉语中存在大量和老虎有关的谚语，寓意十分广泛，其中一则就将地痞形象地喻为"社会虎患"。其中一则谚语大致意思是说，一只老虎如果伤人过多，难免会跌入陷阱。其寓意很明显，地痞如果树敌过多，一旦遇到麻烦，所有敌人都会伺机报复。

这类事件时有发生，而且经常造成人员伤亡。《京报》经常大篇幅报道这类案件。我们曾经听过这样一个案例，某个地痞遭到一帮人袭击，其中不少人曾经吃过这个地痞的苦头。有时，地痞遭人绑架，或者干脆被杀害。在广东和福建两省，村庄或家族之间的械斗通常也会采取类似方法。他们的做法像是中世纪封建统治时期的作战方式，双方集结势力进行一场武力对决。官府对这类事件不到万不得已不会过多干涉，任凭事态恶化。打斗结束时，官差们才会出面逮捕一些闹事者，政府机器此时才重新运作起来。

前文已经提及，文人地痞是中国地痞中最令人恐惧的一类。然而不管是否有真才实学，要想成为人人惧怕的地痞，还需要另外一个条件。如果该人家里一人或多人在朝为官，并手握实权，那么这个人就会成为地痞中极其危险的一分子。地方报纸及《京报》上经常曝光此类事件，充分显示出处理这些罪犯的难度。即使是穷凶极恶的杀人犯，也能找到"调解"办法。如此一来，有背景的犯人很容易逃脱法律的惩罚。

以下案例发生在三十多年前，笔者曾经在事发县城附近居住过很长一段时间。这件事能够充分显示上述案件的特点。

18世纪时，县城里居住着一个姓陆的人家，家中有人官至阁老。如此显赫的家族在县城中仅此一家，他们在当地的影响力之大不言而喻。县令时时需谨慎行事，以免得罪这一豪门。当然，如果县令能顺利地从这家人那里征收到全国人都应缴纳的普通土地税，也就不会有什么是非。

有一次，县令责成其下属去征收这家人的土地税，但差役未能如期完成任务，于是不断遭到县令毒打。万不得已之下，这位差役来到这家人的豪门大宅前，谦卑地跪地叩拜，求看门人进去通报一声，将税款付了。

阁老的遗孀是一家之主，得知这一请求后，下令家人套好马车，前往县衙询问实情。县令曾一度幻想她的到来能将欠款付清，说不定还能向她借点钱用。然而，她的言辞瞬间打消了县令的这个念头，她告知县令，来这里是为了找县衙"借"几千两银子。县令一听，只能答应照办，并以最快的速度将钱筹齐。起身告辞时，她又附带着说，她家的看门人屡屡遭到前来收税人的骚扰，希望今后不要再看到这类事情发生。

还有一件事，发生在阁老还活着的时候。有人到县衙喊冤，声称阁老的儿子在家中非法囚禁一名婢女。这位婢女先前已有婚约，如今到了出嫁的年龄，雇主却拒不放人。县令传来阁老的儿子，通知他有人告了他的状，并希望他能够释放被扣押的女子。然而，县令做得有些过火，他一怒之下杖责了陪伴陆家主人的家奴，因为此人在公堂上实在太嚣张无礼。阁老的儿子气急败坏地回到家中，修书一封将案情禀报给了父亲。不久后，县令接到一纸调令，升任到四川省某地去做知府。

对于一位官员而言，升任异地为官是一件大事。而赴任所要跋涉的路途极其遥远，几乎要横跨整个中国，且沿途既会遇到麻烦，也要花费不少盘缠。在他刚刚经过长途跋涉到达遥远的异乡没多久，又有一纸调令到来，升任其到云南省做官，这又是一段艰难而又昂贵的行程。然而，他历尽艰辛到达云南任职没几天，却被再次告知已经升任到长城以外地区做道台了。这时候，他才突然意识到这一连串升迁背后隐藏的玄机。此时的他，既不能忍受已经染上的重病，也不敢想象未来还要遭受的苦难。无奈之下，他只得"吞金"而死，由此彻底摆脱了再次升迁带来的磨难！

第二十一节
乡村头面人物

我们在中国乡村观察到的诸多现象，无一不是中国人协作天性的例证。

中国人的协作天性在这种半自治性质的小乡村里得到充分展示，而整个中国就是由一个个小乡村构建而成的。乡村的管理掌握在村民自己手中。起初，这种管理形式很容易被误解为一种纯粹的民主。但经过稍微详细的观察便会发现，重大事务原则上是由村民处理，而实际上全体村民没有决定权。权力往往掌握在少数几个人手中，这些人在不同地方的头衔不尽相同，其职责也相应地有所不同。

我们经过考察发现，中国乡村看似完全一致的外表下，往往隐藏着巨大差异，不仅天各一方的乡村如此，就连紧紧相邻的两个地方也千差万别。由此可见，对乡村管理模式进行普遍性的概括很难，但对其中个别村子的描述相对容易。如果在不同地区，观察方法和观察角度可能会有所不同，但得出的结论却大致相似。

每个中国乡村都是一个自治的小王国。两个或多个紧密相连的村庄，一般由同一个领导团体实行统一管理。这些负责管理的头面人物有时被称为"乡长"或"乡老"，有时也被简单称作"首事人"。一般而言，这些人并非直接任命，而是通过村民推举产生，然后再由县令核准入职。在某些地区，这种情况的确属实。为了监督乡村头人认真履行职责，地方豪绅通常受邀为其作保。

"乡老"一词的字面含义，很容易使人联想到拥有此头衔的人，肯定是村里最年长的人，而事实上并非如此。他们并非最年长，也不一定最富有，但一般而言，拥有一定家业的人往往会通过某种形式参与到这种管理中去。尽管也有考取一定功名的文人担任乡村管理者，但并非所有村庄都是如此。

有些地方的推举方法十分宽松，头面人物的数量与村庄规模之间不存在必然联系。乡村首领的职位不可以世袭，也没有任职期限。一个人在某个时间段可能以管理者的身份履行职责，而在另一段时间却会拒绝或者干脆忽略该项职责。在这些地区，乡村头人既非通过正式选举产生，也不通过正式选举罢免，他们通过一种机缘巧合的方式，似乎自然而然地坐到了这个位子上去。一位合格乡村头人所要具备的素质同其他行业没有区别。任职者必须天赋异禀、讲求实际、通晓事理，并且甘愿花费无穷无尽的时间和精力处理其职责范围内的村务。

乡村头面人物肩负的职责十分庞杂。他们既要跟官府打交道，又要处理村务以及村民私人之间的琐事。所有这些职责都摆在他们面前，他们也是最擅长处理这些事务的人。

土地管理和征收谷税是和官府打交道时最重要的两件事，具体的办理模式和征收方法，各地差别很大。来自官府的摊派多种多样，比如：为地方官府运输物资，招待官府公务人员，筹备修缮堤坝的物资，组织整治河务的工程，交通高峰季节巡查官道等事宜。

县令与村庄之间的联络人在中国称为"地坊"或"地保"，他们必须同乡村头面人物保持密切联系。头面人物具备执行功能，官府的政令必须通过他们才能得到具体实施。

与乡村有关的事务主要包括以下几类：建筑或维修围墙（如果有的话），看护大门（如果村口大门需要在夜间关闭），开设和管理集市，约请戏班，组织看管农作物，惩处触犯公理的人，建造并修缮庙宇，挖掘公用新水井或者清理旧水井，以及其他村内传统事务和现实需要。

值得关注的是，清政府尽管理论上多多少少有些专制独裁，但其对于民众因自身需要而聚众结社并无任何限制。如果愿意，任何一个村子的村民一年四季不管哪一天都可以聚集起来。官府对此并不会派人监督，也不对自由言论加以控制。人们可以畅所欲言，至于村民谈论的内容，县令不仅一无所知，而且根本毫不关心。官府有比间谍行动更为紧要的任务，他们借助环环相扣的各级府衙，严密控制着人民的动向。然而，一旦有暴乱发生，这种自由言论便会遭到封杀，这是一个人人心照不宣的事实。

不管中国人的管理方式如何，占据乡村头人职位者要么发现这个职位的好处，要么主动将其变成利己的机会，这样的例子数不胜数，绝不是什么稀罕事。

每个村庄都会持续不断地发生一些事情。这些事虽然不属于公务，但必须由善于斡旋的人从中调解处理。他们不仅对事情的本质了如指掌，也知道应该如何应对。总有些中国人对这类事情乐此不疲，比如：调解家庭纠纷、邻里矛盾等。一旦发生此类事件，乡村头面人物并会受邀参与处理。

然而，这些工作往往十分劳累，调解人事后能够得到的不过是当事人的道谢和宴请。除此之外，他们还要负责筹集公共物资，支出公共款项。每个村子都拥有涉及公款收支的各项事业，这些事业全都掌控在那些实力派手中。

尽管其他国家的"当权派"和"在野派"在涉及上述事务中的斗争屡见不鲜，中国却很少看到这种情况，因为其民主程度实在很低。然而，这类斗争在中国有时也在所难免。我们听说一个村庄，那里有一帮人长期垄断着村里的公共事务，最终招致他人非议。这些批评者虽然年纪轻，但坚信自己并不比他们的管理能力差。两者斗争的结果是，当权者主动下野，把位子拱手让给了批评他们的人。在中国，这是管理机构中人事调整很常见的一种方式。

显然，这种轻而易举成功夺权的案例相对较少，因为"当权派"具备固守职位的各种优势，他们可以对外界的批评置之不理，完全沉浸在其职权所带来的物质利益的满足感中，任由他人评说。就传统而言，他们能给自己的任何行为找到先例。而先例对中国人来说是弥足珍贵的，为人类行动划定了天然界限。

在不少村庄里，能够看得懂账目的村民极为稀少。那些具备这种能力的人由于从来都没有参与公务的机会，所以根本不熟悉这些事务。

不少人虽然清醒地认识到村庄事务管理方法中存在的种种弊端，但出于两个明显的原因，他们对此事不会提出任何异议。首先，这样做将会在村中头面人物中引起一场轩然大波，这是他们不愿看到的结果。其次，就算反对取得成效，当权者被全部撤换，要找到另外一批能够以全新方式管理村庄事务的领导者，几乎不太可能。这种变更就好像是赶走了一群被喂饱的苍蝇后，又迎来另一群饥饿的苍蝇。这种领导者变更的方式，中国人大多不会赞同。

不满情绪真的产生后，事态又将如何发展呢？笔者借用亲历的一件事来说明这一点。有一年，流经山东中部的一段黄河决口。朝廷下令，山东境内靠近决口流域的各县，必须提供一定数量的稻谷秸秆作为修缮河堤的材料。秸秆由政府设立机构，出现钱从村民手中购买。由于个别县城距离河堤有至少两天的路程，卖出秸秆所得钱款根本不足以支付长途运输期间人畜的食宿费用。另外，政府官员掌握着一切主动权，负责运输秸秆的人们完全处于他们的掌控之下。官员们办事拖沓，只有他们方便时，才会接管和称量村民的秸秆。通过这种方法，运输秸秆的车队被"囚禁"在了那里，不断消耗盘缠。最终造成的结果是，他们情愿一分钱不要，也想早点扔下运来的秸秆，赶紧回家。

我们事后从运输秸秆的人那里得知，他们中也有人最终一分不少得到了应有的酬劳，这种弊政在当地十分普遍。我们上文说到的那个村子里，县令将筹集和运输秸秆的事务交由一个年长的头面人物负责。这个人是秀才，他自然而然地指派自己的几个学生操办具体事宜。这些人共分三批将秸秆运到存放地，获得大约 70 000 文的报酬。他们充分利用当地流行的糊涂账做法，没有向村民公布收入明细，轻而易举地将到手的钱财克扣出一部分，装进自家口袋。

这种情况持续了一年多，终于有一部分村民按捺不住内心的不满，在一座村庙里召集大家开会，要求公布账目明细。可以设想，这种账目根本就不存在，谈何公布？秀才意识到了问题的严重性，便找到几个同村人与群情激愤的村民展开"和谈"。他们这样劝导村民："如果事态进一步升级，闹到县令大人那里，无辜的老秀才不但会因此颜面尽失，还可能会被革去功名。其他相关人员将遭到杖责，最终会因此引发仇恨，甚至持续几代人的世仇。"斡旋者随后提出一个解决办法，由老秀才设宴了结此事，村里每个姓氏派一名代表出席。这个方案最终被双方采纳，除此以外的确没有其他切实可行的办法。这件事最终以一种强制性遗忘的方式淹埋在人们的记忆中。这类事例具有非常广泛的代表性。

在不少村庄里，总有一些好事者，以同别人发生争执为乐趣。这些人成为所有"村民管理委员会"的"肉中刺"，他们的事没人愿意出面干涉。由村庙引发的诉讼时有发生，然而与大型宗祠相关的争端和诉讼却基本上不会发生，这一点儿确实有据可查。

在有些地区，修建庙宇多是一时冲动而效仿别人，并非出于实际需求。这些庙宇建成后，不但成为人们持续不断的经济负担，也将成为争端发生的根源。这些地区的庙宇里，常有僧侣被驱逐出庙宇，还有的僧侣实在待不下去，便主动弃庙宇而去。

类似的一件事就发生在笔者住所的附近。一位有权有势的头面人物发起诉讼，将一个寺庙里的和尚赶得只剩下一个。和尚们离开后，他就自然而然地接管了寺院的土地，扣除寺中唯一一个和尚的合法所得后，将其余收益全部侵吞，最终连一点点账目都没有留下。就连原本属于寺庙的马车和马具，也被他据为己有，放在了自家的院子里，好像本来就是他的。

如果问起村里那些明事理的人们，为什么不反对这种侵蚀公共财产的行径，他们的回答肯定全都是："谁愿意挑起一场必输无疑的官司呢？反正不关我的事。"这个特立独行的村庄虽然并不代表中国的普遍情况，但其作为一个负面案例足以充分表明，在中国存在一小部分人，他们通过横行霸道的方式寄生在社会集体中。他们的做法类似于多年前美国的特威德集团[①]成为寄生在纽约市的一个毒瘤。如果有人反对该集团，集团发言人便会模仿特威德先生的口吻，傲慢地反问："你又能怎么样呢？"而听者只好赶紧回答："噢，没什么。这样很好。"

在同一个镇子里，还发生了一件因为村务引发的纠纷。有一年，村庄的农田受到水患威胁。部分农田正好位于可能遭到洪水淹没的地区，而其他农田位于地势较高处。洪水逼近时，乡村头人指挥村民们在堤坝上抢险救灾。为了加固堤坝，他们慌乱中就地取材，将手边的稻谷连根拔起，当成筑堤的材料埋在土里。而庄稼被毁坏的村民没有得到任何赔偿。人们认为，这种损失在紧急情况下是应该的。从这种损失中获益的人占到绝大多数，他们根本不考虑任何赔偿问题。几天以后，为了支付修筑堤坝的劳务费，头面人物开始挨家挨户，按照田亩数量征收钱款。他们收到庄稼被毁的一个人家时，户主人恰好外出不在。面对村里的权威人物，户主人的儿子不仅毫不惧怕，反而表达了对其庄稼

[①] 特威德（1823—1878），美国政客，在纽约建立"特威德集团"，结党营私，侵吞巨额公款，以伪造和侵吞公产罪被捕入狱，死于狱中。——译者注

遭毁坏的愤慨。他还声称，他们家不仅不应该缴纳这份支付修筑堤坝的费用，反而应该得到损坏庄稼的赔偿。这一观点不管是否符合常规，在头面人物看来无疑是最具危险性的忤逆之罪。

户主人回到家时，发现头面人物已经离开村庄，前往县城去了。他要状告这家人拒绝缴纳保护村子应支付的钱款。这种罪名的诉讼所带来的伤害，比任何洪灾的后果都要可怕，肯定要将这家人击垮。情急之下，户主人赶紧出去追赶这些头面人物，并且承诺通过第三方协调解决。费尽一番口舌之后，头面人物被劝回了村子，没有进城提出正式指控。

闯祸小伙子的父亲找到几个外村的亲朋好友，请他们前来代替他同村里这些被激怒的村庄守护者交涉。第二天一早，接受了这个艰巨任务的人来到村子里，拜会了其中几个头面人物。要想把这些人同时召集起来根本不可能。因此，他们必须先拜访一批，然后再拜访另一批，一直到同所有头面人物都详细交涉过为止。谈判过程中，调解方案一遍又一遍地提出、修订、否决、补充，然后再一遍遍地重新提出，整整花了一天时间还不算，谈判又持续了一个晚上，直到隔日公鸡报晓，也就是事发第三天早上日出以后，这批负责斡旋者才回到自己的村子。他们总算不辱使命，最终说服头面人物将原定罚金降至最低，仅仅做了象征性的惩罚。

这种事例不计其数，随处可见。中国社会的恶势力形成了一种内部协作机制，在很大程度上改变了所有社会现象，并且引发严重后果。

第二部分
乡村家庭生活

第二十二节
乡村男孩和成年男子

中国古籍《诗经》中有一段描绘帝王宫殿情景的诗句，体现出古代中国人重男轻女的思想。在描述过帝王梦境之后，诗人写下了这样的诗句（该段诗句在原作中由理雅各博士翻译为英文）：

乃生男子，载寝之床，载衣之裳，载弄之璋。其泣喤喤，朱芾斯皇，室家君王。乃生女子，载寝之地，载衣之裼，载弄之瓦。无非无仪，唯酒食是议，无父母诒罹。

仔细品味诗的内涵，再联想一下现在的中国人，他们毫无疑问是继承了其祖先理念的直系后裔。

与年长后相比，中国男孩在刚出生后的最初几年，无疑是最快乐的时光。一个男孩的出生带给家人的那种欣喜是西方人难以理解的。只要他想要的，家人就会给他，正如上述诗句所写的那样，集宠爱于其身。这种待遇让我们这些客观的评论者感到不可思议。在中国，可以说母亲是孩子的奴隶。孩子一哭就得赶紧哄，竭尽所能制止这种局面，不会让孩子一直哭下去。在这方面，似乎男孩女孩没有过多的区别对待。

中国人给孩子取名和北美印第安人的做法相似，他们常常以孩子父亲当时印象最深刻的事物来取名，如篮子、车子等。中国农历有生肖一说，生肖的一轮周期为12年，分别以不同的动物为代表，如狗、鼠、鸡、虎、马、猴等，常被人们用来命名。若一个孩子出生时正值其祖母的七十大寿，那他很可能被取名为"七十"。许多孩子甚至连正式名字都没有，为了防止搞错排行，只以数字作代称，如三、五、六。若一个孩子看上去很壮实，那他可能就被叫作"石头""强壮"。长得胖的叫"胖墩儿"，皮肤黑的叫"黑蛋儿"。"楞子"和

"傻蛋"也是常见的名字。若一户人家的前几个孩子都不幸夭折,那新出生的会被叫作"大佑"。

有的父母唯恐唯一的儿子被恶鬼捉去,便给儿子起个女孩名字如"丫""婆"等来迷惑鬼魂,以其人之道还治其人之身。或者将儿子名义上过继给别家,如此一来,鬼魂便会困惑于他到底是谁家的孩子。若一户人家嫌女儿太多,便会给其中一个女儿起名为"满妹",给最小的女儿起名为"招弟",意思是"召唤生一个儿子"。女孩常根据鸟、果或花等取名。

上面提及的都是"乳名"和"小名"。但对于陌生人来说,即使知道也不应该用这些称呼。因为对于一个成年的中国人而言,没有什么比在公开场合下被人唤作小名更具侮辱性。这种情况当然少之又少,因为它暗示着称呼者非常了解并鄙视被称呼者的身世。

在中国,一个大家庭内部的取名很是方便简单。同辈人(几代堂亲之内)的名字有其相似之处。比如一个人姓"王",他的名(可以是两个字,也可以是一个字)里有一个"春"字,那他的兄弟们很可能叫王春花、王春香、王春田,甚至他同辈堂亲的名字都会和"春"有关。这些名字按惯例都要被记录在家谱上,晚辈不能和上一辈同名,至少在几代内是不允许的。《京报》就曾报道过某高级官员改名时因一时疏忽与长辈重名的事情。

不仅中国的兄弟姐妹名字中使用同一个字,盎格鲁-撒克逊人也有相似的习俗,兄弟之间的名字也都有相似的音节,比如说爱德华、埃德温、埃德蒙、埃德加等。

除名字之外,还有一种朋友之间的称呼更常见。通常是出于尊敬和熟悉,人们会在对方有代表性的品行前面加上个"老"字。比如说王春芳德行好,那么他除了被叫作其他名字之外,很可能还被朋友叫作"王老德"。而且学生还会有自己的专用名字,和其他名字没有一点儿关系,这样一来很多中国人常会有三个甚至四个名字。估计若有一个西方人给中国人写信,一定会在称呼上大伤脑筋。

除去上文提及的名字上的含糊不清,若一个写信人在收信人一栏只写他们二人知道的名字,虽然简单易写,但对送信人来说却是棘手不已。曾经有一个中国教书先生被请来辨认一封信的姓名、地址,但他和其他人一样都不得而知，最后才弄明白这封信是写给他儿子的！乡村男孩很少考虑到这些将来会造成困扰的麻烦事，他们的正式名字甚至一生都不会被提及。

若与外国人不知该如何称呼中国人时的尴尬相比，上述简直不足为道。汉语中，没有和英语的"Minster"和"Master"直接对应的词语，最相近的是"先生"，该词用于从事教书的老师或是表示尊称，但有时候也会指算命的盲人，甚至是乞丐。汉语里尊称很多，但乡下人难以理解，因而很少使用。中国有句古话叫"四海之内皆兄弟"，所以中国人很爱攀关系。比如说一个过路人会向陌生人这样问："大哥，借个光，打听一下这条路是去北京的吗？"如果对方年纪颇大，会称其为"大叔"或"大爷"。年纪不同，叫法也不同，这样对于外国人来说，到底选择哪种称呼，无疑是难上加难。

在中国，已婚妇女实际上是没有名字的，只有两个姓，一个是丈夫的姓，一个是父亲的姓。因此一旦有同姓的，就难以区分了。而且相对于男性，若向一个陌生的中国女人打招呼，情况会更加尴尬。在一些地方，"嫂子"这一称呼适用于任何女性，但有一些地方只能用"大娘"，而另一些地方只能用"奶奶"。如果碰巧一户家庭有三代妇女（尤其有一个未满二十新婚不久的少妇），若是都称之为"奶奶"则是荒谬之极。乞丐们会在家门口叫着"大娘""大婶"来讨些吃的。此外，女人一旦过了中年都可以被称为"老太太"。

至于中国小孩长到几岁才不再需要被父母背来背去，也没有明确说法。所以经常能看到一种很不正常的现象：母亲颤颤巍巍地挪动着三寸金莲，身上背着身形有她一半大的孩子，还解释说"他不肯下来走"。由于在中国没有教育孩子独立、自制以及其他一些有用的预备课程，就会造成这样的后果。但是中国孩子都很现实，当家里又添了几个小弟弟或妹妹时，他会意识到"唯他独尊"的时代已经一去不复返了，而且他很快就会适应这种境况的转变。

西方文明社会对于孩子的童年时期是非常关注的，但一个普通的中国父亲对此毫无概念。这并非说他不爱自己的孩子，相反他的爱丝毫不少。只不过他从未想过要走进孩子的生活，去了解他的内心。他的爱出自本能，而不是对孩子心灵世界的一种理解和欣赏。他不仅对此茫然不知，而且即使告诉他要去关注孩子的内心，他也无法理解其内涵。若明白这种道理的外国人对他提及此事，得到的回答几乎都是一样的："为什么啊，他只是个孩子啊！"只有在生命慢慢成熟的成长模式中，孩子才真正意义上开始生活，而且绝大部分生活的真谛都是要靠他自己去学习的。

在多数中国孩子看来，自己家并没有多大吸引力。当然一旦他们受挫，就会迫不及待地回家寻求避风港，而这也只是出于自我保护的本能，和动物无异。

中国的庭院一般都较为紧凑狭窄。由于空间有限，庭院只能给具有冒险精神的孩子们玩一些最原始简单的游戏。一般的孩子都没有玩具可玩，即使有也极其拙劣和简单。只有每逢过节时，才会看到城里的孩子手上拿着各种做工粗糙的廉价玩意儿。在农村遇上大市集时，也会如此。市集上的玩具应有尽有，供孩子挑选。这些玩意儿大部分是用土、纸、布头、陶土、芦苇、糖以及其他易碎的材料做成，质量实在让人难以恭维，估计一个月就"寿终正寝"了。在一些产竹子的地方，人们会用竹子专门给孩子做经久耐用的玩具，供孩子们把玩的时间就会长些。

在中国，若让父母和孩子一起玩耍或者游戏，简直就是天方夜谭！中国孩子几乎没有任何室内游戏。在西方小家伙眼中，晚上"围聚在灯下"的时刻是一天中最令人期待的。而在中国小家伙看来，晚上则是黑暗和恐怖的代名词。晚上，浸泡在菜籽油中的小小灯芯散发出昏黄摇曳的光芒，人们靠着这点灯光干活儿。在外国人看来，这是极其艰苦的，尤其是在寒冷的冬夜。所以说，中国人都很喜欢在冬天里蜷坐在热乎乎的炕头上，或者裹在厚厚的棉被里。这时孩子们早已香甜入睡，父母也不必围着他们转了。

中国孩子的户外游戏也大都乏味无趣。据我们所知，农村地区比较盛行的娱乐形式有弹珠、踢毽子、掷飞镖、下棋、跳花绳、抛石子等。与世界上其他城市一样，中国的城市有着自己独特的魅力。但即使是在空间较大的乡村，孩子们也不怎么爱跑爱跳的，运动很少。在中国很少看到孩子们赛跑的一幕，而在国外则截然不同，跑、跳、攀、爬缺一不可。在我们看来，没有哪只乌鸦会愚蠢到在一个盎格鲁-撒克逊孩子的眼皮下筑巢。除非这个孩子早已周游列国，见多识广，对此已不足为奇了。但是在中国农村，你能从各种树上看到鸟巢的影子。一棵古树上常常有十个甚至十二个大鸟巢，它们年复一年，代代相传，却安然无恙。

笔者曾在中国城郊一个中等粗细的榆树上看到足足有二十四个鸟窝。诚然，佛教有云"众生平等"，但这也不足以解释这一现象。春天人们有时会反驳道："难道您情愿自己的家园被毁吗？"但是在这些地区，每根麦秸秆都被当作燃料而视为珍宝，是什么让他们对乌鸦占据的树枝视而不见呢？难道就任凭乌鸦冠冕堂皇地据为己用吗？在中国有毁坏乌鸦巢穴会带来厄运的说法，人们最初可能相信这个迷信，才不敢轻易动它。但即便如此，现在看来也有些牵强附会。后来经过广泛的调查才得出较为满意的答案，其实原因很简单：中国男孩不敢爬那么高。一说到这个，大人们就担心："万一孩子掉下来怎么办？"或许正是这种让人无法回答，也没有答案的疑问才让乌鸦代代相传，平安无事。

　　和大部分中国人一样，中国北方男孩很少见到流水。因为几乎没有湖、河流和池塘等供他们玩水、游泳或者钓鱼。村里的小水坑是孩子们梦寐以求的戏水之地。这些坑是村里盖房时挖的，很多都如干船坞般大小，一到夏天，脏水就汇积于此。这个季节的水坑就变成了孩子们的伊甸园，一群小孩光着膀子嬉

乡村木偶戏

中国乡村生活

乡村说书人

水玩闹，尽情享受这难得的欢乐时光。等长大一些的时候，他们就不会再这么做了。所以对很多人来说，这恐怕是他们一辈子最后一次洗澡了。

中国男孩不仅不能钓鱼，连打猎也是遥不可及的事情。因为中国平原较多，人口密集，基本上无猎物可打。仅有少数人猎一些飞禽野兔之类拿去贩卖，以养家糊口。这的确是天性使然，英国人就是喜欢趁着好天气出去打猎，中国人则截然不同。

中国部分地区冬季寒冷，河流池塘会结上厚厚的冰，经常能看到人们在冰上嬉戏玩耍。冬天船夫没有撑船的生意可做，就靠拉雪橇谋生。但中国男孩不像英国孩子那样爱玩雪橇，即便他们有心想也无力做。因为在中国父母眼中，给孩子买雪橇玩根本就是匪夷所思。英国男孩可以多干一些活儿，比如拣废铁等，靠自己赚钱买雪橇或溜冰鞋，这些完全超出了中国男孩的想象。

如果说中国孩子的娱乐活动贫乏无趣，那么他们生命中还有一种亘古不变的既定特征，那就是干活儿。中国的孩子多得不计其数，但毫无疑问的是他们大部分时间都在干活儿,即使是最小的孩子也有其用武之地,这部分归功于农民这一职业世代相传的普遍规则。若无其他优势,孩子就会被培养成体力劳动者。若身为农民的儿子,那他一年到头基本上都要帮父母耕地。世界各地都有农耕,但中国人的勤奋不息和赤贫的压力使农业在中国的地位远非其他地区可比。

只有到了冬天,地里才没有农活可干。可即使如此,孩子们也停不下来,还有拾柴和积肥等着他们去做,而且干这两种活儿的中国孩子数量远在其他国家之上。即使是在距煤矿只有几里地的地方,人们也因承担不起运费而不用煤作燃料,只是使用当地的麦秆、树枝和树叶等来做饭、取暖,一枝一叶,都不会浪费。即使在年景最好的时候,地里的收成带来的燃料也难以满足主人的需要。中国人爱喝热水,茶杯一凉就要续热水。若有客人到访,更是怠慢不得,为此消耗的燃料比做饭都多。所以收集存储燃料对中国人来说是收庄稼之外最重要的工作。村庄不同,比例不一,但总有相当多的人是没有土地的。他们只能靠给别人打工赚钱养家,只是报酬极少,有时会食不果腹。

在山东,为别人打工一年所赚的钱还不到五美元,除吃饭外再无其他津贴。如果赶上闰年,那平均一天还挣不到2美分。如遇黄河泛滥,灾民成群,根本就拿不到报酬,等于白干一场。

笔者曾亲眼看到过一个身强力壮的小伙子,干了一年活儿,就拿到仅合1.5美元的报酬。还有一个小伙子苦干一年,所得不过折合1美元。如此这般,还要找人为他做担保才能拿钱。

家里做饭用的柴火都要靠孩子们去捡。若是没了柴火,不亚于养家的人没了工作,断了生计。为了能在篮子里装满树叶和草秆,中国的孩子们付出了无法想象的艰辛。生活如此的贫瘠和荒芜,任何打破这种乏味单调的事情都会让孩子们欣喜若狂。比如说一些节日、邻镇一年或半年一次的市集、说书唱戏、木偶表演、婚嫁殡葬,还有长达半个月的春节假期,都会让他们从终日的辛劳中解脱出来,尽情玩耍。

中国有一个别国没有的风俗,就是中国男孩要行"弱冠礼"。这意味着男孩已经成长为一个成年男子,可以娶妻生子了,所以意义深重。但具体是几岁行礼没有确切说法,通常是十六岁。这种风俗的举行仪式种类繁多。在一些农村地区,男孩的家人会在他结婚前夜请戏班子来吹吹打打,而且男孩自己要挨家挨户跪拜行礼,就像过年时那样。如此一来,他就被公认为一个真正的男人,某种程度上也不再作为孩子受到训斥。

最值得一提的是婚礼形式。中国的婚俗同我们习以为常的西方婚俗截然不同。无论是在理论上还是实践上,中国婚礼实在让西方人难以苟同。在我们看来,美满的婚姻不仅要有生理的成熟,更要有心理的成熟,要有处理好各种新关系的能力。丈夫和妻子是一个新建家庭的基础和中心,应该坚持"离开父母"这一古老而不容侵犯的传统信条,但是在中国却别有一番景象。男孩和女孩结婚后,并不会新建一个家庭,只不过是自己家族大树上新长出的一个枝丫,离开树干,便难以存活。在中国,男孩十岁结婚虽然有点为之过早,但这种现象早已见怪不怪了。两人结婚根本不会顾虑到双方生理、智力和道德的发展,只是取决于其他因素。有时是因为老祖母年事已高,满心希望在有生之年看到自己的孙媳妇,所以才办的喜事。有的是为了解决家产分割,让小儿子早结婚,这样兄长就不会觊觎他的家产。但早婚的真正原因是因为男孩家里需要一个好帮手,这时候娶一个新娘过门实乃上上之策。也正因如此,很多中国妻子都比丈夫年长。新娘的年龄越大越好,这样能干的活儿也越多。

在中国人眼里,一个瘦小的男孩娶一个高他半截的女孩也不会显得不协调。这就像一场西洋棋游戏,任何棋子到达底线"王"行都会升变。也就意味着只要棋子价值升倍了,不管这一棋子是哪一级别,可大可小,反正他已经走到底线,有了自己的易位步骤。中国男孩亦是如此,他就是一颗加倍升值的棋子,但归根结底他还是一颗小小的棋子,是一场庞大复杂游戏中的一个无足轻重的小角色。

婚礼的形式会让人觉得瞩目的焦点不是新郎而是新娘,当然这只是暂时的。人们更好奇的是这家人怎么把新娘娶进门。在有些地方,新郎事先要躲在一间房中,就像一头等待祭祀的供牛。司仪一声命令,他便现身出来,双膝跪地,不断向来客叩头,直到四肢僵硬,双腿发麻。行礼时,他一直低头看地,极显谦逊。这一过程虽然痛苦,但即使是最笨拙的男孩也能非常自然地完成各种细节。若换作有教养的西方男孩,对此只能是心有余而力不足。

当这一切繁缛礼节结束后，这个小伙子就真正变成已婚男人了。但他并没有成为"当家的"，甚至也做不了自己的主，依旧像以前那样听从父亲的话，新娘也要顺从婆婆，实在让西方人难以理解。如果年轻的丈夫投身学业，那婚姻并不会成为他的绊脚石。婚礼结束，他一如既往地学习。如果他资质平平，难以将"之、乎、者、也、何、其、焉"这七大令人头痛的虚词运用到矫揉造作的文章中，那他也难以成为老师的得意门生，甚至还会被老师以戒尺打头。有的男孩就一路哭回家，他的妻子会在伤口上涂一层黑色膏药为他疗伤。笔者曾遇到过一个中国男孩，得了非常严重的水肿病，但就是不肯吃一口药。若被逼吃药，他会大发脾气或哭闹不止。而且，若不让他一口气吃两个西瓜，他也会大哭大闹，家中难得片刻安宁。他勉强撑到青年时期就过世了，虽然只有十七岁，但已结婚几年。可怜他那正值青春的妻子，在药物、水肿和西瓜中将美好年华消磨殆尽，最终却成了寡妇。

还有一种现象很常见，早婚的男孩一遇伤心事，就习惯性地哭着去找母亲寻求慰藉，但常常被严厉地训回来："来找我干吗？有什么事找她去！"

令人称奇的是，中国人拘泥礼教的风气在婚礼时却荡然无存。一般说来，客人们可随意出入新人的洞房，像打量牲口似的公开对新娘品头论足。当然，这个风俗在各地也不尽相同，但"闹洞房"是不可或缺的一项。1893年，据广东当地一家报纸报道，新娘在闹洞房时被冷水浇灌致死，始作俑者被罚以200美元的"慰问金"，并负责新郎的再婚费用。

按照中国伦理，一个家庭必须有后代，否则祖宗的香火难以为继。如果一个家里没有儿子，就要把自家兄弟的儿子，或者叔父的孙子乃至叔祖的重孙子过继过来，当成自己的亲儿子养育。即使后来生了儿子也绝对不能遗弃养子。这种随处可见的过继现象使得一个男人和他家人的真正关系模糊难辨。有的依然称其生父为"父亲"，有的会称养他的叔伯为"父亲"而称其生父为"叔叔"，还有的虽然名义上过继给叔父，但依旧和父母住在一起。过继现象是中国人生活的一大特色，仅仅靠几句话难以阐释清楚。它已经成为中国家庭生活的一个模式，只有真正理解它赖以生存的基础才能明白这一现象。它来源于对祖先的崇拜，即使是在最贫困的社会底层的人家，也毫不动摇地坚持这一习俗。如果一个人没有儿子，不管家产有多少，他最终也必须从几个渴望继承他家产的"候选儿子"中选出一个继承人。而被选中的继承人必须负责养父的丧葬费。这种复杂的关系产生了诸多法律诉讼。

如果家族中没有合适的人选，男主人只好过继一个姐妹的儿子，或者姑母的孙子。在西方人眼中，外甥和侄子一样亲，但中国人不以为然。他们普遍认为，兄弟的儿子要比姐妹的儿子和自己更亲近，因为外甥随了外人的姓。此外，当某人去世后，他从外甥中过继来的儿子往往地位不保，因此很多人宁愿领养一个陌生孩子，一旦不满意便可解除父子关系。这类养子即使乖巧孝顺，令人满意，也会一辈子活在"被捡来"的阴影之下，而且这种阴影会影响好几代人。有个人曾经告诉笔者，他在村中毫无地位，就是因为他的祖父是外来的养子。

还有一种延续香火的办法，就是给女儿找一个合适的丈夫，将他过继到自己家中，俗称"入赘"。但这种方法远不及我们预想的那般普遍，因为入赘意味着父母得以被女儿侍奉终生——这在中国极其罕见。较之其他类型养子，"女婿儿子"和领养家庭的关系要亲密得多。但是在中国，整个家族都没有合适的人过继的现象很少。有的人家很穷，谁家孩子过继过来也要跟着受穷。作为补偿，这种过继子是有财产继承权的。所以说"招上门女婿"是没有办法的办法——因为家族中再无其他合适人选。

中国人爱财如命，不会放过每一个发财的机会，就像一只装睡的猫，随时伺机捕捉任何胆大妄为的老鼠。笔者认识一个人，他就是没兄弟，以"招上门女婿"的形式过继了一个儿子，但在他父亲的丧礼上却来了一群身穿丧服的不速之客，称逝者为"叔伯""爷爷"，可他却不认识。一经询问才知道，这群人来自一个偏远的村子，和逝者同姓，便攀亲戚，想要继承那点儿只能养活一般家庭的财产。这件案子被告到了衙门，那群"亲戚"拿不出证据来证明自己的身份，最后被县官下令痛打一顿，以示惩戒。

在中国，常常会遇到这样一种奇怪的现象：一个你非常熟悉其名字的人会突然之间改名换姓，比如"王春花"一下子成了"马老德"，人们称之为"复本原名"。其原因多种多样。在笔者撰写这段文字时，一个朋友说起最近发生在他自己身上的一件事。朋友的经历可以帮我们更好地理解中国过继风俗从理论到实践的运作过程。这个朋友有兄弟四人，他排行老二。老大过继给了一个远房亲戚，生有三个儿子。老二有两个儿子，但小儿子过继给了没儿子的老三。老四膝下无子，不久前去世了。可由于没钱，葬礼迟迟没有举行，尸体也就一直存放在棺材中。老四还欠了一家粮店几百贯钱，恰巧这家店有老二、老三的股份。不过老四有四十亩地，只有把地卖了才能还清债务并有钱下葬。如此这般，似乎不存在财产继承的问题。然而老大的一个儿子提出要继承遗产，以此引出一场为期十二天的纷争。

为了解决这场纷争，先后请来三十八个"调解人"，其中不乏有些读书人。他们和家族的几个成员产生激烈的争吵，甚至还打起架来。主要是调解人气不过自己被骂，便趁机报复，把挑起事端的老大的儿子殴打一顿。这无疑是雪上加霜，最后这场纠纷在饭桌上才得以解决。

在这场争端的整个过程中，这三十八个人时刻不忘吃喝。（这才是"调解人"的主要工作，为此他们甚至故意添油加醋，使纷争长时间得不到解决。）他们总共喝掉七十斤酒，吃掉一百多个馒头。最后老二家一共花了二百三十贯钱，其中一百贯作为老大的"慰问金"。整个事件下来，老二没得到一点好处。

在中国，还有一种延续香火的方法，那就是让一家孩子做两家的继承人。比如说有兄弟两人，只有一人有儿子，那他儿子可以娶两房媳妇，一家一个。这样就组成了一个双重家庭，但丈夫对两房妻子要一视同仁，甚至从一家到另一家都要换上各家的衣服。可想而知，这带来的怨恨嫉妒有多大。

如果男方家庭对过门的妻子并无多大感情，那妻子的去世也不会带来过多的悲痛。大概让他们痛心的只是婚嫁丧葬的花费吧。值得一提的是，东西方最大的差别或许就在于对隐私与安静、平和理解的不同，东方人对此几乎没有概念。中国人鲜有安静、平和的心态，虽然这一点不会被轻易察觉，但对于西方人来说并非难以容忍，因为这种境界靠个人经历是无法达到的，只有凭借想象力才能体会。具体来说，在中国，一有人生病，家人首要任务是去通知四面八方的亲戚朋友。亲戚们一获知这一消息，便会立马放下手中所有的活儿来探望病人。这种探视通常持续几天甚至几个星期。然而他们的到来对病人的复原毫无帮助，甚至还会雪上加霜。他们没完没了地问病人感觉如何，还推荐一些毫无根据的食疗偏方。一切的一切只是徒增病人的心理压力。对于西方人来说，若在这种情况下罹患重病，恐怕死亡是最好的解脱。可是中国人就是在这种条件下出世、生活直至死亡。

如果一个人病入膏肓，医生也无力回天，那么就要给他"穿寿衣"，穿着寿衣才能入殓下葬。不过穿衣过程让病人痛苦不堪。如果重病难治的是老人家，没等他咽下最后一口气，家人们就很可能因为财产继承问题大肆争吵。如果即将离世的是某人妻子，尤其是年纪尚轻的少妇，而且这户人家家产数目可观，那经常能看到各种中间人轮番登门拜访，争相推荐下任妻子合适人选的情景。在病妇床前也经常能听到各种商讨，有时还有两个甚至更多的生人前去探听别人推荐的人选。

笔者认识的一户人家就发生了这种事。下任妻子的人选已定，可是他身患重病的原配顽强地战胜了病魔，但之前的协定又不容反悔。这个未雨绸缪的丈夫苦恼地发现自己有了两个合法妻子，两个还都生了儿子。不过让人匪夷所思的是，这家的家庭生活相对平静、融洽。如果一户人家妻子离世，那这家男人会再续一个后妻。当然这中间要相隔一段时间，不是因为感情有待成熟，而是要筹资攒钱。刚办完前任妻子的葬礼，又要举行婚礼，花费颇大。

从理论上来讲，中国男孩十六岁就成人了。但只要五服以内的长辈在世，他就不能当家做主，仍旧要听从于他们。这些长辈究竟在多大程度上干涉他的生活，往往取决于他们的性情，部分也取决于这个男孩的性情。在有些家庭，孩子们相当自由，但多数家庭的孩子则苦恼不已。因为大自然给予人不同的人格，每个人是独一无二的。而中国的社会规则却违背了这种本质，它将独一无二变成千篇一律。所谓人性自由不过是一个代名词而已。

整体来说，中国乡村男孩的生活并无令人羡慕之处。正如我们所知，只要他能完全学会两大"主课"：服从长辈、尊重权威和勤劳努力，就足以弥补他在其他方面的欠缺和不足。多数情况下，勤劳是他生存下去的必备品性，这是难以撼动的规律。任何规律的违背者都会被淘汰，只有适者才能生存。但对于思想的独立，他毫无概念也无法理解，只是人云亦云，一味盲从，根本没有自己的思想。如果是一个读书人，他的头脑就像一条埋藏于土壤中的暗道，暗流涌动，只是从未流到地面之上。诚然，部分流体来自天空，可在它们降落之时就已完全变质。但大部分只是人体分泌物，毫无纯度可言。总之，这就是充斥于他头脑中的一切。

如果一个年轻人从未受过教育，那他的头脑就像一条沟渠，看似有流体涌动，只不过仅限表层，实质上毫无内容。他并非骄傲自大，实际上谦虚得很。他知道自己的无知，知道自己从来不曾，也不应该，更没有能力知道什么。即使他知道什么，也无足轻重。他盲目地尊崇读书，却从不会注意知识的积累。儒家思想注重实际，博大精深，只能令他倍感自身能力有限，学习无望。因为在中国，儒家学说只对极少数褊狭顽固的人来说是一种高程度的文化修养。对于大多数人来说，儒学是一生也难以企及的学术高峰。

第二十三节
乡村女孩和已婚妇女

中国人如同其他国家的人一样，很讲究实际。毋庸置疑的是，中国人也认为男女数量相当是种族持续繁衍的一个条件，并对此深信不疑。当然，中国比任何民族都重视保持自身繁衍，也取得了史无前例的成功。然而，中国人几乎是唯一一个这样的民族。她自诩其古老而发达的文明，却鄙视自己出嫁的女儿。因为按照古老的习俗，父母去世后她们不能进行供奉。因此有流行说法称：最优秀的女儿（有十八罗汉般美德的女儿）也赶不上八字脚的儿子。所有中国人都自觉或不自觉地赞成这种观念，也说明它融进了人们的生活中。如同人类的许多其他的观点一样，其最终根源就是纯粹的自私。

虽然不是普遍现象，但中国女孩刚出生就很可能不受欢迎。按照算命先生的说法，一般"五男两女"的比例是最幸福的。"超过这些，厄运就会降临。"因为中国的女儿不能参加祭祖，再加上中国人的特性如此，所以贫穷的巨大压力导致大量的杀婴行为就不足为奇了。不管表面现象如何，事实一直是如此。并不是说中国人的良心认识不到杀害女婴是错误的，但是这种强烈的邪念，尤其是对失望和经常受虐的母亲，只要有机会付诸行动，杀婴冲动就难以抵制。

有机会了解事实的人已经做了很多努力，来揭露中国杀害女婴的真实行为。然而可靠的论断是，这种犯罪行为一定程度上到处盛行，有些地方已经严重到影响男女比例的程度。似乎在中国南方沿海省份最为普遍。甚至有些地方，连中国人自己也认为这是凶险可怕的罪恶。当地宣传社团还印发书籍，规劝人们抵制这种做法。地方官也偶尔发出布告明令禁止，但显然这种罪行的本质如此严重，没有法律能触动它。只有把母亲本身的观念提升到一个更高的层次，才会对制止杀害女婴产生永久的影响。

除了杀害女婴,中国还有一件令西方人匪夷所思的事情,就是卖掉自己的女儿,不管其是女婴还是婚龄女子。虽然中国不同地区的习俗千差万别,但是买卖女孩和杀害女婴似乎在南方沿海省份最为盛行,就跟其他买卖一样公开进行。我们非常相信,父母被逼走上这样的绝路,只是迫于贫穷的压力。但是在中国人看来,女儿迟早得离开家,分开是难免的。此类观念使很多父母倾向于把这种必然提前几年。至于由此导致被卖的女孩经历的种种痛苦,在此已不必赘述,已知的事实足以令人毛骨悚然。倘若父母没有能力抚养女儿到出嫁的年龄,又不想卖掉,这时中国习俗又有了另一种两者折中的办法,这就是众所周知的"童养媳"。把女童送到未来的夫家,由其抚养长大,并且视男方的便利,随时结婚。这种做法有明显而严重的不当之处,但相比印度童婚习俗的巨大痛苦,童养媳显然要好得多。有时候,女孩成为童养媳后,跟娘家完全断绝了联系;而多数童养媳的做法无疑是娘家贫穷和软弱的写照,这种迫于家境而实属无奈的做法再也明显不过了。女孩做了童养媳,将来就得嫁给这家的儿子,无疑双方有足够的机会了解彼此的性格。但是按照习俗,家人会强行禁止两人说话。中国的婚姻缺乏感情,也很难产生感情。婚后生活难免有摩擦,但是任何做法只要能使双方更好地适应这些摩擦,当然有其好处。没有一个中国人会问,"童养媳"结婚的夫妻是否比正常结婚的更幸福,因为他没有想过什么是幸福的婚姻。恰恰相反,若外国人问这个问题,他可能也不会理解可能得到的答案。

无须多提,稍微了解中国的人都知道,中国女孩有裹脚的习俗。裹脚在全中国都很普遍,但是也有明显的例外,如南方的客家人,这点很难解释清楚。这种习俗有力地说明了中国人内在的性格特征,特别是仅仅为了达到外貌上的标准,就愿意忍受长期而巨大的痛苦。这是中国的非宗教习俗中,最有悖于人类的自然天性,但中国人却对其如此重视,不愿意放弃。

众所周知,尽管清朝王室已经成功地强迫中国男人蓄长辫子,以示臣服。然而,再伟大的帝王也不敢冒着失掉王位的危险,来尝试废除这一习俗。在鞑靼人统治的250年间,全国范围内限制裹脚,除了只在京城有很小程度的改善,似乎没取得任何成就。在北京几里地之外的地方,旧习俗依旧根深蒂固。对于革除这种无益而残忍的习俗,唯一的冲击力源于在华的外国人。尤其是现在从中国的中心开始,其自身已经开始觉醒。

对中国男孩从事的工作的观察,也同样适用于中国女孩。在任何国家和地方都有这种说法,"妇女的活儿永远干不完",在中国尤其是这样。这里机器还没有取代手工这一生产的初级过程。管理桑蚕、摘棉花、纺线和织布,大都是妇女干的活儿。而且她们很小年纪就学会了这些活计。针线活是中国家庭的大事,特别是因为在这方面雇得起帮手的家庭寥寥无几。要想被婆家接受,中国姑娘必须做一手好针线活。但是除了这项工作,姑娘有时还得承担父亲从事的各种活计。整个中国的农村地区,姑娘和男孩一样,要出去捡柴火,并且越多越好,直到女孩子们长大,不方便出门为止。一般对女孩的称呼,如我们应该称"女儿"一样,他们叫"丫头"或"侍女",也不是没有含义的。外国人听起来就像称黑人为"黑鬼"一样,但中国人认为是得体的。

除了小时候能出去捡柴,偶尔走亲戚,大部分中国女孩从不出门,就像"井底之蛙"①一样。成千上万的女孩从未走出她们出生的村庄超过两英里,除了刚才提的偶尔到母亲娘家走亲戚。但在那里,她们也不受欢迎,并要尽量少去。如果母亲娘家的外甥很多(通常都会很多),那么他们担心有人来走亲戚就情有可原了。因为中国母亲会带一群孩子来,他们不仅胃口都很大,而且像大人一样,总是无一例外地喜欢蹭饭吃。

如果大户人家出嫁的女儿们都回娘家住上几日或几周,小孩子们之间就会产生最富戏剧性的情景。数不清的表亲之间根本不会讲究自制或无私。他们簇拥在一起,像蜂房里的一窝蜂。每个孩子最强烈的本能就是要得到最多最好的东西。于是,时不时地"场面陷入一片混乱,犹如动物般咆哮抱怨",发出刺耳的声音争吵不休,最后一群人就会打起来。吵架是因为孩子们认为食物分配得不公平,明智的父母这时就会惩罚孩子,不应该助长他们的气焰引起争执。但中国很少有明智的父母,最有可能的就是母亲把她一个或几个孩子叫走,然后对其"大吼"。对某人"大吼",就是"吼叫者"用响亮刺耳的声音对"被吼者"表示不满,通常伴有漫骂的语言,还常说如果再犯,就"打你"或"打死你"。孩子们一听是在警告自己不要再吵架了,经过一阵激烈的反驳后,一场

---

① 一个中国妇女,在笔者家里受雇多年,说到她结婚后很长时间都只能待在小村庄里,不允许走出狭窄的院子。某道台的妻子告诉外国女士说,她来生想做一只小狗,就可以去想去的地方了。——著者注

风波终于得以平息。

但是经常有这样的情况，倘若每个母亲都有种强烈的责任感，要坚决站在自己孩子这边，那么事情就更加严重了。各个母亲都会同时大喊，夹杂着哭声、叫声，还有对自己六七个甚至更多孩子的谩骂声。在一大片喧嚣声之上，还能清楚地听到外祖母的尖声叫喊，不管大家争吵如何混乱，谁也听不清谁，全家都静下来之后，最终还得祖母说了算。这场家庭风暴平息后，气氛逐渐缓和下来，一切都回到原来的样子；但是我们知道一个性格很特别的已婚女子，一个类似的争吵之后，她为了表示对其解决方法的不满，一连几天都不搭理她的姊妹们。

中国女孩在家过着无聊单调的生活，偶尔走亲戚，赶个大集或听场戏，慢慢长到我们称为"小女生"的年龄。这时候，朋友都开始为其担心了。这种担心同她的智力天性无甚关联，而且就其接触到的文化来看，根本就不会成为学生。除非父亲碰巧是教书先生，在家闲来无事，否则根本没有教女儿读书的念

做饭的妇女

赴宴途中

头。即使是男孩，这也是很例外又不合常理的，女孩读书就更荒谬了。外国人表示怀疑，这是为什么呢？一个普通的中国人要花很长时间解释这种现象的本质。他们的解释不仅不全面，也不会触及其根源所在。真正的原因是，叫女孩读书就像给别人的田地除草，就像把一条金链子拴在别人家小狗的脖子上，随时会被别人唤走，那么链子就成了谁的呢？人们说过一个吝啬的中国男人，嫁女儿时，就想叫女儿把出嫁前浪费在她身上的粮食还回来。但这种说法清楚地说明了中国社会一种潜在的思想，就是父母只管女儿的身体，而不管其精神。几乎对每个中国人不言而喻的是，花费时间、精力和金钱来教育将来人家的媳妇，纯粹是浪费。但你若对他说，她是你的女儿啊！回答是："嫁出去就不是了，就是婆家的人了，要教她念书，叫他们自己教去。""我为啥要教她念书、写字、算术？又不会给我啥好处。"这种功利主义的疑问，使得几千年来，人们从未想过女孩的教育问题。

中国女孩身体发育到一定程度时，周围朋友都开始关心她，表现在每次谈

第二部分　乡村家庭生活

到她时大家对她的疑问上。但是并不关心她们的性格或干家务的能力，更不关心智慧能力。但是，所有的疑问可以用一句简单的话概括："有人给她说（婆家）了吗？"这里的"说"，就是"许配"的意思。如果回答是否定的，那么问话人听到这个消息的反应，就像我们听说一个外国孩子长到16岁还没学到书本以外的任何东西一样。"为什么？"我们会问，"怎么会这样耽误孩子呢？"中国人对女孩本能的反应就是她应该尽快许配人家。在很多问题上，中国人和盎格鲁-撒克逊人几乎都有分歧，这就是其中之一。对后者来说，给一个不过十几岁的小孩订婚，简直是纯粹的野蛮。

中国女孩一旦许配了人家，大家跟她的关系就不同了。她就没有定亲之前一样自由了，虽然以前的自由也相当少。她哪里都不能去，因为"不方便"。若有未来婆家的人看见她，那就是比什么都可怕的事情。"为什么？"难以压制的外国人问道。但得到的回答像一盆冷水："因为不合适。"

因为女孩可能随时冷不防地被未来婆家的人看见，所以为了避免此类危险，女孩几乎很少跟同一个镇上的人定亲。这种安排似乎对各方都便利。若被婆家人看见，中间人或媒婆就没法不断骗人了，她们的唯一目的就是把每一门亲事都定下来，以便获取更多的酬金。而且，女孩被看见后，也不用花钱费力把新娘从一家迎送到另一家，那是很劳神又浪费钱财的。这样两家的往来也更容易更频繁了。但中国人似乎不在乎这些便利，最经常的解释就是会有前面提到的危险。如果两家在平常场合要碰面的话，外国人觉得最好笑的就是看他们怎样努力避免此类灾难。这让人想起了我们小时候玩的一些游戏，一方是"投毒者"，另一方因为有可能"中毒"而必须尽力躲开。唯一的不同就是在中国的"游戏"中，双方都怕"中毒"，因而都拼命避免它。但是有一种情况，虽然"投毒者"和"中毒者"拼尽了全力，但是命运偏偏对双方都不凑巧。如果在定亲期间，婆家有老人去世，一般情况下，女孩（大家认为她已是这家的人了）就得过去，还得在灵柩前祭奠，就像她已经嫁到了这家似的。（理论上讲）她是这家的媳妇；为什么她不该过来跟其他人一样哀悼呢？[①] 长辈去世后，如

[①] 我们也知道有几次，定过亲的不用参加未来公公或婆婆的丧事，她一定很庆幸躲过了这难受的考验。有时候即使她去了，也只是跪在灵柩前，没有哀悼，因为就像其他特例一样，习俗是变幻莫测的。——著者注

果可以安排的话，就会比预定的日子提前操办婚事。

对中国人过早给孩子定亲的习俗，西方人似乎看不出有什么可取之处。它妨碍了两个家庭，对双方明显没有益处。它假设两个家庭的相对地位会一直如此，但假设就是丝毫不确定而且经常不可能的事情，并且有悖于普遍的经验。一切都随时间而变化，但中国人的财产占有，是人类关系中明显最不稳定的，因为家庭总是处于起落不定中。中国人的婚姻有个约定俗成的原则，就是讲究门当户对。违背这个原则肯定会有麻烦。但如果是过早定亲，双方家庭物质条件变化的概率就大大增加。新娘的幸福很大程度上取决于男方的品性，但男孩定亲时，其性格或许还没有成形。即使已经成形，女方家也几乎不可能了解其真正的品性是怎样的，虽然他们用潜在的方法很容易就能看清楚。但通常提亲和定亲之后，他们自己就不再操心此事了，也丝毫不会去深入调查，当然我们看来是必要的。如果男孩变成了好赌，放荡不羁，或者沉迷酒色的人，那么女方不管被逼上何种极端，也没有任何退路。在闺女的婚事上，中国人从不讲究审慎和常识这些最普通的原则。这一点对西方人来说，若不是亲身经历或亲眼看到，简直难以置信。

中国人定亲时，两家互换红帖，表示双方同意。在有些地方，红帖多得像一堆文件，若将来有变卦，这就是重要的证据。在中国很少听到有人违背婚约，虽然肯定是存在的。有个这样的例子，男孩家的红帖已经送到了女方家，婚事就算定下来了。但女孩的父亲有个弟弟，还是坚决反对这门亲事。如此一来，事情就严重了。因为叔叔态度坚决，没有办法，只能叫把红帖送来的媒人再送回去。这也是个棘手的问题，但是必须做不愉快的事时，中国人从不缺乏权宜之计。他趁男孩家里所有男人都在地里干活的时候，把退回去的帖子扔到人家院子里，接着就跑开了。这家女人都不识字，直到男人们都回来了才发现是什么东西。结果男方告到官府，控告女孩的父亲和中间人。最后案件以赔偿钱财的方式解决。

就像前面所说，双方互换红色喜帖是定亲的开始，直到女孩坐花轿来到夫家才算是结束。迎亲的日子通常是由男方定下的。不管出嫁时有什么事情，新媳妇到达夫家时，定亲就真正结束了。而再婚与其形成鲜明对比，通常根本没有任何的仪式。中国的皇历指定了最宜嫁娶的日子，中国称为"吉日"里，几乎每个村庄都会选择在这些特别的日子结婚。很多中国人的迷信都很费钱，这是其中一个。在"吉日"里，花轿租金因为需求量大而涨价，但是有些人不选吉日，却能低价享受更好的服务。这里有个传说，19世纪初期一个寒冬的"吉日"，狂风暴雪，很多新媳妇都在被送往婆家的途中，但暴风雪使得抬花轿的人睁不开眼，道路也不通。有些新媳妇被冻死在路上，有些被带到了错误的地方。另一个传闻是，一个酷热的夏天，花轿抬到夫家时，人们发现新娘已经死了。这种场合下，同一顶花轿会用很多次。有些地方的习俗是，娶亲要在中午之前进行，再婚就要到下午甚至推迟到晚上，以表明其微不足道。

很多时候，新媳妇迎送到婆家时，新郎竟然不在场，这是中国娶亲独一无二的地方。人们都认为，改变特别是推迟已定的娶亲日子不吉利。但有时候碰巧新郎离家很远，不能按时回去，或者新郎可能是书生，碰巧娶亲那天有重要的考试。这时，他可能会选择"事业在先，享乐在后"，不会扰乱他求取功名，就让他家里人先迎娶新媳妇。

这里我们不打算描述中国人娶亲的细节。虽然一般的程序大同小异，但几乎每家的方式细节都不同。差别不只是在娶亲仪式上，而是从头到尾的整个过程中。对于娶亲和其他习俗的独特变化，有时明显难以解释，全国都是如此。据猜测，可能是因为从"诸侯割据"时起，这些习俗就顽强地存活和流传着。但是相距不远的地区之间，甚至之前属于同一个王国，在习俗上差别也很大。俗话说，"十里一风，百里一俗"，有时真是如此。

前面说过，在中国南方，定亲时考虑到实际用途，男方要送钱给女方家，用来购买东西。但在中国其他地方，我们从没听过这样的交易，而只听过女方要带来嫁妆，就像西方人的做法一样。无疑，有钱的人家把大量的钱财浪费在闺女的嫁妆上，花费几乎没有上限。但是，只有极少的人家会这样，大部分还属于一般阶层。他们的婚礼在外国人看来，就是寒酸的礼节，透过这虚假的表面，很容易发现真实的面目。

就像所有与中国习俗有关的东西一样，在婚俗方面，人们也没有放之四海而皆准的说法。中国北方有些地区，女方向未来新郎家里索要的钱财数目相当巨大，用这笔钱置办完嫁妆后，女方家里还能剩下不少。其他有些地方的习俗则不同，新郎家只要给一点钱买嫁妆，甚至什么都不给，而完全要新娘家里面出钱，来买大量的衣服和被褥。即使结婚后在自己家里，年轻媳妇还必须给丈夫家里人做针线活，新娘自己用的则是微乎其微的。

新娘坐的花轿是中国婚礼的象征。从远处看，它特别华丽，但是走近看，它只是一个很不起眼的框架，外面蒙了一层俗艳的布料做装饰，从上面可以整个退下来，而且是差得不能穿的布料。有的花轿是个双层框架，因为不方便进院子，外层的可以从上面完全取下来。里层的椅子可以抬进狭窄的院门，如果需要还可以抬进房间。

新娘从轿子里一下来，当着所有客人的面，人们就把它撤掉，这种做法很自然。中国人不讲感情，在这一过程中他们看不到有什么不合适之处。经常有这样的事，新娘穿的华丽衣服是特地租来的，而在场的客人并不是全然不知。我们有次看过一件这种衣服，新娘刚脱下来，交给负责花轿和其他随身用品的人。在检查它是否跟刚租来一样时，这人发现上面有个油点，或许他善于发现这种东西，顿时怒不可遏。他开始扯着嗓子叫喊，越来越狂怒，直到所有的客人都停下手边的事情过来听他们争执。或许在场的人中，只有外国旁观者才会感觉，这种争吵在喜庆的场合是不合时宜的。

第一个孩子的降临对于中国媳妇的意义，跟西方国家对待妻子的态度大大不同。若是个男孩，当然一家人都欢喜不已，但相反若是女孩，全家就会大失所望。这时候，年轻媳妇就会遭冷眼，还常受到严厉批评。甚至有时候，因其"无能"，即没能生出儿子而挨打。如果她连生几个女儿，没有生儿子或没有一个儿子存活下来，那她的生活将痛苦不堪。

这里有个关于某个英国贵族的故事，他的女儿比其他贵族的都多。在欧洲大陆旅行时，一天他带六个女儿一起出去。有人看见他，就跟同伴说，"可怜的人"。这个贵族听见了，转过头对他说："没你想得那么'可怜'，我家里还有六个呢。"恐怕所有的中国人都赞成那个旁观者的评论，没有人会同意这个父亲的回答。事实上，我们很是怀疑，在这个人口庞大的民族中，到底有没有一个中国人同时有十二个女儿。

还有个基本的中国礼节，不管媳妇回娘家多少次（有些地方是允许媳妇自由回娘家的），孩子一定得在婆家出生。这个原则要不折不扣地遵守，违反了就是莫大的羞辱。为了尽力避免这种事情，媳妇有时候要遭受诸多不便，或是冒最大的危险。据说，经常会遇到痛苦又不光彩的事故。西方人问为什么会如此强烈地歧视在娘家分娩，中国人给出的答案仅仅是，他们确定这样的事情会给娘家人带来贫困。他们对此深信不疑，若确有此事发生，丈夫家通常会给犁头套上马匹，把女方家院子犁个遍。女婿还得给岳母煮满满一锅小米或大米，这样就会避免可怕的贫穷。或许，这种做法的深层意义完全是中国人的想法，如果出嫁的闺女和她的孩子们到娘家住，肯定会导致贫穷，这种看法也是有其原因的。

孩子出生时，特别是儿子，尤其是第一个儿子，中国通常有迷信的仪式，要描述这些，可以写整整一卷书。这些东西，在南方比北方更加盛行，城市比农村更讲究，可能有些农村完全不知道这些习俗。

中国最高的传统权威认为，如果母亲真的渴望对婴儿做到最好，或许她不会完全成功，但也不能说一点儿作用都没有。西方的医学权威说，中国育龄妇女的种种做法是巨大的错误。无疑，迷信直接或间接地摧残了很多中国小孩的生命。但是这种操作复杂的迷信，或许赶不走病魔，只是因为父母不懂得遵守最明显的自然规律，就轻信其效果。

刚出生的婴儿被放在炕上躺着，有时候裹得很暖和，有时候露在寒冷中。很多孩子接连好几年在母亲怀里吃奶。只要他们一哭，吃奶便是叫他们安静下来的最有效方法，虽然一天会这样喂上一百回。孩子大到能吃各种食物时，大人几乎不管他们吃什么或者吃多少。他们可以随便敞开肚子吃还没熟的瓜果，很小的孩子就不停地啃生地瓜和萝卜。

孩子们能四处奔跑时，嘴里可能会不停地咬点东西，经常是吮吸父亲的烟斗，导致全身虚弱或虚脱。在山西，很小的孩子就学会吸鸦片，自然而然地染上烟瘾无法戒除。

过半数的中国婴儿长不到两岁就夭折了，考虑到他们小时候的生活条件，这也不足为奇。很多迷信有时强于法律，导致婴儿死亡率更高。有些地方，小孩出生四十天之内，母亲和孩子是绝对禁止见人的。在这关键的时期，大批的小生命都死去了，连周围邻居没见上一眼。类似的禁令还出现在一些常见的或致命的婴儿病期，如麻疹、白喉和天花，这样死亡率就大大增加。

大量的中国儿童因病而死，外国人很清楚其原因。但看到中国父母的处理方式却相当的粗枝大叶。我们知道一个中国母亲，一时不满之下，竟把赤身裸体的小婴儿扔到门外的雪堆上。还有另一个母亲为了给孩子治昏厥，拿着一把钝剪刀，把她小孩的一个手指头剪下，导致孩子抽搐着死掉了。这样的行为据说很普遍。孩子的母亲对一个外国人说："谁能想到结果是这样呢？"但即使年轻的母亲具有最好的判断力，她也不可能保证照顾好孩子，因为她自己还只是个"孩子"[①]，照顾孩子就像其他事情一样，要完全听从婆婆还有满院子反复无常的婶子、大娘和祖母的指挥。

中国妇女要承担各种繁重的劳动，照顾一大家子人，还要帮忙收粮食。除了其他户外的苦活儿，还要抚养照顾众多的子女，消耗大量的体力。因此，中国妇女普遍都老得很快。一个中国的媳妇，十八岁貌美清秀，三十岁开始衰退，五十岁就满脸皱纹了。

我们已经说过，中国农村妇女的一生最恰当地验证了一个与生俱来的事实：女人的活儿永远也干不完。她自己的孩子还需要日夜照顾时，可能孙儿孙女们就出生了，祖母没有片刻的闲暇。仅仅是用唯一一口锅给那么多人做饭吃，就是一项永无止境的重活。所有的衣物，包括鞋子，都是手工缝制的，还有棉花被褥和棉袄棉裤，都得一遍遍地拆开，然后再缝好。

白天，妇女和姑娘要轮流看管果园和瓜田，有时候晚上也一样。收麦子的季节，家里所有的妇女都得帮忙收割。秋收也是这样，每个打谷场上都挤满了妇女，还有数不清的孩子。在种植棉花的地区，妇女和女孩大部分的时间都在地里，只有帮别人摘棉花时才能挣一点点零花钱。

种植棉花这种必需的农作物，占用了上百万的中国妇女劳动力。从采摘棉花（这也是最辛苦的，因为它们长得很矮），到做成衣服，再到最后填充在鞋底里，轧棉花、取纤维、纺线、络线、绕线、上浆，尤其是织布，都是辛苦乏味的工作。可只要她们活着，这种活儿就没有尽头。有些地方每家都有一台织布机（在西方，这种笨重机器在一个世纪之前就被淘汰了），通常是家里人轮流织布，丈夫织到半夜，接着妻子继续织到天亮（常常是在地窖里，三分之二

[①] 中国妇女，若父母还在世，就不仅是被称为"闺女"，而且被当作未出嫁的（姑娘），虽然说她自己已是六七个孩子的母亲了。——著者注

都在地下，潮湿沉闷又不干净）。可即使如此，也通常很难摆脱贫困。过去几年里，在中国产棉区，人们已经感受到机器纺纱的激烈竞争，很多之前只能勉强维持生计的人，如今又濒临挨饿的边缘。这就是"进步"带来的"阴暗面"。

中国姑娘很小就结婚，还没学会自我管理这些非常重要的能力，这种事实足以说明中国家庭中婆婆的绝对重要性。中国的媳妇必须管婆婆叫妈，但为了更加明确，可以称为"婆母"。有个中国妇女去拜访一位外国女士（当时女士的丈夫也在场），就问起她家里的人，女士就说她在家有个婆婆。听到这里，中国妇女就指着那个外国先生，惊恐地对女士小声说："你这样说，他不会打你吗？"

人们听到很多关于婆婆的专制和残忍的传闻，而这些传闻有大量的事实为证。但同时有一点，如果没有婆婆，中国的家庭就会混乱不堪。公公代替婆婆来管家务事是不合适的（即使他一直在家，当然这是很少见的），即使他有这个能力，社会礼节也不允许他做这类事情。在没有婆婆的家庭里，会有比最坏的婆婆更可怕的事情。虐待媳妇是司空见惯的，除非特别明目张胆，否则很少有人注意。

如果认为中国媳妇受虐待是正常的又难免的，那就大错特错了，但所有的媳妇抵抗这种虐待时都没有保障，这样说一点儿都不为过。虐待新娘的方式各种各样，从无休止的责骂到最残酷的折磨，如果虐待到了极端，娘家人就会干涉。他们不采用法律手段，也做不到这一点，而是使用暴力。这里有个典型的事例，有个媳妇被丈夫家人百般羞辱和虐待，娘家人来劝说也没用。于是后者就召集一大帮人到女儿的婆家，砸毁家具，给这家人一顿毒打，还把上了年纪的婆婆拖到大街上，婆婆浑身是血，用最后的力气哭喊着，恰好被外国人看到了。这种做法就是对专制的反抗，以其人之道还治其人之身。有人可能认为，这种暴乱的唯一后果就是一场持久而痛苦的官司，两边都浪费钱财，还可能倾家荡产。但中国人是出了名的实际主义者，媳妇被带回娘家之后，"调解人"就来调解，婆家说以后会善待她，然后媳妇就又回丈夫家了。娘家人必须有相当的强制能力，才可能保障女儿不受丈夫家人的虐待。

笔者还听过另一个例子，性质与我们刚才讲的类似，"调解人"把双方调解好，媳妇被送回来之后，婆婆就把她关到一间小屋里，每天只让她吃一顿饭。不到一年，她就上吊了。

不只是那些愚昧无知的人，才会像这样为了受伤的女儿而擅自暴力解决。我们听过这样一件事，有个秀才的女儿溺水而亡，他叫了一伙人，到女婿家里推倒了几间房子。最后打官司，县令严厉地斥责他，说他无权擅自因受冤而报复，因其是个秀才，在衙门把他打了一顿就了结了。

另一个更令人惊讶的案例是关于某个三品官的故事。得知女儿受委屈之后，他叫了一群人操着家伙，去袭击女婿家的房子。房子很结实，不容易攻击，这个道台一气之下就可着嗓子大骂他们全家人，俨然像是一个粗俗的苦力。有些冤屈只能像这样来解决，对于中国社会最保守的人来说，一定是真实而痛苦的。在数不胜数的类似例子中，如果媳妇因受虐待而被逼自杀，后面的事情主要看女方亲戚的数量和态度。首先要向死者家人报丧，如果他们不到场的话，就不能下葬。否则，还得把尸体挖出来，证明是自杀而不是暴力致死，以消除人们的疑虑。笔者家里有个中国雇工。一天，有人叫他去另一个村庄看他的闺女，据说她"不太好"。父亲赶到的时候，发现女儿已经用腰带悬梁自尽了。

碰到这类情况，很少有人告官。一旦告官，有些问题可能会很严重。女方家人几乎不可能拿出证据来证明冤屈，因为对方的陈述总会把罪责都归于女方。有个这样的例子，丈夫把一只女人的小鞋拿到公堂，说他责怪媳妇穿的鞋太小，干活儿不方便，媳妇当时就辱骂他，他一气之下动手打了她（身上有痕迹），然后她就跳河自尽了。对这样的辩解，女方家里无可辩驳。这样丈夫成了原告，岳父反倒成了被告，因为法律事实上不干涉妻子和丈夫之间的事情。丈夫只需要承认打媳妇的事实，说明是因为对公婆不孝，就完全没有自己的责任。我们还听说过一个官司，男方也辩解说媳妇不孝，女方哥哥作证说在所谓的"不孝"行为之前就已经挨打了。这证言似乎惹恼了县令，于是令人把哥哥打了几百大板，还判决丈夫家人只需要给死者提供一个不值钱的柳木棺材即可。

他们不愿意告官的另一个更重要的原因是，女子死后要开棺验尸。按照东方人的方法，这要在大庭广众之下，让众人看清真实情况。一个打谷场被当作正式场所，搭一个草棚，全村顿时挤满了衙役。验尸之前及整个检查过程都在众目睽睽之下进行，死者尸体就赤裸裸地躺在草席上。为了避免暴露全身的羞耻和节省大笔花费，最苦大仇深的双方也通常很愿意叫"调解人"来解决。他们代表两个村子的双方当事人，商讨并定下解决方案。解决方法完全取决于婆家的财产情况。如果这家人很富，对方就会最大限度地榨取钱财。丧葬的每个细节都要讲排场，棺材一定要用柏木的，有特定的大小和厚度，寿衣种类要多，通常多得棺材都装不下，有些可能还是丝绸缎子的。还要花钱请来和尚或道士，或两者都请来，在丧礼上念经。如果娘家人跟婆家妥协，收取一笔钱财，而不是花费在丧葬上，这就是不光彩的。但有时候肯定存在这样的协议。仅从交易角度上看，比如丧葬费花一千两银子，双方都没有好处，而赔给女方家人二百两银子的话，显然双方都有利可取。但中国人对别人的看法极其敏感，以这种方式了结的情况肯定相对很少。

新娘出嫁时嫁妆品种和数量通常很多。如果她自杀了，东西也不会送回娘家去。有人目睹很多这种事情，媳妇自杀了，娘家人从婆家要来一大堆衣物，都在坟前成堆烧掉了。我们还知道一个实例，婆家人把所有的嫁妆、衣柜、桌子、镜子，还有饰品等，都搬到大街上当着娘家人的面烧掉了。当然，其目的是报复，但是这种做法最终还是多少验证了婆婆及其家人对媳妇的态度。对儿媳来说，这个国家的律法没有任何保护作用。

真正举行葬礼时，在我们刚讲的情况下，即使有双方的"调解人"尽力调解，还难免有新的争执。这一点儿不足为怪，家人看到闺女青紫色的脸时，判断肯定是被勒死的。于是一时激动，便大声哭喊："要给她报仇啊！""要给她报仇啊！"这个时候，不管多么德高望重的"调解人"，都不能叫娘家的女人们安静下来。如果双方不再互相谩骂和扭打了，那丧葬就算成功。女方娘家人抱怨所有的东西——棺材、丧服、尸体的装饰以及所有的装备。但是人死不能复生，婆家人的财产也耗尽一空，为凑丧葬费最后一亩地也已抵押，最终负债累累。想到这些，女方娘家人心里也就倍感欣慰了。

自古人们就说，地球这边的人不知道地球那边的人是怎么生活的。虽然跟中国人生活了很久，外国人可能还不会真正了解中国人解决问题的方式，这也是他们的文明形式所决定的。

研究这种现象的最好方法就是通过具体的实例。从各方面分析一个实例，比起一整卷的抽象描述,就像一扇能透进更多光的窗户,能给人更多的启示。任何人想投入这类研究中,都会发现在中国,这种素材大可信手拈来。而且不足为怪的是,人们在经意或不经意间,就会注意一些事情,就像下面这个很具有说明性的实例。很多年前,笔者请了一个中国的先生,他告了一段时间的假,可时间到时他却没有出现。这种事在中国很常见甚至是很普遍的,事后他解释为什么没回来时,其原因看起来如此特别。笔者便要求他拿笔写出来,下面是简述。

先生的一个姐姐嫁给了外村的一户穷人,那个小村庄叫"李家堡",只有四户人家。有一年(1878年)大饥荒,姐姐和姐夫双双死去,留下三个已经成家的儿子。不久二儿子也死了,寡妇就改嫁了。后来大儿子媳妇也死了,老大又娶了一个寡妇,还带个12岁的姑娘。不知是不是真的,人们传言这个寡妇之前打骂婆婆,而且前夫是因为她才死的。老三的媳妇爱吵架,特别是因为四个大人和四个小孩都住同一屋檐下,同种一块地,两个兄弟媳妇就经常剑拔弩张。

那年八月份,老三载了一船西瓜到很远的集市上去卖。临走前,他叫媳妇给他拿上冬天的衣服,媳妇不肯,于是俩人打了一架,他就走了。第二天下雨而且很冷。老大坐在邻居家,听到他媳妇跟弟媳妇吵得很凶,甚至都没有起身去过问事情的原委,其他邻居也没去劝解。弟媳妇一怒之下跑出家门,之后再没回来。大概到中午还不见她的人影,老大开始担心,出去直到天黑也没找到,于是就到二里地外的"小营庄"给她娘家人带话。这家人一听到闺女失踪了,就叫了十几个人,直奔"李家堡",到院子里把能找到的水缸、陶器都砸光了。幸亏"调解人"赶到,阻止他们进屋,不然损坏程度会更大。

他们走后,"苦主"(大哥)请求他的朋友帮忙调和,因为他住的村庄很小,而"小营庄"是个大村,他一刻也对付不了那些人。这些人是典型的"黑门",或者叫秘密团伙。中国有很多这样的帮派,里面通常有一班人被称为"先知"或"阳眼",最擅长预测孩子们科举道路有什么前途。有时候,就像这个例子,他们还充当算命先生。小营庄的人去找这个帮派的"阳眼",询问失踪妇女的下落。得到的回答是,她被打死后埋在"苦主"的院子里。一听说这些,这帮娘家人就到村里挨家挨户地敲门磕头,这是常用而有效的求助方式。

这样就集结了一大帮人,都拿着铁锹去李家堡挖尸体。李家堡得到消息后,村里的男人都逃跑了,"苦主"一家人躲在本村保长家里,保长管着几个村庄。我们说的那位先生,作为"苦主"的近亲,还是个知书达理的文化人,被叫过去照看大外甥的房子,他就去了。由于他在场,礼数尽至,他们就没有再毁坏东西,但为了找尸体,把整个院子都挖了一遍。结果什么都没挖着,"阳眼"就变了种说法,说尸体在院子外面三十步之内的地方。接着,他们就夜以继日地拿铁锹、铁叉继续挖了一周。"苦主"多次寻求和解,对方什么条件都不接受,还告到了衙门。县令两次审理此案,但每次都因失踪妇女家人的粗暴无礼而宣布退堂,只是令保长多找些调解人促使双方私下解决。

碰巧的是,当时邻村也发生了一件类似的事情,有个妇女被怀疑跳河淹死了。听说这些,人们又到河流下游几里远的地方,时刻监视有没有尸体漂过来。

在县令将要判决的时候,一具女尸漂到了渡口,人们认定她是李家堡失踪的女人。官府验尸时,双方都仔细寻找伤口,但一个都没找到,县令强迫妇女家里人按手印确认这个事实。他令"苦主"买个好棺材、衣服和其他用品,请来和尚诵经,再把尸体领回家,准备一场大排场的丧礼。他还令保长再次找调解人主持安排好丧葬的具体事宜。

但是,"小营庄"的人极其顽固,他们不仅不听任何调解,还把调解人骂出村子。最叫中国人生气的就是跟那些舍己为人的人作对。在这个节骨眼上,投河女人的丈夫卖西瓜回来了,他自己到已故媳妇的娘家劝解,还找了第三方劝说。但是"小营庄"人要求对方出一万两银子买丧葬用品。

那位先生的一个叔叔还在照看"苦主"的房子,他到"小营庄"努力劝他们和解。于是后者就把索赔降到了800两银子,多次讨价还价之后,最终减少到400两。"苦主"拿出了250两,但是对方很不屑地拒绝了。

无数次协商失败后,当地保长又向县令诉苦,多次和解,都被女方家人多次拒绝。县令看出这个案子的端倪,女方亲戚想借死者尽可能多地榨取她婆家的钱财,于是就在那天令八个衙役去参加丧礼,来保证其顺利进行。而这些衙役,跟中国人一贯的做法一样,被女方家人买通了,所以根本就没去那里。"苦主"和周围邻居还被蒙在鼓里,但其间"小营庄"又聚集了一大群村民,先后四次到李家堡老大的房子里,把能砸的东西都砸光。第二天,衙役来了,"苦主"已是忍无可忍,从其他村里叫来几百个人,无论如何也要办完葬礼,若还有争端就准备战斗。但这次,"小营庄"的人却没来,最后丧礼如期举行。但是女人的亲友依旧很顽固,说此事还没了结,并扬言以后还有无尽的官司,还要斗争和破坏。

对中国人如此错综复杂的生活方式感兴趣的读者,要知道几个重要的事实。中国有个原则是,闺女出嫁后,娘家要低声下气,而丈夫家则趾高气扬。但媳妇要是因暴力致死,一切都反过来了,媳妇娘家人自然会变成残忍可怕的对手。

这样的原则必须是在两大村庄或两大家庭之间的纷争。众所周知,中国南方地区有部落纷争,常年残酷而不见缓和之势。中国社会结构最脆弱的部分就是妇女的生活和幸福没有保障,但其他方面也不强,中国社会也不会脱离这个规律。每年有成千上万的中国妇女自杀,另外有数以万计的人因此陷入严重的纠纷,还有数十万的其他人被牵涉进此类冲突。极尽铺张的丧葬和倾家荡产的官司消耗的钱财达数百万。这一切都源于儒家的思想主张,妻子无权得到丈夫的尊重。这样的信条使得女子在世时处于无防护状态,只有死后才能被给予难得的公平。

有时候未婚女子为了抗婚而走上极端,证明了中国婚姻制度确实存在弊端。中国的报纸经常提到很多年轻少女组织起来,郑重发誓终身不嫁。下面几段文字译自中国的《京报》:

在广东省顺德县盛行的习惯是,经常有女子联合组织各种姐妹团,如"贞洁"姐妹团,"终身不嫁"姐妹团等。一个团体大约有十个年轻女子,都对天发誓决不嫁人,因为她们认为嫁人是件可怕的事情,出嫁后生活必定会痛苦不堪;父母对她们也束手无策。

最近刚发生了一件悲惨的事件:因为有个女子被家里人逼婚,其所在姐妹团都跳珠江自尽了。加入团体之前,该女子很小就定亲了。父母给她准备好所有的结婚用品时,她把此事告知了姐妹团其他成员。她们决定,如果她独身贞洁的誓言不变的话,就一同自杀。要是她违反了团体的规定,向父母屈就,其他成员就不会叫她好过,并嘲笑她是没用的人。她与她们商讨最好的逃婚方法。结果是,出嫁那天晚上能逃出来的话,她们就跟她一起死。

因为有那么多朋友注意她的动向,她根本不可能逃走,所以她吞下一枚金戒指,想以此结束自己。但是人们给她服了大量的催吐药,又被救回来了。她最终被强拉到男方身边,痛苦不堪。按照习俗,婚后某天她能回娘家。这次,她每时每刻都在考虑怎样逃到姐妹身边去。一天晚上,买通丫鬟之后,她趁天黑回到了姐妹团。她们一拍即合,跳进水流湍急的珠江,很快被冲走了。

在这块地方,此类悲剧时常发生。官府一再试图禁止组织此类团体,但都无济于事。女子们组合这样的团体,一定有她们的原因,肯定是看到当地很多人婚后生活不太幸福。但是,如果父母管不住女儿的话,只有法律才能禁止此类集体自杀行为。

众所周知,中国法律规定有七种休妻的条件,分别是:无子、淫乱、不孝、多言、窃盗、嫉妒和恶疾。这些对中国妻子无疑是严酷的。笔者有个雇工想结束单身生活,有人问他想要什么样的老婆,他简单地回答说:"只要不秃不傻就行。"在这个国家,婚姻的目的很明显,就是生孩子延续香火,所以"无子"是休妻的首要因素就不足为怪了。但如果仅仅因为它们是国家律法规定的,就推断说上面提到的都是正常情况的离婚,那就是错误的。

对于极其复杂的事实,总是很难得出公平的结论,尤其是关于中国人。但就我们所理解的来看,事实上,中国人因为上述法律规定的七个条件而休妻的,并没有想象的那么多。或许最常见的原因是通奸,因为这种罪行对一个家庭是致命的。

但我们必须明确指出,每个离婚的例子,还有一个因素没包含在法律规定的七个条件中,这就是女方的娘家人。就像我们看到的,这是个绝不容忽视的重要因素。如果娘家人认为女儿受到不公平或是不光彩的待遇时,会拒绝离婚。这不仅是因为"丢脸",还有更重要的原因。与西方国家不同,在中国,女性不能因为婚姻不幸而回到父母家里,因为没有粮食供养她。父母先分足土地来供养自己,剩下的就分给儿子们,没有女儿的份儿。也正因如此,每个女子都必须出嫁才能有生活的保障。她父母去世后,兄弟们特别是兄弟的老婆,会把她赶出家门,不能再依靠娘家人,因为她已经属于别人了。因此,不到万不得已,她们不会允许丈夫休妻,除非她有机会再"迈出一步"——改嫁。

除了通奸外，还有一个最常见的离婚原因，在西方被委婉地称为不和睦。这里指的是，过于频繁的家庭成员纠纷，使得一向爱争吵的中国人也不能生活下去了。事情发展到这种地步时，双方关系肯定已经非常糟糕了。很明显，上面的七种休妻条件都为双方解除关系提供了很大空间，如果单靠法律去解决，娘家人又听之任之的话，就经常会出现最严重的不公。事实上，任何一个案子的最终解决方案，都应该是基于双方的妥协。这样，相对较弱的一方也会看到自己的权利在考虑之中。

我们多次提到，中国的每个年轻人都必须结婚。对已满二十岁还没结婚的儿子，一般中国父母的着急态度令外国人觉得既荒唐又可怜。中国古时候就说，儿子或女儿一旦结婚，"终身大事就解决了"。中国父母看待儿女的婚事，就像西方父母看到儿女成年一样。婚事办完之后，人生中重要的部分才开始，拖延就是荒谬而不合理的。

中国人有种虚伪的庄重，就是禁止人们表现出对婚姻的兴趣，甚至不能谈论它。除了母亲以外，别人都不能跟女儿说她是时候定亲了。此事一说，之后经常有疾风骤雨般的场面出现。

有个笔者很熟悉的中国先生，23岁从教会学校毕业，以为自己还没定亲。其实，在他还不了解实情的时候（虽然每一步家里人都没问过他），父母就把婚事都安排好了。然后他需要回家跟父母商量办婚事的日子。但这个敏感的年轻人不愿意自己去办这事，就托"本家"叔叔去办，理由很充分："我怎么能跟父母谈论这种事情呢？"

下面这段是有关笔者的一个中国朋友的，有一天他上门来访，看上去既高兴又窘迫，说"有件小事"过来说说。他四十多岁，还没成家，有两个兄弟，三个人合种一块总共不到两英亩的地。这个兄弟在家待了几个月，其间没说过娶亲的事，也没想过此事。离开家几周后，还没到回去的时间，大哥就派人跑三百多里地去给他送信，告诉他，大哥突然给他这个四十多岁的光棍订了门婚事，女的才十七岁，姑娘家的朋友们都催着赶紧成亲。谈话到最后，这个中国人表情很急切，想从外国朋友这里借二十两银子给新娘买衣服，新郎既没有自己的财产，也没有收入。对这样的事情，就像其他类似的情况一样，百分之九十九的中国人的反应都是简单的一个字"好"，意思就是"不错，这事现在当然该办"。花费问题与他们不相干，就像我们对待安葬父母的问题时一样。

中国父母从不愿意冒险把任何孩子，尤其是儿子的婚事拖到他们去世以后。他们常难以确定，已成家的孩子是否愿意拿出钱给弟妹们办婚事，甚至会不会操办这种事情。此类事情还包括给每个成家的儿子分田地，要把财产多分几份是有悖于人性的，而且财产经常是完全不够分的。因为这个原因，所有明智的父母都想亲自操办并监督儿女办完这件"终身大事"。

儿子必须成家，即使有些孩子完全不适合或者根本不能结婚，这点儿也没有变更的余地。这种事情层出不穷，无法治愈和无望的残疾人想娶个媳妇，女孩娘家人会因对方给的利益条件而同意婚事。只要男方家里条件好，即使有癫痫或其他突发性疾病、精神失常甚至完全白痴的人，都可以娶到媳妇。这种违反自然法则的做法，其必然结果就是悲惨的生活给女子带来无尽的痛苦，还有大量的丑闻。

中国人的婚姻生活还有另一个特点，似乎外国人很少注意到，但确实值得研究。这就是拐骗已婚妇女。他们采取的手段，以及找到作案人的困难，都能在下面这个例子中有所说明。笔者曾经在1881年参加过一场婚礼，所以很熟悉其中的主要人物，就是新娘的父亲和公公。

像人们常见的一样，新娘本身还是个小女孩。女孩经常回老家探亲，这也是当地习俗允许的，可能是因为不受继母欢迎，她在自己家里没待多久，而是常去她奶奶家里。奶奶上了年纪，视力不大好卧病不起。隔壁院子住着女孩的堂哥，是个"盐官"，就是专门抓捕私盐贩子的差事。他的岳母是个寡妇，据说她自己就是个食盐贩子，当然是靠女婿的纵容。他们夫妇没有人做媒就结婚了，因此人们认为他们会做出更罪恶的事情。女孩每次回老家，都习惯了去堂哥家里，而不是去父亲家。那段时间堂哥大都在外面，忙于查禁（或贩卖）走私的食盐。一次，女孩在老家待了十天后，回到丈夫家（丈夫也还是个孩子），住了五天，接着又回去了。十六岁的弟妹送她走了三分之二的路程，她叫弟妹回去了。然后一个人继续走。之后几天，女孩娘家的妹妹在集市上碰到了女孩的公公，就问姐姐怎么没按约定回娘家。这样大家才得知她不在两边的任何一家里。家人寻找她的措施，最能说明那个特定时期中国人的生活情况。在中国，几乎任何人都不可能如此保密地行事，而且是年轻的新娘完全失踪这么严重的事情，即使想隐瞒，成功率也是很小的。

公公到儿媳妇的娘家，得知她之前回娘家的时候，没人管她，想去哪里就去哪里。有一次从堂哥家回来时，有人听见她说自己竟然能值五两银子。还有人说，最后看见失踪的女孩，就是她把弟妹打发走的那天晚上。有人看见堂嫂在等她。这就是公公得到的全部线索。

公公于是向县令提交诉状，详细述说了事情经过，状告女孩的父亲和其他一些人。接下来女孩的父亲、堂哥和继母也起诉了对方。官府对此案的答复就是令当地捕快寻找女孩。这个捕快很无能，即使去找也找不到。双方第二次告到官府，得到同样的答复。这就说明靠官府是没希望了，他们根本就不关心此类事情。

几次寻求公正都无效，可怜的公公决定再试一次，这是铤而走险的办法，但也是唯一的办法了。他趁县令在村里经过的机会，在轿子前跪下，诉说冤情。县令还是跟在衙门里说的一样，他对此事一无所知；帮人找丢失的牛犊不是他的事，找儿媳妇也不是他该管的。他还说这个公公缺乏证据，是诬告清白的人有罪，然后就令人起轿走了。

剩下的唯一希望就是根据偶然的线索来找失踪的人。这种情况下，不管人们知不知道，都不会透露任何信息，因为可能会因为是目击者而陷入可怕的官司，这样自己就几乎成了受害者。这种阻碍如此普遍，查清楚这类事情几乎不会取得任何进展。对此事特别感兴趣的人又想起了另一件事，是很多年前在邻村发生的，有个男人外出给别人干活儿的时候，媳妇被人带走了（当然她是同意的）。而这个男人虽然确定知道她被带到哪个村子，但是村子太大，他再也找不到她的行踪，后来妻子就死在那里了。笔者很熟悉发生这件事情的两家人，还知道另一家，一个人的媳妇（后来被休）差点被拐骗了，只是别人的计划未能得逞。

当然，人们不可能了解中国妇女被拐骗已经到了什么程度。但是透过几扇小窗，或许我们还能看到一些与众不同的事情，因为中国的报纸会频繁地刊登这样的事情，还经常是专题报道。因为不了解更大范围的国家利益，所以很多中国人对这些辛辣的人物很感兴趣，类似话题对西方国家很多读者也非常有吸引力。衙门里堆集了很多这样的素材，有些已经到了控诉阶段，而其他的就悄悄找"调解人"调解了。在《京报》上也偶尔会看到这类新闻的记录。很多时候，这种拐骗都导致谋杀，或者是群殴，伤亡众多。这样，地方官就得把事实和诉讼上报朝廷。看到这类数据，人们就会得出结论，就像谚语说的，"天下乌鸦一般黑"。

我们前面说过有父母卖女儿的，现在谈到并不少见的丈夫卖妻子的例子。这些基本上都是迫于贫穷。笔者还认识一个中国人，因为债台高筑而入狱。他觉得出狱无望，就给他亲戚写信说把媳妇卖掉。后来真卖了，他就拿这些钱买通狱卒逃跑了。据说，粮食价格越高，妇女买卖就越多。

还有另一种中国人所熟悉的卖妻方式，只要家里穷得过不下去了，就会用这种方法。夫妻俩一路乞讨到庄稼收成好的地方。遇上粮食歉收的年头，全国有成千上万的人四处游荡，到处寻找渺茫的希望。想卖媳妇的男人就说她是自己的妹妹，因为挨饿才不得不分开。他决心把她卖给想找老婆的人，这对别人来说也是找老婆最省钱的办法。女子就泪流满面地答应这样做，然后"哥哥"拿了钱之后就一去不回。在新家住了几天或几周后，新娶来的"妹妹"就带着全部衣服和搜集的尽可能多的钱财，设法趁天黑逃出去跟"哥哥"汇合，俩人又出去寻找"新的猎物"。中国人称这种行为为"女猎鹰"，就像一个人把鹰放在自己的手臂上，看到猎物就把它放出去，鹰很快就飞回来了。流行的谚语说，"用女人捕猎"，其实暗示了两个人的阴谋。

有调查者被告知说，有些地方这种"女猎鹰"行为极其常见，因为总会有人想花最少的钱买个媳妇。

中国人会嘲笑那些从事妇女交易的人，但是相同的条件下，他们自己也可能会这样做。有个跟笔者住同村的老人，以他认为很低的价钱买了一个媳妇。为防止她逃跑，就把她像驴子一样拴在院子里的木桩上。邻居们都笑话他，他也笑邻居们。直到女子突然失踪了，这使他在买卖妇女问题上有了更清醒的认识。

对这种问题，中国人的看法总体上还是正确的，但是做起事情来就不会为任何感情所动。人们都说，明智的男人不娶有夫之妇，因为其严重后果很可能不堪设想，但是中国人与命运抗争的侥幸心理往往很严重。笔者有个中国朋友，第二次娶媳妇时，他除了购买一些日用品外，别的没花一分钱。他满足地说"比牲口还便宜"。但是听了嫂子的警告后,他几个月都泪流满面,因为以后似乎永无宁日了。

中国人认为必须生儿子。如果妻子有可能生不出儿子,中国人就自然而然地再娶一房媳妇,或叫纳妾,目的就是生儿子。事实上只有相对少数家庭这样做,主要是比较富裕的人家,因为穷人花不起钱。大家都认可这种自私的权宜之计。但值得庆幸的是,这种做法没有看起来那么普遍。中国人向来注重实际,就想到了另一个简单的方法来达到目的。这种措施没有那么可恶,这就是众所周知的把旁系亲属的孩子过继到自己家来收养,以此保持香火不断,也防止任何家庭分支的消亡。

经常发生的是,儿子还没结婚就死了。这时候就要认养一个孙子而不是儿子。中国人这个做法有点自相矛盾。儿子没结婚(就去世)就收养孙子。要弥补儿子未婚而逝的缺憾,在西方似乎是不可能的,但对感性的中国人却不是如此。为了应对这种变故,中国还有冥婚的做法,这当然是中国人众多奇怪做法中最奇怪的一种了。

为了保持香火延续,每一代人都需有专门的代表,不管他们跟这个家庭链条有没有关系。这种情况只会发生在一些比较富庶的人家。那些因儿子亡故而要找亡妻的家庭,会四处打听,找到有女孩刚去世的人家。两家就由中间人协商,把两具遗体放在一起举行婚礼。或许只有穷人家才会在女儿死后同意这样的协议,其他人不会这样做。如果对方同意了,就同时举办婚事和丧事。众多人把死去的"新娘"抬到另一家,放在"丈夫"旁边。新认养的孙子就祭拜"母亲"的遗体,其他仪式跟平常一样。

笔者曾经认识一个女孩,她死后就这样被"嫁"给了另一个村里死去的男孩。有人问起这个问题时,他父亲承认说这不是合乎常理的做法,但还说她母亲愿意接受这样的提议。这件事情的真实动机,无疑就是想利用别人的钱来为死去的女儿办一场气派的丧礼。他们自己太穷,除了把她的尸体用草席裹起来,什么都做不了。

在中国,给死人娶亲很常见,其最终根源是著名的孟子的言论,即"不孝有三,无后为大",很久以来中国人的全部家庭生活都基于这种说法。因为这个原因,那些没结婚的人就不受重视。他们死时,如果还是孩子,就被直接扔掉而不会埋在自家的坟地里。因为这块坟地只埋葬已婚人，而不会接受单身汉。同样的，如果丈夫死后，媳妇再嫁，也不能入祖坟。也因为这种情况，人们就发明了另一种奇怪的办法，把活着的妇女嫁给死去的男人。妇女的唯一动机就是免于挨饿，因为可怜的中国寡妇若不再改嫁，随时都处于饿死的边缘。如果死者家境不好，也不会花钱操心给死去的男人找媳妇。但是如果寡妇过得好，她或许也不会再嫁。寡妇家里很穷，改嫁后生活条件又有所改善，也只有这种情况下才会有活着的女人嫁给死去的男人，目的就是刚才所说的填补坟墓里的空缺。

或许因为这个原因，以这种方式娶亲的相对很少，甚至有些理性的和有文化的中国人根本没有听说过，也可能还会坚决否认存在这样的事情。但是足够的调查就能发掘出类似于习俗的特殊案例，这是西方人完全排斥的，但对中国人却是自然又合理的事情。

就像刚才提到的，如果有人想收养儿子，但是自己本家又没有合适的人选，他们就会从别家选个小伙子。有时有姻亲关系，有时有血缘关系，有时两者都没有，甚至只是"捡"个陌生人。最后这种做法对夫妇来说特别无奈而又痛苦，他们费尽周折想找继承人，但都徒劳无功，因为孝心不是随便就能得到的商品。

过继带来的隐患无疑既严重，又数不胜数。但是这种收养的办法比起找个"小老婆"来说，要好得多。毫无疑问，原配老婆和续娶的"小老婆"之间的关系，中国人的说法叫作"吃醋"。

我们恰好认识几个有小妾的家庭。有两家是因为有一年闹饥荒，价钱便宜，就纳了妾。其中一个可怜的女人，某天因为"吃醋"而大声哭喊，头发蓬乱地跑到别人家院子里（笔者就住在这个中国人家）。后来，就因为母亲劝说了两个媳妇几句，纳妾男人公然用最难听的话大骂他的母亲。

在第二个例子中，一个年过半百的男人，想纳妾生个儿子，但是结果却不尽如人意。他经常找年长的妇女来自己家里，"劝说"妻妾不要再"吃醋"了。他死后，虽然在村里还算比较富裕，但最后一个老婆还是要被赶回娘家的。如果小妾生了个儿子，丈夫死后，不出什么意外的话，她就能跟正室一样得到一块田地。

第三个例子是关于笔者的邻居。他是个中年人,有个老婆大约四十岁。之前的两房妻子都死了,其中有个给她生了个女儿,如今二十岁。父亲大部分时间都不在家,要去京城做买卖。这种情况下的男人,要解决纳妾的问题就好办,即老婆待在家里,小妾在他常做买卖的地方。男人回家时,如果把小妾也带了回来,这就势必会导致"吃醋"。这个后来娶的老婆还只是个孩子,比丈夫的女儿还小得多。

第二年春节,据说他不让明媒正娶的老婆去祖坟,而是坚持叫小妾去祭拜。其他还有流言,也不知是真是假,说他还虐待这个原配妻子,将来想抛弃甚至休掉她。这件事很快就传到了原配妻子的老家。结果娘家就有一堆年长的代表来到女人丈夫的村里。代表们要求见丈夫家的族长。但是那个村里的很多年轻人听说这事后,等不及长者按照中国缓慢的交涉程序来慢慢地调解,而是成群结队地来到丈夫家里,不问青红皂白就开始袭击,砸开闩着的门,给手无寸铁的丈夫一顿毒打。

据袭击者说,他们只带了锤子而没有带刀。打架发生在晚上,男人也看不清是敌是友,很快就倒下了。接着人们就发现他胸口挨了十七下锤击,背后挨了两刀子,直插肺部。他们还说背后的伤肯定是与男人有私仇的某个邻居干的。他们听到喊叫后就跑来,发现仇人手无寸铁,任人殴打(别人也看不出是自己打的),这正是他们想要的机会。袭击者因狡辩而被冤枉了,要受到法律严惩。他们被迫找到有威望的中间人帮他们摆脱困境。最后就是中国人常用的解决方式,对受伤者不断地磕头认罪和无数次宴请受伤的一方。

尽管这样发人深省的事情在中国各地都经常发生,但是还有人觉得能承担得起,就继续这样做。虽然有句古语说:"如果老婆不同意,千万不要纳妾。"如果接受这个忠告,纳妾的做法在中国就可能完全消失。

到中国的旅行者经过一些村庄时,经常发现,清早有很多男人聚在路边,各自蹲在自家门前,一边用筷子大口地吃饭("筷子"二字听起来像是"灵巧的儿子"),一边跟近邻不时地聊几句。全家人都坐在桌子旁边,等没来的人一同进餐——这种西方人吃饭的方式,对一般中国人是很陌生的,他们几乎难以理解。

中国人(和东方人)的习惯既典型又发人深思。它表示了一种家庭以及女人地位的概念，跟我们的完全不同。这种观念认为，男人代表阳——雄性，处于支配地位，是世界的主导因素；而女人就代表阴，即"愚钝、阴柔、低下"的代名词。中国几乎没有人认为女性是男性的伴侣。在中国目前的状况下，也不可能被当作伴侣。刚娶到家的媳妇跟"丈夫"的接触不能被人家看到；若有人看见他跟她说话，他会感到羞耻，但是似乎他们的接触方式也没什么可羞耻的。有个别的夫妻想有意识地了解彼此，公开交流想法。那么这就会在全家人面前落下笑柄，所有人都觉得不可思议。我们听说过一些事情，有对夫妻刚结婚，家里人就给他们备了一条打结的绳子，每次听到他俩说话，就把绳子拿给他们看，并嘲笑他们的亲密。

中国的新媳妇在新家尽管可能吃得饱，穿得暖，也不受虐待，但基本上不用指望会幸福。她必须做好长年备受压抑的准备。不管在理论上还是事实上，她还总是个"孩子"，处境也只能是这样。当她自己也成为婆婆，带着一群儿媳妇时，或许需要这些苛刻的原则来履行这个位置的职责，这也是必需的。但也得承认，有时候婆婆和媳妇之间会有真实的感情，不过这种情况非常少。当人本能地发现自己被困于残酷的习俗时，就显示出比传统束缚更强大的力量。

媳妇经常会碰到针对自己的争执，为了免受其害，她只有两种救援方式。其一就是娘家人，但就像我们看到的，他们没有真正的力量，就像船尾的灯光，对前方的防卫爱莫能助，只能在船行过的水面上投下惨白的光，但已不能原路返回了。

中国媳妇的另一种自我保护就是靠她自己。如果她天生伶牙俐齿，特别是再加上中国人常有的决不妥协的思想。除非这家很特别，否则她肯定能站住脚，真实的能力早晚会显露出来。中国妇女必定会在家庭各个角落锋芒毕露，但有时需要适当收敛。如果中国媳妇脾气暴躁，因为鸡毛蒜皮的小事就能掀起龙卷风，这样的妇女肯定能在家保持其地位。最凶悍的婆婆，若碰到不怕男人，不怕恶魔，什么都能对付的媳妇，也会畏惧三分。经常会看到中国的妇女怒气冲天，在最盛怒的极点，甚至比维苏威火山还难以平息。

如果一个中国丈夫生性好安静，不喜欢喧闹，他可能就会受制于泼妇，并时刻被她管制。这种情况绝不少见，明智的男人乐意花任何代价换取安宁。但无论如何，女人实际上控制着一切。人们在中国的所见所闻证实了这种情况，还有很多说法形容"惧内的男人"。虽然流行的谚语称,"好猫捉鼠,伟男齐家",但也有很多人说到男人被罚"头顶油灯跪床脚",形容强势的女人惩罚不听话的男人。

如果一个中国妇女天生爱吵闹,到了人家说的"不分东西""人仰马翻""山摇地动"的地步,这无疑是她最可靠的保命工具。这有点像南美洲的巨嘴鸟,据说,它只要一出现就能把敌人吓跑,根本不需要再进一步证明自己的具体能力。如果上天没有赐给她这种天性,下一步最好的自救就是使用完全相反的方式,即在任何情况下不管别人怎么刺激都保持沉默。对大多数中国妇女,这似乎比上天还难,但不时有些个别的例子说明,通过这种方式,困难的事情也是可以克服的。

中国妇女的地位自古就是如此,一直持续到现在。中国最古老的文学作品中有相关记录,我们在前一章已举过例子。《礼记》是中国最古老最受推崇的经典著作之一,书里的教导和禁忌,体现了指导中国人对待妇女的基本原则。对此问题,中国的正统思想是男尊女卑。就如天比地高,女人永远不可能与男人完全平等。

根据中国的哲学,死亡和邪恶都源于"阴",就是中国二元论的阴性原则,而生命和兴旺都受"阳"的支配,或者说阳性原则;因此人们认为,女人完全受制于男人,不能有自己的意愿,这是自然法则。这种理论和相应的做法迫使女人完全服从男人,而自身发展和修养。女人不能有自己的幸福,而必须为了男人生活和工作,摆脱这种卑微的唯一办法就是生个儿子。女人在其他国家也受制于同样的法则。她从属于一个丈夫,其幸福取决于后代的供养。[1]

有时候人们会反对说,导致中国妇女凄惨命运的邪恶力量,不是塑造并维持帝国的道德体系,这种说法就像基督教不可能负责(改正)西方的一切道德败坏一样。这两类事情的本质基本不同。基督教一开始就反对各种道德败坏。虽然不管基督教怎样不懈地努力抵制它们,有些道德败坏依旧猖獗。基督教影响着日耳曼人相对崇高的女性概念,并逐渐地把两性提高到全面发展的层次,

---

[1] 参见小册子《中国的妇女地位》,欧内斯特·法伯尔博士,上海,1889年,包括很多例证性的经典引用。——著者注

就像我们如今看到的一样。相反，孔子的理论却是错误而有缺陷的。因此毫不夸张地说，中国女性的凄惨命运在很大程度上就是因为儒教。但还有很重要的一点，不管是错误的道德说教引起的或是其他的罪恶，中国的伦理都没有任何的预防或补救措施。

因此，我们一定要知道，中国妇女的地位，就是儒家学说的最终后果，也是最典型的产物。在我们看来，这是苦涩的果实，概括起来说，这种思想体系对妇女主要有七种致命的罪恶。

一、纯粹从中国人的观点来看，并没有反对中国女性受教育的内在障碍。在一个中国的大百科全书中，1628卷书里有376卷都是讲述著名的女性，其中四章都是研究女性知识，还有另外七章是女性的文学作品，为数众多而且影响深远。但是与过去中国女性的巨大数量相比，这些作品就像浩渺夜空中孤立的星辰。但是从中国的未来复兴来看，它们将有不可估量的历史价值。[①]

除了很少而又微不足道的例外，中国女性没有受过教育。她们的思想还处于原始状态，父亲、丈夫和兄弟努力使她们坚信，她们自己根本没有思想，她们也总是基于这种观念行事。

二、买卖妻女。在某种条件下，这种事情发生得如此自然，几乎是必然，以至于中国人认为其理所当然。饥荒之年，除了有些地方这种事情比较少见，但是其他地方，把女儿像牛马一样卖出去是持续不断而且是很自然的事情。

在中国北方有些地区，男人无力还债而卖女的事情并不少见。但其他地方这种事情也不罕见，这些地方很多姑娘被迫成为妓女就证明了这一点。如果中国人自己被问到这个问题，他们总会承认事实，会责备习俗，但最终无可奈何的结论还是："又能有什么办法呢？"在中国目前的状况下，这种疑问不会有答案。

三、普遍早婚。中国的婚姻导致的大部分不幸都是因为受害人还不成熟。把小孩当作成人，同时当成需要随时看护的儿童，这种程序既不合理，也没有有利的结果。每对夫妻都是特殊的存在，需要区别对待。但是儒学却鄙视

---

① 关于这个问题的大量例证，参见欧内斯特的《中国的著名女性》，上海，1890年，和已故的A.C.萨福德女士写的《中国的典型女性》，是一本中国著名的权威作品的简译本。——著者注

这种观点，可能它确实也没有考虑到这种概念。所有女孩都必须嫁人，这把整个中国社会逼到了铁皮箱里，个人根本没有任何发展空间。每一个挣扎着摆脱这种令人懊恼的束缚的人，都会招致怀疑。每个未婚的女子都像是触犯了天条和人法。

四、杀害女婴。可怕的贫穷控制着社会的体系，多一张嘴就意味着饿死的危险。而人们的信条却是儿子是必不可缺的，这样杀害女童就成了其直接但不合法的后果。斐姑娘①在她的《塔影：中国生活研究》里有一章是"巨大罪恶的蔓延"，她这样讲道："我采访了160个50岁以上的中国妇女后发现，她们总共已经生了631个儿子和538个女儿。其中有366个儿子，并且近60%都活过了十岁；而女儿只有205个，或38%，活到了十岁。根据这160个妇女的陈述，她们毁掉了158个自己的女儿；但没有人毁坏男孩。因为只有三个妇女抚养了三个以上的女儿，因此她们承认的杀害女童的数量比实际的少很多。有一次我听一个妇女说，她忘了自己到底生了多少个女儿，反正不想要那么多。所有妇女中杀害女婴最多的达到十一个。"

死人的幸福取决于活人给他们提供的祭品，如果没有完全颠覆这种观念，杀害女婴就永远不会消失。

五、第二房妻子。纳妾是孔子祖先崇拜理论的必然结果。它在中国已经引起的和正在引起的痛苦，人们无法理解。各种形式的死者崇拜是一种假说，只有彻底打破它，才能根除纳妾。

六、妻女自杀。前面讲过原因，不管是个人的还是联合的，都足以充分地解释中国女性自杀数量之多的原因。人们怀疑是否没有更多的了，但是任何人去某一地区收集这类事实，都会对其盛行程度而感到惊讶。甚至有的儿童也会因一些微不足道的事情而自杀。有时候它似乎在蔓延，就像天花一样，自杀的渴望实际上成了流行病。前面已经说过，中国的报纸上讲过中国有些地方，女孩加入秘密团体，被迫定亲或结婚一段时间之后，就自杀了。她们过早地体会到生命的悲惨，因此就谴责生命，结束生命历程。我们不应该夸

---

① Miss Fielde（1865—1890），19世纪在华女传教士，主要在广东汕头一带传教，著有《塔影：中国生活研究》。——译者注

张中国妇女承受的痛苦，确实也已经减轻了很多，而且印度和土耳其的姐妹比她们悲惨得多。但不管怎样，事实还是，大量的自杀最有力地证明了中国妇女承受的苦难。

七、人口过多。中国整个民族始终如一地倾注的全部努力，都只为了一个目的：给父辈延续后代，而且父辈也是这样为祖辈做的。在这一链条上，他们实现了威斯利理想教堂的构想，就像他说的，"所有人都在其中，一直都在其中"。战争、饥荒和瘟疫毁灭了数百万人口，但几十年风平浪静就会弥补过去的毁灭，让人看不到痕迹，就像战场上又长满了大片的庄稼在随风摇曳。

不管我们多么崇敬中国人整体或个人的自我修复能力，对于这种体系，我们会感到义愤填膺。它违反了有益的自然法则，很多家庭分支不适合再生存时，大自然会施予恩惠使其消亡。想到那些肆意而持久不变的贫穷、邪恶、疾病和犯罪，人们无法平静。它们本应该受到各种阻碍而无法加剧，美德也应该使漫天的邪恶和痛苦消失，就像它本身也是一种宗教，也是中国人会拼命热衷的唯一宗教形式。

在这种体制下，成长中的一代不堪重负，因为他们要给成千上万的本不应该出生的人提供食物和衣物，他们的存在只能是自己的负担，只能永远处于永无停歇、希望渺茫的挣扎中。

对一个善于观察的外国人而言，中国最明显的现实就是贫穷。每平方公里的土地上有太多的村庄，每个村庄有太多户人家，每户人家又有太多张"嘴"。不管走到哪里，都是同一个不断重复的故事。贫穷，贫穷，一直是贫穷，永远是贫穷。中国很辽阔，没有人烟的地方还很多，未开采的资源无疑很丰富。该怎样开发这些资源来使最多的中国人受益呢？如果不彻底改变现存的条件，我们就不知道怎么办，也想不出怎么办。到处挤满的过剩人口，都要撤到需要他们的地方去。只有叫他们到那里去，才能给剩下的人减轻负担。

人们若像火柴拥挤在火柴盒里一样，就不能做任何事情。试想一个医生在一辆行驶着的公共汽车上，试图给一个腿部受伤的人正骨，但同时车上还有其他二十个人，大多数人腿都受伤了，也需要正骨！首先得叫他们下车，到一个可以给他们适当治疗的地方，有治疗和呼吸的空间。我们还要再说一遍，如果不重新安置这些过剩的人口，即使是最先进的政治经济学也很难给中国的大众

乞丐——中国寄生行业之一　　　　　　木匠——中国劳动行业之一

带来永久的利益。但是讲究实际的儒学反对这一点，导致人口过于拥挤，它主张人们不要抛弃祖坟。他们不仅需要祭祀，还得在同一地方继续繁衍后代以保持其香火不间断。

　　世界依旧很大。毫无疑问，现在和很久以后，如今的数百万人及其繁衍的另外的数百万人，都会有足够的空间。一方面，世界从没有像今天这样需要中国人。另一方面，中国人也从没有像今天这样需要世界。但是中国要想在世界上立足，或想拥有其他国家已经或正在取得的进步，就必须有新的引导力量。儒家学说力量强大而根深蒂固，儒学固然有其功劳，但也犯下了"致命的罪恶"。因此，它最终必须受到处罚。儒学作为一种发展的力量，总会有失效的时候，迟早会被更强大、更明智、更有效的学说所取代。

第二十四节
单调空虚的乡村生活

很难想象，如果时光退回到我们曾祖父的时代，我们会是什么样子。那时候，邮件驮在马背上，邮递员一边骑马，一边悠闲地编织长袜。如果用现代标准来衡量，两百年前的乡村生活尽管节奏缓慢，但依然丰富多彩，而且完全符合时代发展潮流。思想进步的速度、内心世界的多样性和成熟度并没有必然联系。我们的祖先可能曾经也是农民，但他们是所在国家这个大集体不可分割的一部分。他们就像是海港里停泊的船只，随着国家这个大集体的潮涨潮落而起伏不定。

然而，中国乡村无论是在外观上还是精神面貌上都显得一成不变。如果时光追溯到五百年前，反观当时的历史画卷时，我们将会发现，那时的中国乡村同现在几乎没有差异。如今眼前伫立的房屋虽然并没有五百年的历史，但他们同五百年前建在原处的房屋并无二致。彼时生活在土坯房里的家庭，如今在还在砖墙砌成的瓦屋里繁衍生息。有些家庭消亡了。偶尔也有新的家庭迁居于此，但这种情况发生的概率十分稀少。那些生活在土坯房屋里的村民，正是哥伦布发现新大陆那个时代中国人的直系后裔。这些子孙后代重复着先辈们曾做过的事，一点儿不多，一点儿不少，毫无差别可言。他们用同样的方法耕种同样的田地（所不同的是，庄稼出现了几个新品种）；他们年复一年地一成不变地赶着同样的集市，买卖同样的商品，穿着同样的服饰，按照同样的风俗男婚女嫁。

一位哲学家曾说过这样一句至理名言："我们想要了解一个民族，就要注意那些他们已经墨守成规的东西。"对中国乡村的任何预想，都难以脱离其远近祖先们的窠臼。中国乡村里不存在任何知识层面的生活。如果一个村子碰巧住着一些文人，他们会形成自己的小圈子，跟街坊四邻乃至同本家亲朋都断然不会有来往。古语有云："学究论书，屠夫说猪。"我们已经洞察了中国教育体制的狭隘性，它驱使中国学子们在一条独木桥上赛跑，而这条独木桥又窄得令人难以置信。每一次的考试对学生来说都是一次危机，事关他能否顺利毕业。但不论哪种结果，不论是否适合学生自己，是否适合他教过的学生或他的儿子，都被完全当作个人的事情。这种教育模式就像是一种文化彩票，参与其中的人既要承担风险，又要时刻期待中奖。如果不能中彩，所有功名路上的利益分配都将与他们无缘。

中国文人同西方文人不同，后者往往成为启迪他人智慧的中心和源泉。中国文人理想的生活是以"自我为中心"，满足其一己之私。长期以来，中国流传着一句近乎迷信的说法："秀才不出门，全知天下事。"正如前文所述，中国许多至理名言都带有夸张的修辞成分，这一条便是其中的典型。事实上，典型的老学究对于"天下事"根本一无所知。他们对地球是圆是方之类的问题，给不出任何明确的观点。因为这不是他的关注点所在，就连自己国家的当代历史他也不甚了了。国家事务自然由身在其位的官员们操心，跟一个已经考取功名的文人有何相干呢？

笔者认识一位曾做过教书先生的文人。由于经商的缘故，他经常出门在外。大约在中日甲午战争和谈一年以后，这位游历甚广的商人借登门访问的机会，向我们询问战争爆发的原因。他说曾在省会和天津听到过两种相反的消息，不知道究竟该相信哪一个。他在遇到可以咨询的外国朋友前，自己没有妄下结论，因为他相信，外国人可能知道事情的真正缘由。

除了这种极度无知和对国情近乎冥顽不化的漠视，中国人还表现出非常容易轻信的劣根性。对风水学的迷信几乎已经深深根植于中国人的头脑，就连中国代表先进势力的文人也不例外。《京报》中刊登过这样的事例：由于科举考试中榜人数没有增加，某地便倡议改建现有建筑，增修能带来好运的宝塔，等等。

遇到日食现象时，有的文人相信，必须敲锣打鼓才能将太阳从"天狗"嘴中抢回来。这样的人还隐约相信一个传言：西方国家一年有一千天之多，而且一年到头天上挂着四个月亮。如果某人对化学反应有粗浅认识，只要向他稍稍演示一种最为基本的化学反应,比如,用注入槽中的二氧化碳熄灭一排燃烧的蜡烛,他马上会警醒该人,在他们这些老夫子们看来,魔法能力是不足为怪的。然后,他便下一个定论来搪塞该话题:"莫不为鬼怪所为。"

在中国这块肥沃的土地上,任何一种流言蜚语都将深深扎根在人们的心中,并在适当时候结出苦果,大凡在中国的外国人都知道其最终代价。如果不是因为中国文人们的无知和轻信,反对外国人的暴乱将很少或根本不会发生。一个令人沮丧的事实是,文人阶层中的大多数人,尤其是生活在乡村地区者,无不深信针对西方人的种种毫无根据的言论;剩下的绝大多数人,如果不涉及自身利益,对此事全都表现出漠不关心的样子。

满腹经纶的乡村文人实际上知识十分贫乏,而他们那些目不识丁的邻居们的愚昧无知与其相比,更是有过之而无不及。如果后者碰巧出过远门,他受到的教益无疑将会超越前者,因为毕竟他获取的知识来源于实践。然而,如果他仅仅是个普通农民,从来没有出过家门,就什么都不懂。如此一来,这个人从生至死,一辈子都在谈论空洞浅薄的东西。除了最忙碌的季节,在每个中国乡村都能看到成群的男人们,聚集在村庙这类公共场所,无论是在冬日的阳光下还是夏日的阴凉里,他们坐在几根木头上闲聊。即使是在隆冬时节,他们也紧紧挤在一起,企图能相互取暖同时也显得亲密。他们天南海北地聊来聊去,直到吃饭时才会散去。过去、现在和将来的天气状况、集市行情、风言风语,特别是最近哪家官司的细节,都是他们永无休止的谈资。审问张三时县令问了些什么,张三是如何对答的,李四是如何反驳的,县令又是如何裁定的,这些没完没了重复了一遍又一遍的评说,构成他们最津津乐道和取之不尽、用之不竭的话题。

除了本乡本土的官员外,村民对官府的人员调动毫不关心。曾一度有传言说光绪皇帝要退位了,笔者便向一个中国朋友提及,中国恐怕会成为一个没有皇帝的帝国。这个愚钝的村民从来没有听过来自北京的任何消息。他禁不住问我,你说的是什么国?当我告诉他是中国时,他愣了一下,然后发出"啊!"的一声,其语气表明,情况可能比他想象的更糟!然而,这些村民在自家事务上却十分精明,一点儿也不缺少实际能力。他们热衷于听故事、看戏,其中的主角都是一千七百年前三国时期的英雄人物。有时候,他们还能向我们讲述这些人物及其丰功伟绩。但现当代历史知识对他们没有吸引力，这些知识相当贫乏。这些事情跟他们没有任何关系，他们既不知情，也丝毫不感兴趣。只要不增加其税收，不影响其粮食价格，就算是整个亚洲的版图要重构，他们也漠不关心。

前文曾提到过，出过远门的村民是个例外，他们不像上述人们那样精神空虚。他们一般具有丰富多彩的经历，只是对此不愿多加提及。然而，一个明显的事实是，他们一旦不再外出，就会很快退回到大多数人的状态。全国的十八个行省，他们可能都去过，甚至很可能踏上过外国的土地。即使是经历过船只失事的渔民，也很想知道失事地曾经唾手可得的那群鱼究竟去了哪里。但这些村民一旦回家，便恢复了大众一般的生活，不会再关心外面的世界所发生的事情。考虑整个中国人口中农村人口的庞大比例，再详细思考其精神层面的贫瘠和无知，我们对这个锦绣中国知识贫乏的印象便清晰地勾勒出来。随处可见的社会现象，是两千年来内在力量的外在表征。对这种力量的思考越良久，理解越深入，就会更加透彻地观察和感触到："中国是对儒学的最好阐释。"

第二十五节
家庭生活的不稳定性

家庭是中国社会生活的基本单位。我们通过长期观察发现,中国家庭是一个高度复杂的组织,与家庭相关的诸多事宜常常表现出矛盾性。我们将要考察的是中国家庭问题的一个方面,并借此提醒读者注意,虽然我们的研究具有极高的真实性,但也仅仅是一家之言。

中国家庭的不稳定性源自家庭结构和社会环境,以及两者之间的关系。首先,我们来概述一下外部原因。中国大部分地区的降水都不稳定,饥荒成为一个永恒的灾难。在过去二十多年间,在华的外国人有大量机会深入观察饥荒现象。饥荒造成的灾难令常人无法想象,而我们重点关注的是饥荒引起的家庭破裂。父亲为了糊口远走他乡,留下妻子儿女在家自生自灭。当父亲的这样做并非是对妻儿漠不关心,也不是渴望两地分居,而确实对此"无能为力"。

中国大部分地区容易遭受洪灾,每次都猝不及防。为了求生,人们只好背井离乡。他们大多举家逃难,但也有的孤身出走[1]逃到混口饭吃的地方去。在这段漫无目的、险象环生的路途中,有的婴孩来到人世,也有的途中夭折。年长的孩子也摆脱不了夭亡的命运。有时候,为了活命,父母把到了婚嫁年龄的女儿贱卖给那些没有实力娶亲的男人做老婆。根据当地的风俗,第二次结婚不再举行婚礼。于是,寡妇们丧夫后极有可能马上改嫁。而一旦吃不饱穿不暖,这种结合又将面临解体。

---

[1] 直隶省献县就是一个典型的例子,该县夹在滏阳、滹沱两河高高的人造河岸之间,常年遭受水患侵害。每年,不计其数的村庄被淹,房屋已经洪灾损毁。这里根本无法种植秋季作物,但洪水退去后可以耕种麦子。每年冬天,家家户户门窗紧锁,几乎所有村民都出门逃荒要饭,等到第二年开春,再回来照料麦田。这种做法已经形成一个传统,就连家有三四百亩地的农民也按时逃荒,如果换作别处,他们算是富裕人家了。——著者注

官府的政策失误常常引发小规模农民起义,最终导致同饥荒、洪灾一样的灾难。不管遇到上述哪一种灾难,家人一旦远距离失散,很难有再次重逢的机会。并非只有在特殊情况下,家庭才会分裂,在中国的几个省份,大部分男性都在离家很远的地方谋求生存。

不计其数的北方人离开家乡,长途跋涉几千里路程,翻越长城,到满洲里谋求生路。很多人从此再也没能踏上回家的路。很多人早年离家,从此音信全无,难以计数的中国母亲从来不知道儿子的下落。由于信息传递不对称、不确定、不可信,也就难怪民间广为流传这样一句话:"儿行千里母担忧。"[1] 中国式的伊诺克·阿登[2]们,往往在离家十年甚至二十年后,突然回到家中,扔下行囊,一言不发,只顾一个人舒舒服服地抽烟。由于离家太久,可能已经没人认识他了,甚至还有可能被当作流浪汉而被拒之门外。此情此景下,他会这样答复:"在我自己的房子里,为何不能随心所欲呢?"他说完后继续抽烟,详情等待以后再说。

有时候,在打破家庭稳定性方面,有一种比普通地震威力更大的灾害——打官司。在中国人的生活中,不管哪一天,其安宁、富足甚至生命,都无时无刻不受到某种纠纷的威胁。尽管他们对此不负任何责任,但想要逃脱绝无可能。并非说大多数中国人都已深陷官司牢笼,这并不是实情,但这种可能性始终难以避免。每二十个人中将有一个人因为一时冲动而卷入一场危机,从此闹得倾家荡产,锒铛入狱,受尽酷刑,甚至面临被禁食饿死的危险。只有家人花钱打通官府,才能免受其罪。并不是每件官司都会发生上述情况,但是可能性无处不在,因为谁都不敢保证一场官司将在何时通过何种方式收场。正如一句谚语所说:"一家有事,四邻不安。"同时遭殃的还不仅仅是当事人。

我们曾经反复提醒大家一个广为人知的事实,即没有哪个中国人能够保持经济独立。在西方人看来,没有什么比盲目举债更恐怖的了,这些债务今后

---

[1] 笔者曾遇到过这样一件事,一个河南人筹集了一批价值50墨西哥银圆的物资,准备赶往1 500里外的满洲里,寻找一气之下离家出走的外甥。他想变卖物资来筹集盘缠。然而,原本计划几个月的行程,一走就是一年多。这个可怜的人途中生病,花光了所有盘缠。在打听外甥下落无果后,只好沿途乞讨,花了几个月时间才返回家中。——著者注
[2] 丁尼生同名叙事诗主角,因船遇难不能还乡,等到最终回家时,其妻已和他的幼年好友结婚。——译者注

可能给整个家庭带来无穷无尽的灾难。问中国人为什么借钱，简直就是多此一举。这就好比面对一个在苏格兰薄雾笼罩的野外待了一夜的人，根本没必要费力问他为什么身上湿漉漉的。丰富的阅历使得中国的债主对待无力还债的人冷酷无情。中国有大量做小本生意的商人，正常年月里，他们的盈余相当可观。其中一小部分人用盈余置办田产，从此过上根植土地的安定生活。然而，其余的一大部分人赔得血本无归，为了还债只能卖掉原本不多的资产。从此，他们便加入了失地农民的庞大队伍之中。对于很多小本商人来说，一次投资失败就可能招致这样的后果。在中国，一个深陷债务危机的个人或家庭，其境况就如同坐在一架在油中浸泡过且底部早已腐朽不堪的雪橇上。

中国的穷困家庭没有可供看病的积蓄，而疾病又偏偏不管穷富公平地降临在每个家庭。如果一个家庭的顶梁柱躺在病床上，或者几个孩子的母亲因病不能料理家务，真正的麻烦就来了。如果新娶来的媳妇儿生病了，第一个处理方案就是将其送回娘家。因为一般来说，婆家没人有时间和职责来照料她。尤其是她的丈夫，会认为妻子拖累了他，更倾向于让妻子娘家负担相应的花费，自己往往置身于事外。慢性病是合法离婚的其中一个理由，但尚未听说哪桩婚姻是通过这种官方途径正式解除的。俗话说"久病床前无孝子"。种种迹象表明，有病人的家庭承担着令人难以想象的重负。在这些事例中，也不乏感天动地的人间温情和不离不弃，值得我们大加称颂。然而，在整个中国社会范围内，这种情况十分罕见。笔者结识过一个人，说起妻子病状的严重程度时，竟然告诉笔者，他曾经问妻子还打算这么痛苦地呻吟多久。其实，妻子的呻吟是由疼痛难耐又不易治愈的溃疡所造成的。而他居然提出给妻子一条绳子，让她吊死算了。这样既可以消除他的烦恼，也能将妻子从病痛中解脱出来。笔者对其非人道的言行进行反驳，他却坦言，这些烦恼已经把他逼"傻"了。对于这种情况，流传着一种有意思的说法：穷人染上了富贵病。

在中国，由于穷苦人家的抵抗能力差，肢解家庭力量的各种破坏力在穷苦人家比在富贵人家发挥的威力都更加巨大。其中有两种力量在充分发挥作用之初，就已经显现出其巨大的杀伤力，即赌博和抽大烟——中国社会两大孪生恶习。这两个恶习，每一种都能迅速导致毁灭性后果。每种情况都将造成人类意志力的麻痹，从而无法根除。针对这些恶习，中国社会既没有保护措施，也没有预防措施,更没有补救措施。这些力量隐性之强、范围之广、威力之大,很容易通过细节加以详述。其危害面之大,足以让人称奇。在中国社会生活中,这些恶习堪称最具破坏力手段之最。我们很少听说有谁能够不借助外力而戒除恶习,更少听说有谁愿意出手相助。

这个邪恶力量黑名单中,还应该再添加一个进去,即违反社会公德。某个地方道德败坏的程度究竟有多高,别说是外国人,就连中国人自己也很难估量。中国人说话饶舌,但都有遇事三缄其口的本能,这一点确实很难恭维。婴幼儿的生命很少受到重视。生活中总是充斥各种流言蜚语,明智的人不会相信缺乏确凿证据的传言。中国人的伦理准则,无论在理论上还是实践上都显得极为崇高。那些精心组织的社会生活,在西方人看来几乎达到故作正经的程度,但几千年的传承早已使其成为中国人生活中不可或缺的智慧。

然而,在日常生活中,这些理论规范几乎鲜有付诸实践的可能。家里婆婆一旦死去,很容易招致祸患。就防范一个道德败坏的公爹而言——特别是婆母死后,中国经济社会中不存在任何相关法规或防范措施。俗话说,寡妇门前是非多。概括而言,这其实是说,人们之间互不信任。

尽管存在诸多反面事例,我们仍然有理由相信,中国社会道德在最好的阶段可以同任何西方国家相媲美。可据我们所知,因道德背离导致的危害并没有得到改善,这一状况值得我们密切关注。每个中国人都十分重视家庭的"脸面";为了维护这种虚无的自尊,只要别人稍加挑衅,他们随时会因为一件微不足道的小事而自杀身亡以示清白。中国人无不时刻担心,自己的某个家庭成员有可能会走这一步。中国法律明确规定,一旦证实有人"逼死"他人,就将以过失杀人罪论处。仅此一项事实,就足以证明中西方文明间存在巨大的鸿沟。

可以说,大凡中国人都对生养他们的家庭产生了强烈的依附感。他们中的大多数人都深深爱着自己的家庭。这种情感以一种具体而又局限的方式呈现出来,在家庭内部的分配不可能均衡。他们同世界其他民族一样,希望自己的家庭永固。如果这个愿望无法实现——这种情况时有发生,他们的失败很明显也是源于其对故土难以割舍的依恋。为了更加深入地探索他们渴望家庭成功的动力所在,我们有必要进一步揭开中国家庭的面纱,继续挖掘下面隐藏的事实真相。

第二十六节
家庭不和导致的变故

若没有真正认识中国人的性格和中国社会，想对中国社会和家庭生活之动荡的内在根源做出正确判断是不可能的。只罗列些哪怕是最真实、最典型的事实，也不过是在传递一种假象，因为那些事实与其根源之间不具有对称性。每个家庭内部都埋藏着不和的种子，而且若这些种子最终没能开花结果，则只不过是在其萌芽的过程中幸而夭折，或由于某种原因逐渐枯萎罢了。

每个中国家庭中，会有足足一半的成员很大程度上与其他成员之间有着利益冲突。在中国，每个女子从娘家嫁到婆家，像是一根随意剪取的枝杈，突然而且有去无回地被嫁接到她丈夫的族谱之树上，而她自己则无任何选择的余地。正如我们已经了解到的，她来到婆家时，迎接她的不会是热忱之情，更不会是爱慕之情（没有哪个中国人会有这种亲人之间的情感概念），而至多不过是淡淡的容忍之情，且时不时地会碰到些不那么友好的人说三道四。她会成为婆家与娘家之间的利益输送管道。尽管她与娘家的关系实际上已被割断，但娘家仍是她的情感归属之所在。多数中国孩子对其母亲的情感是非常真切的，而且是恒久的。特别是对于女儿来讲，母亲的离世可以说是人世间最大的不幸。身为女儿，尽管已经出嫁，但总有一种天然的冲动，驱使她希望把婆家的财产挪点到娘家去。这种诱惑一般无法抗拒，有些情况下会持续终生，而且时不时地会遭到突然检查。这种行为，中国人称之为"底漏"，形容它很难阻止。现在有句俗语"嫁出去的闺女，差不多十有九盗"。这种行为有时会成为导致某个家庭濒临贫困边缘的原因也不足为奇。笔者曾认识一位中国朋友，不久前他的妻子去世，对此他若有所思地叹道："死得好，她不仅贪吃，很懒，而且还偷东西给她母亲！"

在中国，对年轻的已婚女性来说，回娘家是其生活中极其快乐的事情。她们会尽力创造机会多回娘家，而婆家却总希望她们尽量少回娘家，因为回娘家会占用她们为婆家做事的时间。为减少她们回娘家的次数，婆家经常给她们安排非常多的针线活，让她们忙得没时间回娘家；如果她们有幸能生很多孩子的话，就让这一大帮孩子天天缠着她们。带着一大帮孩子回娘家，经常会使她的父亲及兄弟感到厌烦。这样，也就不难理解她们为什么总是拿婆家的东西来讨好娘家人了。

母亲去世后，情况也会发生根本变化。这时，她若带一群爱吃的孩子出现在娘家，嫂子和弟媳对她的指责已不会再有所克制。她们自己会认为，回娘家是她们的权利。这样，在娘家待多长时间，她们就可能会花多长时间进行抗争捍卫自己的这种权利。这只是中国社会大量凄惨景象中的一种，就像已经熄灭的煤块中只剩一点儿火星，想努力让其复燃却毫无成功的希望一样凄惨。对已婚女性来说，没有"娘家"会被认为是一种不幸。因为这就等于宣告万一她受了委屈，就不再会有人为她撑腰。从某种程度上讲，不再回娘家是一种很丢面子的事情，每个中国人对此都深有感触。我们认识一位独居的老妇，没什么亲人，都九十四岁了，还得自己取柴。除了有一个远房亲戚出于慈悲为她打水外，一切都得靠她自己。可以说，她已处于赤贫，有时候不得不在饭中掺些细土来充饥，因为这样会更耐饿。不过，这位可怜的老妇又时不时地会被人谈起，会说她回娘家了，去看她的"娘家人"了。不过，此时的"娘家人"可都已是她年轻时熟悉的那些亲人们的曾孙辈了。

当已婚女性到中年时，她们对娘家的兴趣也可能会大大降低。此时，她自己会有逐渐长大将要出嫁的女儿，每个女儿也都会再次重复一遍她母亲的经历。她们的父亲及兄弟们会马上厌烦这些女孩儿。若女孩儿的出生率可以由所有成年男性投票决定的话，那么很有可能几代人之后大汉民族将会灭绝。"赔钱货"这个词语就是用来形容女孩儿的。她们刚刚稍微学会点儿针线活、烧饭等家务，就会被嫁出去。有句谚语"泼出去的水"也是来形容女孩儿的。"毒麦从不担谷税，女儿从不养母亲。"这样的谚语代表着一种思维模式，也是一种普遍的思维模式，尽管它不是中国人唯一的思维模式。

通常情况下，女孩儿之间几乎没有机会建立什么友谊关系。她们都很乐意在条件允许的情况下建立这类友谊并将其维持下去,这也正显示了对于她们来说没有这种关系是多大的一种损失。想到每个中国家庭不是由丈夫、妻子和他们的孩子构成,而是由成家的儿子,以及身不由己才嫁人的妻子构成,且每位妻子都有着强烈但缺乏克制的欲望,同时却又无力维护自己的权利。她们只能通过激烈言辞、大发脾气来发泄不满。很显然,结果不可能是和谐的。

根据中国的习俗,兄弟之间是平等的,尽管排行老大会有些好处。老大遗产分量比其他兄弟多,仅是各种好处中的一个。通常,年轻夫妇会得到一套家当,包括比如说用来纺棉、织布的棉花。此后,他们将得用这些家当以及新增的劳力来养活自己。有时候,父亲在世时也会把土地分给儿子们,不过分配不会那么平均、那么公正,结果除了抱怨还是抱怨。除非那位父亲能把其中一个儿子的一部分剥夺掉,再没有其他什么有效的补救办法。

根据中国传统,财产会保持共有。不过,不管从哪个角度分析,这么多家庭成员,总会为了争夺那点可怜巴巴的财产而产生无休无止的摩擦。

对中国人来说,最理想的状态就是家庭财产永远保持共有。但中国人自己也认识到,他们的世界也不是一个完美世界。因此,划分土地也就不能一直拖下去。通常情况会是,其中的一个儿子开始有怨言,然后委托一位邻居告诉其父亲该分家了。此时,家庭事务就会由完全无利益相关的第三方处理。不过,有时候若某个家庭自我管控得比较好,也就会省去第三方的协助。操办事务的调解人会从计量土地、房屋等资产开始,并对其进行粗略估算,尽力把这些资产划分成所需的份数。不过,会留出一定份额的土地给父母用于"养老",还有可能留出另一部分用于未婚女儿或儿子的结婚开销,剩下的就可以划分了。他们会先对财产进行归类,把土地、房屋等财产的描述写在纸条上,把纸条卷起来放进碗中,然后摇晃几下,并让最小的儿子先挑以示谦恭。挑的纸条上写的内容就代表他的财产份额,直到所有的纸条都被挑走。家具、水瓮、各种用具、所有粮食和油料都必须拿出来让调解人看到,以保证没有藏匿什么东西。我们曾碰到过一个特别刻薄的儿子,在分家后的第二天来到他父亲的屋里,假装在寻找丢了的东西,对所有盆盆罐罐一一勘查,生怕什么豆子或小米之类的东西没有分给他。在一个和谐的家庭里,不会有这些麻烦,不过这只是例外。某些中国人估计,每十个分家的家庭中,如果没有九个,也至少有七个会伴有家庭风波。这些风波的规模有大有小，小到简短、尖刻的争吵，大到像刮过一场飓风后留下的一堆残骸。

根据中国伦理，父母老了的时候，应该由孩子们一起照顾或轮流赡养。但现实情况却是，年老的母亲若自己留有一定资产，她们就得自己烧饭，自力更生，这种情况很是普遍。西方人士看到这么赤裸裸的现实总会感到惊讶，分家时把财产分了之后，好像就可以免除所有责任，即使是最亲近的亲人之间也是这样。当我们问，为什么中国人不伸手帮助有一大家子要养活却没饭吃的儿子或兄弟时，一般会得到这样的回答：我们"分家"有一段时间了。或许，真正的解答应在于日积月累的怨怼。一旦从中解脱，中国人就认为终于可以把所有的精力都用在自己身上，不用再理会其他兄弟是怎么个活法了。

分家时，若某个家庭成员不在场，我们通常会听到抱怨，说由于他没在场，所以他才分到若他在场就不会同意要的那份。特别是当划分家庭债务时，这种情况更为突出，而且家庭债务总额通常会很大。有时候，由于父亲和叔伯多年的合作失败导致大量负债，这样就会给儿子带来成千上万的负债，儿子也就不得不背上沉重的债务开始新的生活。

另一种没人想要但又避免不了的资产就是"空头谷税地"。这是一种给实际上不存在的土地支付赋税的债务。不管是无意中或是由于设计问题导致了测量错误，从而产生了账面上存在而实际上不存在的土地。例如，假设一个家庭有一百亩土地，由于各种原因可能得时不时地划分出一小块把它给卖了。丈量土地的人会从地头边的桑树丛中的某个树桩量到另一地边上的树桩，而那些界线也都不怎么清楚。这样，土地买方将会尽其所能确保给他足额的尺寸，这和丈量者没什么大的关系。没有人会知道所剩土地的准确数据，直到有必要进行最终测量时。不过，这时通常会发现土地少了不少。对于这样的亏空，还得继续支付"空头税"。尽管这样的税赋确确实实存在，但也找不到什么办法来纠正这样的不公正。分得这种担子的儿子将来也不大可能会为家庭的和谐做出什么贡献。即使他能做到忘掉此事并准备"吃哑巴亏"，除非她的老婆碰巧变成哑巴，否则她将永远不会停止唠叨此事。若把所有可能导致家庭疏离及悲剧的情形全部罗列出来，那就足以成书成卷。不过，前文所述的几种情形就是具有代表性的例子。

值得一提的是，当紧张关系到达爆发点，特别是受委屈方怒不可遏、愤愤不平时，通常他能想到的解决办法就是给他憎恨的人下毒。如果中国人能够获得更多的有毒物质的话，投毒这种事件会比现在更频繁。因为很多地方都能听说投毒现象发生，而且有时外国人也会成为受害者。

就在我准备本章节的时候，一位中国朋友找我询问意见。他有个三十六岁的侄子，直到最近才结婚。他这个侄子头脑有点愚钝，也没什么财产，因而从来没有人会认为他能找到老婆。

因最近发生的一件事，他才来找我询问意见。大概五个月前，一个十六岁女孩，因一条腿畸形找不到婆家，一位撮合者就把她推荐给了这个单身汉。不过他的侄子得支付给女方家八吊钱作为"聘礼"，之后婚礼也如期举行。说来也巧，今年正月二十六日，这位丈夫喝了一碗小米粥，从第一口到最后一口都有奇怪的味道。不过他也没怀疑有人下毒，直到吃完后才发现碗底有砒霜。猛烈呕吐后，情况才有些好转。第二天，同样的事情再次发生了，不过这次更为严重。他对此非常恼怒，然后他的新娘子就回娘家了。这时，那位丈夫病得不轻，他叔叔就伺候了他几天。这位叔叔找我询问意见时，他侄子应该已经脱离生命危险了。这位叔叔想知道这件事该怎么处理。在一个"话太多"就能引起婚姻破裂的国家，在西方人士看来，这种多次、笨拙的投毒行为也自然能够导致婚姻破裂。但这位叔叔解释道，有个当嫂子的不同意。什么原因呢？很显然，对他嫂子来说，因这点小事就放那位新娘子走，娶她时投入的八吊钱不就太可惜了！然后这个事情就让调解人操办了。调解人就安排那位带砒霜给新娘子的亲戚向受害者下跪磕头，而且新娘子的娘家得赔付受害者十五吊钱，以便让他用来养身子。新娘子待在娘家的时候，听说还挨了打。最终他们也没有离婚。尽管丈夫有点不情愿，最终还是继续把这种窘迫的生活过了下去。一来考虑到起初那笔巨大的投资，二来考虑到怕被笑话。在合适的时候，那位新娘子很可能会回到婆家，重新尝试建立一个幸福家庭。

到目前为止，这里讲述的家庭不和都与某种强烈的主观因素有联系。我们将这种主观性称之为自私。当然，也有很多其他因素会引起不和，这都与民族习性和民族特征有关。

若断言每个中国人天生就会说谎，是个极大的错误。相反，我们认为中国人是亚洲人中尤为诚实的人。不过，毫无疑问，不够坦诚则是中国人的第二秉性。中国人的生活中，不够坦诚的事例随时随地都能发现。

中国人打官司时（此时的诚实比平时可重要得多），证人的证词一般都是三分事实七分虚构，而且通常会以"大人，我不骗您"开始。此句，他说的是真话，因为大人很清楚证人在撒谎。而且，证人也知道大人知道他在说谎。唯一的问题在于，假的成分到底有多少，以及证人说的哪几句是假的。衙门里的准则在家庭生活中同样存在。多数丈夫都知道有些事情瞒着妻子比较好。孩子们也会把有些应该让父母知道的事瞒着父母。同时，对于有些事情，他们自己也会被蒙在鼓里。笔者认识一位中国妇人，在她还是个孩子的时候，有一天被母亲告知，她不能再像平时一样上街去玩了，必须待在房间里把衣服换掉。这一切做好后，还没等她缓过神儿，就被塞进了一个轿子里，上路去她的"丈夫"家了，这就是她的婚姻！滋生这种情况的环境，自然也将会产生很多不合理的事情。有句话说得好，"懂得如何做媳妇的女人在娘家和婆家都能左右逢源，而比较笨的媳妇是直肠子知道什么说什么"，随后也会不断遭遇各种麻烦。

尽管有很多不便之处，做妻子的也会想方设法地隐瞒自己的丈夫，把一定的财产寄存到某个娘家人手上。笔者认识一个年近六旬的中国人，尽管他已有一大群孙子孙女，但他和他妻子之间却毫无什么关系可言。在他们大概长达三四十年的婚姻生活中，他一直都怀疑他老婆出借了数目可观的一笔钱，而且不准备与他共享这笔钱。确实不能说所有中国人都彼此欺骗，但欺骗也确实一直存在，并造成各种不安和猜疑。也有这样的情形，即使是某件事的当事方，或许也不能完全弄清楚某些事实真相。这些事实真相尽管其他人了解得很清楚，也不会有人说出来。

孟子曾说过：恻隐之心，人皆有之。现在这个年代的情况和孟子那个年代的情况也差不了多少。只不过，在表现方式上有较大差别而已。每个中国人，经过生活战争的历练后，都会变成老练的士兵，并对各种形式、各种规模的不幸之事都不会大惊小怪。当不幸降临时，他们的第一反应不会是：难道不能做点什么吗？即使他们有想法，也极有可能会是：为什么是"我"去做？一代代传承下来的经验教会他们不要太冲动，不能感情用事，做出某些有可能导致意想不到的结果。笔者曾听到过，一个中国人看到因艰难环境而客死他乡的一个男人的尸体，说道："这个玩意儿运输的话会很麻烦。"我们所说的同情心，哪怕是连一点儿他也没有。几年后，还是那个人，被县城的衙役给抓了起来，并被扔进囚笼（这种惩罚方式比砍头恐怖得多，因为犯人还有意识，并会被固定在某个姿势，不给吃不给喝，就这样活活地折磨致死），没有任何指控，也没有进行任何审判。对于这样的下场，熟悉他的人不是说"果然不出所料"，就是说"可能他罪有应得吧"。

一般情况下，中国人性格好、脾气好，不爱吵闹，也不会逃避生活中应该担负的责任，唯一的要求就是获得公平对待。正像从峡谷突如其来的强风总能在本来非常平静的湖面上激起狂浪，一阵狂怒也经常能打破中国人的平静，能把一位本来遵守良好社会秩序的、安静的社会成员转变成一个着魔似的恶人，从而也会给人们提供一个印象深刻的反面教材。人们认为，是否值得活下去"取决于当事人"。而在中国，他们或许更确信，是否值得活下去更与怨气有关。有这么一位令人尊敬的美国人，读者或许对他的故事并不陌生。他小时候，父亲给了他一把小斧，他却用小斧把父亲最心爱的一棵樱桃树砍得乱七八糟。当父亲发现时，就问这是谁干的。这时，这个小孩大大方方地承认了是自己干的，然后父亲就紧紧地把他拥入怀中，并说他宁愿失去很多樱桃树，也不愿看到儿子撒谎。这个事情的整个过程，很可能用了不到十分钟的时间。[①] 为了对中国人这种不和的特性了解得更清楚些，下面我们介绍发生在中国的一个故事。

华兴墩（音译）先生是一位富农，他院子里有棵漂亮的石榴树，对此他感到非常自豪。一天，他的小儿子拿到一把镰刀，这把镰刀打磨得非常锋利，准备第二天早上下地割麦子用。小儿子拿着这把镰刀，看到什么就砍什么。自然，那棵石榴树也在劫难逃，只砍了三下就折掉了。他小儿子意识到自己干了坏事，就跑了出去，到村子的另一头和其他孩子玩耍，并告诉那些孩子，那棵石榴树是他的一个堂弟（他四叔家的三儿子）砍的。碰巧一位邻居听到了这些话，然后就传来传去，当传到村子的另一头时，他就听到华先生正愤怒高喊是谁糟蹋了他心爱的石榴树。然后他就走进院子看看是怎么回事，并

---

① 文中故事主人公为美国前总统乔治·华盛顿，这是一个典型的教人诚实的例子。——译者注

在华先生愤怒的间歇，低声透露给另外一位邻居说是他的那个侄子干的。邻居们然后就马上离开了。因为院子里没有谁知道到底是怎么回事，怒不可遏的华先生就走上大街继续大喊大叫，臭骂那个糟蹋他的石榴树的人。他的一个大一点的儿子刚好过来，因为从那两位邻居口中听说了是谁干的，然后他就告诉了父亲。得到这个线索后，华先生就立即气冲冲地来到他四弟家，发现家里只有他弟媳在，然后他就用所有能想到的难听话开始大骂。那位弟媳一时惊呆了，不过很快就进入了状态也开始回击，把所听到的难听话都又奉送给了他的那位兄长，并在其中添加了些她能想到的措辞。华先生就不得不撤退到胡同里，之后又到了大街上，不管他走到哪里，他弟媳就跟到哪里，并用她最高的声音破口大骂。

就在这个节骨眼上，那个倒霉的被冤枉的侄子听到吵闹声就回来了。那个愤怒的伯父看到后就朝他骂了一大堆，骂他是来历不明的私生子，而且还拿起一根棍子打了他一下。这让他弟媳更加疯狂，冲上前去就抓住了他的辫子，不过很快他二哥和几个邻居就把他们分开了，此时周围足足已有五十多位围观者。随后，那位弟媳就被几位妇女强行拖向家中，而且一边走一边大骂，她气得用双手开始抓自己布满皱纹的脸，尖锐的指甲划过后，脸上布满一道道血痕。听说家人被侮辱，她的丈夫对此大为恼火，回来后就开始大骂他的那位兄长（以及他的祖宗），还声称将立即去衙门告他。他带上一贯钱就离家上路了，不过随后六位邻居边追边劝，花了两个小时，追了几里后，才最终把他给劝回来，并答应他一定"讲和"。到了半夜，大家才到家。随后的五天里，各调解人之间几乎天天都在协商，并和当事人谈来谈去。到最后，一切问题都解决了。作为兄长的华先生须最少用十贯钱来摆一场宴席，宴席上他应该认错说当时辱骂弟媳是不对的，他四弟则当着其他十四位不同时间卷入此事的当事人接受道歉。宴席过后，"和谐"就恢复了。但肇事者怎么办呢？哦，"他还是个孩子"。就因为这一点，整个事情不久就结束了，也将慢慢被遗忘掉。

中国人之间的争吵，来得突然，并伴有暴力性，而且非常公开，这让人感到极其反感。尤其是最后"非常公开"这一点，对于尽管也还没找到如何避免家庭纠纷的西方文明来说，最令人讨厌。由于每次事件都会立即演变成公共话题，"面子"这个因素也就马上会发挥作用。因而，就必须做适当调解，让受委屈方当着其他人的面挽回面子。

中国人生活中最悲哀的现象之一是,在一定条件下,亲情及所有的友谊关系都会突然并不可挽回地自然消解。若家族中的某个成员与其长辈或同辈的成见发生冲突时,他的爷爷、父亲、伯父、叔叔、堂兄堂弟及亲兄弟就会威胁打断他的腿、用生石灰弄瞎他的眼或其他类似惩罚,而且有时这种威胁真的会变为现实。为了缓解某些威胁的暴力性,人们总会说,本意不是想"要他的命",只是为了打断他几根骨头,不再让他搬弄是非而已!

若事情闹到打官司的地步,那么通常情况下就不会再有和解。最终,其中一方就不得不放弃所有诉求。各种威胁是否会变成现实总是悬而未决,很多中国人都已经习惯了这种不确定性。换成是西方人士,生活在这样的状态下,不是变成疯子就会自杀,或先变疯后再自杀。一阵狂风暴雨式的争吵后,结尾通常总会是这样不明不白的告诫:"咱们走着瞧。"

中国人深信因果循环报应之规律。任何麻烦突然降临至某个曾经行凶作恶的人身上时,他不会得到哪怕是一丁点儿的同情,就像身处陷阱中的老虎得不到任何同情一样。曾有这样一个恶人,浑身溃烂生蛆,自己艰难地拖着身体挪到他本村的庙宇边,躺在那里没人管,不时地陷入昏迷,偶尔醒来时则痛得大叫。邻居们路过看到他时,则会痛斥道:"这是上天的报应!"

中国人还有一种特性,乍一看情况严重得到了要命的程度,却还能释放出善意让情况好转起来。就像我们一样,中国人的心中,希望也会一直涌现。根据自己和他人的经验,他会觉得,时间一长,不管什么都会出现问题的。他觉得将来总会遇到欺骗、猜疑及忽视,而且当碰到这些时也很少会感到失望。想抛弃他的人,通常也会是抚养他的人。而且,抚养他的人总会让他意识到这一点。不管是事先还是事后,他都知道,他借出去的钱,借款人不会按时或全额偿还;他也知道,即使是有人答应提供帮助,帮助时他们也会不怎么情愿,或许还可能转变为公开的敌意。人人都知道,在自己的心中有"两百个明年",但也都很清楚地意识到,即使是有无数个"明年",也不足以把这个世界搞明白。不过,就是在这样的状态下,他们却过着平静、乐呵的生活。若换成我们,不可能会这样过活,正如我们不可能在充满难闻气味的中国人的卧室里顺畅呼吸一样。他们已经适应了,但我们还没有适应。有这样一个人,深为有一个泼妇一样的老婆而苦恼。他有位长兄，老婆死后一个人过了二十多年，最近忽然找了个女人又结婚了。对此事，他老婆大动肝火，并在家里掀起了一场不小的风暴。他对笔者说，在过去的三个月里，他几乎没有过"一次平静的呼吸"。他说这些，并不是为了抱怨，只是提起家务事时顺便提到它而已。在这样的压力状态下，中国人展现了超乎想象的忍耐力，这种忍耐力在我们西方是找不到的。在西方，个人的权利早已不和其他家人的权利搅和在一起了。像他这样的人被称为在"吃哑巴亏"，而且这样的人显然大量存在，也会一直存在下去。

如果近距离接触且真正了解他们生活的人，不大可能会夸大中国人所遭受的邪恶之力，因为比较强烈的表述通常会显得失实。但每个了解的人都会问，有没有什么办法可以除去这些邪恶之力，哪怕除去的不是全部而只是其中的一些也好。有些邪恶之力看似与贫穷有关，因为中国人之间纷争的主因显然在于贫穷。因此，人们也就很容易倾向于认为如果消除了贫穷，那么很大程度上家庭不和也就会消失。这种道理或许有一定的依据，但当看到相当富足的家庭中也同样普遍存在这些邪恶之力，而且这些邪恶之力更显眼、更猖獗时，这种道理也就站不住脚了。

精神道德方面的问题，只能通过根本性而不是表面的补救方法得到彻底解决。不过，有一种区别于精神道德类型的经济类型补救办法，如果得到大范围推广，一代或两代人之后，或许会给中国带来前所未有的变革。若结婚推迟到成年再进行，而且每个儿子一结婚就分给他财产让他独立成家，这样，利益冲突就不会再避免不了，而且各种邪恶之力也会于萌芽状态中消亡。

当满载乘客和货物的大型汽船沉没于台湾海峡后，在海事法庭上质询沉船原因时，通常发现是一股强大的暗流导致了沉船事故不可避免。中国人有一种遗传习性，总是把众多成员聚集在一起，然后由一个人带头领导，这样整个一大团就会不知不觉地滑向不和与瓦解。我们深信，中国的这种方式，把那么多人生生地聚集在同一个大院子里，由此造成的各种风波，世界上没有哪个社会能够承受得了。可以确定的是，由此引致的各种令人难以忍受的邪恶之力将不可避免。而且，若让中国人自己解决的话，不管他们采取什么方法，那些邪恶的力量都难以除去。

第三部分
中国乡村的复兴

第二十七节
基督教能给中国带来什么

不管我们对中国乡村生活的调查有多么的不充分、不完整,但肯定至少做到了一点,即显示了中国乡村生活缺乏一种严肃认真的宗教品性。那么问题就来了:有没有补救办法?当然该问题的提出是基于有办法补救。

不难想象,现实中或许就存在多种补救力量,也都取得了不同程度的效果。但其实到目前为止,我们看到的是,只有一种力量达致的范围之广、程度之深令人振奋,这种力量就是基督教。当然,这些成果都有赖于各位教友的积极努力。那么在这样的关键时刻,我们需要问:基督教引入中国,会对其国民的生活及国民的性格产生什么影响?基督教能给中国的家庭带来什么?能给中国的男孩儿女孩儿带来什么?

首先,基督能更好地照顾他们。在中国,外人难以想象的愚昧无知导致大量婴儿在出生后的头两年就夭折。这种悲剧或许可通过其他什么方式得以缓和,但可能性微乎其微。基督教的引入,能给中国男孩儿带来福音,同时也会给中国女孩儿带来更多的福音。基督教的引入能让女孩儿避免一出生就被扼杀的命运,也能让她们最终得到应有的父爱母爱。只指出某种行为是愚蠢的、有害的或有罪的是远远不够的。必须进行道德及心智方面的启蒙,必须建立新的社会秩序,必须用规诫和实例予以激励,必须给予适当的道义惩罚。所有这一切,只有全能的基督做得到。史实表明,哪里开始缺少基督福音,人类的自私、腐化堕落甚至恶如弑婴的罪行就会在哪里出现。

基督将赐福于父母和孩子,让他们建立起相互理解、相互支持的融洽情感,这也是中国家庭最需要的。基督将赐予父母们"管教"孩子的能力。四千年来在"管教"孩子方面他们从没取得过丝毫长进。基督将赐予父母们的"管教"能力，不是指只通过口头的絮絮叨叨，让孩子履行服从父母的义务，而是指引父母们如何先"管好"他们自己、教导他们处理好"五常"关系之外更要处理好另外一个最为重要的关系，即与"神父"之关系。基督将把孩子们从动物般的童年生活中拯救出来，给予他们丰富营养，让他们健康成长，为将来在智慧和精神方面收获更多做好准备。

基督不仅明示父母们如何"管教"孩子，还明示父母们如何"培养"孩子。"培养"孩子是一种神赐的技艺，但当前他们对"培养"孩子的投入远远比不上他们对"培养"田地的投入。基督将终结给他们带来无穷苦难的、残酷的裹脚陋习。关于废除裹脚陋习，在中国从来不会有哪怕只是极其细微的动力，除非有基督力量的推动。没有基督教，若裹脚陋习最终真的在中国得到根除的话，那么一颗光亮之星将在东方升起，昭示着在基督之号角奏响前，中国的所有陋习最终没有一项不能被根除。

基督教将给中国的教育体系带来革命性变革。没有基督教，这样的变革或许也最终会发生。造就中国成为现在这个样子的各种道德力量，很大程度

小大人儿

第三部分　中国乡村的复兴

去上教会学校

上都已不再有什么生命力。正如在其他东方国土发生的一样，若引入新的生活方式的同时，却没接受相应的道德约束，可能不会是一种福祉，而是一种灾难。基督教育绝不会犯缘木求鱼式的错误。基督教育的出发点明确，目标也同样清晰。

　　基督教育将培养中国的孩子，以理性的方式，用自己的话语来表达自己。基督教育将最大限度地缩短中国学子们"从汉语言之培养到汉文学之硕果"这段艰苦的跋涉旅程。基督教育能唤醒中国孩子们沉睡的想象力，极大地拓宽他们的视野，培养锻炼他们的判断力，让他们认识整个人类的历史，而不是教他们只认识某一民族之历史。最重要的是，基督教育将激发他们的良知，并进而因循基督之光让他们认识到过去、现在和未来之间的相互联系。基督教育将在中国家庭中创造一种思维气氛，促使孩子们认识到，他们在学堂的点滴进步也都与在家里所获的教导息息相关，同时也使他们对父母及整个家庭更为关心。基督教育的价值不可估量，而当下中国的大多家庭也正欠缺这种教育。基督教育将给每个基督家庭带来极大的心智成长。

227

一旦他们沐浴圣恩，基督教育就能使中国男孩儿得到心智和精神方面的启蒙，同时，也会把这样的启蒙带给中国女孩儿。中国母亲的典型形象是"能生孩子的愚昧妇女"，但这并不代表中国的完美女性。在中国的很多朝代中，出现过大量的、受过良好教育的完美女性，她们的数量如此之多，以至于让人难以忽视，但同时她们的价值又是如此之轻微，以致难以产生有意义的影响。一个中国女孩儿曾告诉她的外国朋友，皈依基督前，在做自己的活计时，总会哼唱这样一首歌谣："漂亮的茶杯；鲜丽的茶杯；茶杯，茶杯，漂亮，漂亮的茶杯。"一边是井蛙之见，一边是沐浴圣恩心智得到极大提升之视界，其天壤之别，尽现眼前！通过促使他们那些一直被忽略的精神情志的成长，基督教会将他们现在的情感细流拓宽、挖深，促其成为既宽又深、辉煌壮丽的精神之河，并把神赐之心智降临至他们的物质世界。通过在母亲和女儿之间织起各个方面的纽带，基督教将使得孩子们更倾向于爱戴他们的父亲、尊敬他们的母亲，并给父母和孩子的生活注入新动力、新目标和新希望。基督教会促使母亲给予女儿将身为人媳、身为人妻之本分所需的教导，而不是像当前这样在孩童时期就把她们扔进苦海，任凭她们在激流和黑暗中拼命挣扎。

　　中国的女儿们将因蒙恩基督第一次得到女性之情谊，这将刚好满足她们长期以来强烈渴求但却不为人知的需求。对中国女性的教育是清朝恢复活力的条件之一。没有哪个国家或民族可以建立在无视母亲和妻子之上。基督教正在中国这块巨大岩石的缝隙中播下小小的种子，其播种方式之迅捷、播种效果之确凿，或许在已取得的喜人效果中可见一斑。当前进行的播种试验彼此间没什么相互联系，也都只是些初步试验。不过，一旦这些试验开花结果，将清楚地表明一种新的、至尊的力量已扎根于汉人世界。

　　在中国，基督教不论传播到哪里，都越来越成为信徒为儿女挑选配偶的标准，这在之前是没有遇到过的。在中国，父母为儿女挑选配偶时唯一的考量就是金钱利益。而基督教引入后，自然而然地，人们会挑选皈依基督的女子为媳，挑选皈依基督的男子为婿，把考量因素放在了性格、性情与习性，而不是只考虑财富和社会地位。在中国，只有在基督信徒团体中，才有可能准确地了解到关于定婚对象的所有实际情况。因为只有在这样的团体中，来自第三方的信息才具有可靠性。随着基督团体越来越具有自我意识，基督信徒花在做媒上的心思也会越来越多。中国人中，只有基督徒才感知到，选择基督徒作为配偶也是种宗教义务。这种情况若持续一定时间，将会通过这种"自然选择"的方式产生一类全新的中国人，他们将在生理、心智和道德方面比其他人更为优秀，也因此更具生存能力。

当然，中国的习俗不可能一下子被彻底改观。不过，最终的趋势却是确定的，即结婚会推迟到一个适当的年龄进行，将会考虑最重要的婚姻当事人双方的意见（只要他们有自己的意见），而且会把婚姻视为一项神圣的、严肃的事情，而不只是一种社会需求。

基督教决不迁就一夫多妻制和纳妾制，会将这棵对中国社会伤害至深的剧毒之树连根拔掉。基督教也将逐渐给年轻夫妇之间的关系带来变化。他们会接受相同的心智和精神洗礼，这将使他们彼此互为同甘共苦之伴侣，而不只是纯粹为了糊口米面而走到一起的利益搭档。他们的孩子也会降生于基督家庭，这将使他们的孩子拥有与非基督家庭孩子完全不同的命运。他们命运的不同，堪比佛罗里达半岛[①]与拉布拉多半岛[②]温度的不同。这些变化将会慢慢累积并永远存续下去。

基督教将会对中国家庭进行净化，并把甜美幸福带入中国家庭。当前，中国家庭遭受着各种极端情绪的折磨，充斥着诽谤、怨怼和愤恨。只需对各种恶言劣行予以克制，就足以给家庭带来和谐，这比只机械地念叨各路圣贤的格言警句要有用得多。当然，基督教将会包容这些先贤所留下的似乎还有些许生机的箴言，并赋予它们新的生命气息，然后用"上主之言"和"圣戒"之约束对其进行充实。

基督教将给中国人的社会生活注入一种新的、具有强大能量的预防性因子。中国社会具有一种超凡的特质，情形根本就"不和"，而且问题严重至灾难不可避免的时候，他们还能在那里"讲和"。因而，救济措施也总是姗姗来迟。中国式"讲和"通常只不过像是一场沙尘，给参与其中的每个人的眼睛、耳朵和鼻孔带来不适感，给业已布满污秽的周围再加盖一层，而且加盖的还不

---

① 亚热带气候。——译者注
② 极地长寒气候。——译者注

那么均匀，但最终也不会带来什么改观，一切照旧。基督教就像是一位高效的卫生员，会将能够滋生瘟疫的所有病菌一扫而空。在此方面，最终尽管不能达致完美，但基督教的引入，肯定将在很大程度上改造中国社会，就如强烈的、持续的东北风一直刮，最终总能把浓雾驱散。

正如之前所说，或许，没有哪一个陋习比保持庞大的家庭组织更能胜任成为中国各种问题的根源。庞大的家庭组织造成成员之间相互依赖及对共有财产的依赖性，而不会让他们把财产分给各个儿子，让他们自由奋斗、自己把握命运。这样必然造成相互埋怨、相互妒忌、相互猜疑，这都源于人类好逸恶劳的本性。这个问题，中国人自己很明白，对此我们看得也更清楚。但是，由于中国人本性懦弱、害怕被批评，特别是畏惧被嘲弄，所以没有哪个家庭敢于把想法付诸行动进行分家，唯恐被世人讥笑。基督教本身就不会相容某些旧习，且向来推崇新的、开明的认知。基督徒们将会越来越倾向于跟随《圣经》的指示，一对男女组成新的家庭，这样，基督就能为他们解除无尽的苦难。当然基督做到这一点，不是通过实施强制力量，而是通过培养他们具有共同的观念，赋他们以启蒙思想，予他们以行动的勇气，让他们勇敢地修正一切需要修正的事物。

基督教将给中国人的朋友关系注入一种全新的元素。当前，中国人的朋友观大都只基于利己的考量。这点可由孔夫子的格言"无友不如己者"得以印证。朋友关系为"五常"关系之一，在中国人的思想观念及他们的生活中都有着重要地位。抛开其他一切不谈，现实中，朋友关系确实给他们带来了各种好处，但伪善、猜疑甚至妒忌也始终夹杂其中。中国人自己也坦率地承认这一点。但是，正因为他们在日常生活中没有经历过超乎物质的友谊，也就不会想到能够纠正现有问题的方法。与基督教友建立起友好关系的中国人会马上认识到，他们之前从没碰到过如此宜人、如此快乐的友谊，这也绝对超乎他们的想象。中国人的生活中大都充斥着穷困、荒芜及挫折，基督把这种全新的朋友情谊降临到他们的生活中，他们也将会视其为生活中的珍宝之一。

中国的社会组织理论令人称赞，也很巧妙，但构成那些理论的基本道德准则却完全没什么生命力。当中国人通过基督首次真正认识到那些传统的道德准则的意义时，他们也就真正觉醒了，正如以西结看到耶和华为尸骨添加血肉时的觉醒那样①。这也就更明确地显示出，大汉民族对其崇高的道德准则有着怎样的优越感。"四海之内皆兄弟"，这句经典但不那么易懂的格言，若要恢复生机，就需靠我们共有的"神父"之基督教义。当中国人一旦明白上帝之父爱与人类之兄弟情的真谛，过往的闪闪星光将汇聚成如炬日光照向未来。

在中国，一个家庭犹如一个缩小版的帝国。探讨基督教的影响，只需探讨其对家庭的影响足矣。若把范围放大，那就显得有点多余。基督教能在某一地方产生影响，那么在另一个地方也能产生同样的影响。尽管土壤和气候不同，但种子是一样的。基督教所能带来的改变，也是当今中国之所需。中国数量少得可怜的几位出色的思想家也认识到中国确实缺少"某种东西"。他们希望，通过采取某些方案，不管是教育、工业还是经济方面的，最终能够拯救中国。但他们没意识到，中国最匮乏的既不是资本，也不是机械设备，而是人才。新的中国，土地上会建很多铁路，内河中也会有很多汽船。大型工业企业如矿山、工厂也会给地球上人口最多的这个民族提供大量的工作机会。这些大量的不同类型的商业需要管理，中国本身难以提供的新式教育需要实施，各级官府机构也需要管理，所有这一切都须由品格优秀、具有良知的人才来完成。到目前为止，要想在中国找到这样的人才几乎不可能，除非从外国引进。现在引进了，那将来怎么办呢？只能在中国本土，按照其他地方培养人才的方式培养出品格优秀、具有良知的人才。像其他所有发展过程一样，这个过程也是一个缓慢的过程，但这一定是要做的。不然，中国也就真的没什么希望了。

除其他很多恩惠之外，基督教还会赋予中国以真正的爱国精神。当前，现有的爱国精神完全是一种盲目褊狭的民族情感。过去几年中的一些政治危机中，大量的中国人已完全漠不关心他们国家的命运，而且在这方面，学者、农民、商人及做苦力的人表现没什么不同。每个人都忙于考虑灾难突降时如何为自己减少损失或攫取更多。若有什么例外的话，据我们所知，那也是完全因境外之力量所驱动而产生的。

皈依基督的信徒数量现在已足够多，能够让我们清楚地看到他们在不远的将来所能产生的影响。他们敏锐地感受到清朝正在发生的一切。可以说，清朝

---

① 见《圣经》之《以西结书》。——译者注

的国民中，只有他们敏锐地感受到了。中国只有当拥有了基督国民时才会拥有爱国的国民。在中国及其他国家，基督教和爱国精神总是密切相连。

但必须注意的是，我们所说的基督教作为一种"恒久力量"的效能，是基于把它看作是一种"道德力量"，"能够在一定时期内产生一定的小规模但很确切的效果，并作为一种自然力量在无限的时期内产生无限的同类效果"。因此，也有必要指出，在任何情况下，要想基督教在少于"三代人"的时期内发挥其全部效能是不现实的。至少要经过整整三代人的时间之后，基督教才能发挥其全部效能。认清这样一个基本事实，有助于缓和福音传播者及相关评论者的急切之情。

有些对中国比较了解的西方人士也严肃地提出这样的问题：基督教能给中国带来什么益处？中国人"皈依"基督对他们来说有何意义？

若从中国人生活方式的某一方面推断出中国人不需对他们和基督教之间的关系进行一次彻底调整的话，那么这样的判断无疑是浅薄的。对他们生活中纷繁复杂的各种现象所进行的长期持续的考察清楚地显示，急需一种外部力量来完成其内部所有力量经过几千年都无力完成的任务。对于真正了解中国这个民族的人来说，问问"基督教能给中国带来什么益处"这样的问题时，也就说出了答案。关于需要一种新的力量的必要性，中国人自己也强烈地意识到了这一点。若有人认为之前所述仍不足以证明中国急需改造的话，那么再进一步与之争论也就没什么意义了。

尽管如此，但也绝不能夸大该补救措施的效能。有幸接触基督并聆听福音的中国人都认为基督教正适合中国之需。对此有疑问的人，只需对客观事实进行调查、做适当分析，就能得到足够多的相关证据。基督教在中国起到的作用，就体现在因其影响而给中国带来的转变。这些变化都不是表象的，但他们都确确实实地存在着，正如天上下雨及昼夜此消彼长等自然现象般确切可见。这些转变体现于基督教给中国人的生活所注入的新目标、所增添的新生气，体现于社会的各个层面，体现于福音传播在不断拓展，体现于信徒数量在不断增加。刚开始时，信徒数量少且比较分散，现在则能以成千上万计。当然有些进展还不成熟也不完善，但正如其他所有转型一样，也都不会一帆风顺一步到位。但是，基督教给中国带来的大量确切的、不可否认的变化可以作为充分的证据，足以让某些人不必继续追问基督教能给中国带来什么益处、中国人"皈依"基督对他们来说有何意义等问题。基督能将他们塑造为崭新的人，赋予他们新见识及新观念。基督将为他们寻回失落的热情与勇气，并在各个方面注入新的"生机"。这一切，都能立即在人与人之间的关系中深刻地感受到。

基督将赐予孩子们以圣洁，赐予母亲们以高贵，赐予男人们以尊严，赐予整个社会以纯净。我们期望基督教能给中国带来的所有福音，在西方国家也还没完全实现，对此我们很清楚。基督教不论传播到哪里，福音就会降临到哪里。因此，我们坚决反对任何对基督教的误读、误解与轻蔑。尽管在基督福音降临的国度仍有多种弊病，但即使是超级愚钝的人或超级怀疑论者，也不愿从基督国度迁移至非基督国度。还应注意的是，基督教义虽然是古老的，但信徒们却是全新的。每代人都得重新学习基督教义。我们也都知道，传统是一种强大的邪恶力量，基督教也还没把这股力量制服。而这股邪恶力量的遗毒也刚好促进了基督力量的成长。当这股邪恶力量被彻底俘获之时，向上的进步力量将会得到极大的提升。

需要多长时间基督教才能把中国这样一个帝国彻底革新，关于这个问题，可以从不同角度去考虑。不过，不管哪个角度，得到的也都只是些假设式答案。首先，可以从历史的角度去类推。罗马帝国的发展用了八个世纪。也差不多用了同样长的时间才把撒克逊人、丹麦人及诺曼底人塑造成今天的英格兰。这些民族刚开始时也都还未开化。中华民族是一个古老的民族，也是一个高度文明的种族。这样的现实，从某些方面看或许有利于基督传播，但从其他角度看则对基督传播构成阻碍。考虑到中国有着极强的偏见、强大的保守力量、庞大的人口、繁忙的生活方式及父权制体系，我们应该预计到，刚开始进展不会快到哪里去。若从中国打开国门的1860年算起，展开一个好的开端用五十年也就足够了，基督教得到广泛接受可能需要三百年，基督教明显胜于其他所有信仰可能需要五百年。从历史和心理学角度讲，这或许只是一个快慢的问题，当它最终变为现实时，将会是一个伟大的成就。

关于此点，还有些更具吸引力的预测。但必须指出的是，与种族发展一样，宗教发展在初期也是很慢的。不过，一旦开始，其发展速度将不止百分之几十。当前，基督教对心智、道德及精神的促动力量比以往任何时候都强大得多。现在，世界变小了。人们的寿命也变长了，成为"浓缩版的玛士撒拉"[①]。19世纪这一百年在各个方面都远远超过之前的一千年。极大的物质力量只是伟大精神力量的代表和助手。精神力量或许会变得更强大、会成倍地增长至当前我们难以想象到的一个程度，这在过去某个时期曾经发生过。

把时间这个因素完全抛开不谈，我们认为可以确定的是，基督教给我们带来了什么，就会带给中国人什么。当前所有的条件也都非常有利，我们所生活的这个时代充满生气，沟通自由畅通，知识和思想可快速传播。预测结果已不像过去那么难以捉摸不定，而只需冷静地、理性地对历史加以分析即可。当基督教发挥其全部效能时，其影响将会遍布于每个人的心中、整个社会及全世界。最终的成功是肯定的，因此相对来说，达到这些效果，不管是需要五百年还是五十年，也就显得没那么重要了。

在中国，存在很多问题和挑战。但最大的一个问题，也是唯一关乎一切的一个挑战，就是如何让基督教在中国起到作用。仅靠基督教，最终就能、也将会把所有问题解决掉。

[①] 玛士撒拉，《圣经》人物，据传享年969岁。——译者注